D1878790

दास्तान मुग़ल महिलाओं की

(हाशिये से सँवरता समानान्तर इतिहास)

दास्तान मुग़ल महिलाओं की

हाशिये से सँवरता समानान्तर इतिहास

डॉ. हेरम्ब चतुर्वेदी

लोकभारती प्रकाशन
पहली मंजिल, दरबारी बिल्डिंग, महात्मा गाँधी मार्ग, इलाहाबाद-1

लोकभारती प्रकाशन
पहली मंजिल, दरबारी बिल्डिंग, महात्मा गाँधी मार्ग
प्रयागराज-211 001

वेबसाइट : www.lokbharatiprakashan.com
ईमेल : info@lokbharatiprakashan.com

शाखाएँ : 1-बी, नेताजी सुभाष मार्ग, दरियागंज
नयी दिल्ली-110 002
अशोक राजपथ, साइंस कॉलेज के सामने
पटना-800 006 (बिहार)
36-ए, शेक्सपियर सरणी
कोलकाता-700 017 (प. बंगाल)

मूल्य : ₹ 350

प्रथम संस्करण : 2013
तृतीय संस्करण : 2019

© हेरम्ब चतुर्वेदी

जे.के. आर्ट प्रेस
प्रयागराज द्वारा मुद्रित

DASTAN MUGUL MAHILAON KI
by Dr. Heramb Chaturvedi

ISBN : 978-81-8031-726-2

अपनी बुआ,

स्व (डॉ.) चित्रा चतुर्वेदी 'कार्तिका'

के

पुण्य-स्मरण

को

समर्पित

अनुक्रम

भूमिका

'मुग़ल' शब्द जिस प्रकार से प्रयुक्त हुआ तथा, भारतीय मध्यकाल की विशेषताओं का पर्याय बन गया, वह अपने आपमें भौगोलिक क्षेत्र की ओर इंगित करता है, न कि किसी नस्ल, जनजातीय आधार की ओर! भारत में बाबर के आक्रमणोपरान्त बसा साम्राज्य 'मुग़ल साम्राज्य' कहलाया और इसके तमाम शासक बाबर की 'पादशाह' अथवा 'बादशाह' की उद्‌घोषणा के उपरान्त मुग़ल बादशाह ही कहलाये। किन्तु, यह भी एक ऐतिहासिक सत्य है कि वे 'मंगोल' नहीं थे! वे लोग कई पीढ़ियों से उस क्षेत्र में बसे हुए थे जो मध्य काल में मंगोल सत्ता के उत्कर्ष के चलते 'मंगोलिस्तान' के नाम से जाना गया। अत: मध्ययुगीन शब्दावली में यहाँ के निवासी 'मंगोल', तदुपरान्त इस्लाम ग्रहण करने के बाद के काल में 'मुग़ल' कहलाये।

वैसे भी चंगेज़ ख़ाँ के विश्व-विजय के अभियान के चलते समस्त चीन एवं मध्य एशिया का क्षेत्र मंगोल प्रभुत्व एवं प्रभाव का क्षेत्र हो चुका था। अत: यहाँ के पूर्व निवासियों को भी बाह्य जगत् ने सम्बोधित करने हेतु 'भौगोलिक सम्बोधन' के प्रयोग को ही तार्किक माना! वे इन सबको जिसमें मंगोलों के साथ तुर्क़, ताज़िक, उज़्बेग़ आदि अनेक पृथक् जनजातीय लोग सम्मिलित थे एक सामान्य सम्बोधन में बँध गये! आन्तरिक इतिहास लिखते समय जब पारस्परिक प्रतिद्वन्द्विताओं का विवरण दिया जाता था, तभी इन नस्लों या जनजातियों या समुदायों का उल्लेख होता था, अन्यथा 'मंगोल' शब्द एक विशेष जनजातीय प्रयोग से ऊपर उठकर, एक व्यापक भौगोलिक क्षेत्र से सम्बद्ध हो गया। एक राष्ट्र का परिचायक हो गया, जिसमें अनेक जनजातियों का निवास सम्भव तथा सहज और स्वाभाविक ही था।

इतिहासकारों को काफ़ी कष्ट होता है, इन्हें 'मुग़ल' सम्बोधित करने में और वे इन्हें 'चग़ताई तुर्क़' कहकर मंगोलों से पृथक् करने के अग्रणी हैं। इसमें तो कोई सन्देह नहीं कि प्रारम्भिक पवित्र ख़िलाफ़त के उपरान्त और विशेषतया थोड़ा-सा उम्मैया ख़िलाफ़त के काल में और अधिक व्यापक रूप से अब्बासी ख़िलाफ़त के काल में, जब इस्लाम के विस्तार ने गति पकड़ी तो ये तमाम क्षेत्र तुर्क़ प्रभुत्व के अधीन हो

गये थे और ये परिष्कृत तुर्क़ शहरों में भी बसे और ग्रामों में भी! मंगोल, जो यायावर थे और योद्धा थे, वे यायावरी जीवन ही पसन्द करते थे तथा शिविरों में रहना पसन्द करते थे! पहली विशेषता तो नहीं, किन्तु दूसरी विशेषता तो हमारे मुग़ल बादशाहों में भी एक सामान्य नियम, एक आदत थी। वे शिविरों का जीवन पसन्द करते थे एवं उसके अभ्यस्त भी थे।

ये तुर्क़ भी मंगोल शासकों-सरदारों के अधीन थे। दूसरी बात मंगोल स्वयं तो शहरों से दूर रहना श्रेयस्कर समझते ही थे, वे तो ग्रामीणों, कृषकों को भी 'दास' के रूप में ही मानते थे? उनके अनुसार स्वतन्त्र जीवनयापन 'यायावरी' में ही सम्भव है। वे अपने सत्ता के केन्द्र जनजातीय क्षेत्रों में ही बनाते थे—वहीं, वे अधिक सुरक्षित व संरक्षित महसूस करते होंगे? किन्तु, वे अपनी पुत्रियों के विवाह इन 'तुर्क़ों' से करने में कदापि संकोच नहीं करते थे, ताकि उन्हें शान्त व सुविधापूर्ण जीवनयापन के अवसर प्राप्त हो सकें। इन अन्तर्विवाहों ने इन दोनों तत्त्वों के 'सम्मिश्रण' की प्रक्रिया काफ़ी पहले ही प्रारम्भ कर दी। मूलतः तैमूरी पूर्वज एवं वंशज 'बर्लास तुर्क़' थे। मंगोलों से वैवाहिक-पारिवारिक-घनिष्ठ सम्बन्धों के चलते वे 'चग़ताई तुर्क़' कहलाये। वैसे भी 'चग़ताई तुर्क़' से यह आशय सुस्पष्ट है कि वे कहीं-न-कहीं चंगेज़ ख़ाँ की परम्परा से भी ये वस्तुतः सम्बद्ध थे। जैसा कि हम सभी को ज्ञात है चग़ताई तो चंगेज़ का पुत्र ही था, अतः उसके वंशजों व तुर्क़ों के वैवाहिक गठबन्धनों से ही जो सन्तान उत्पन्न हुए वे ही 'चग़ताई तुर्क़' कहलाये।

इनकी महिलाएँ भी यायावरी व शिविर जीवन की आदी होने के कारण, उतनी ही बर्बर, साहसी, वीर एवं सहन-शक्ति से परिपूर्ण थीं, जितनी कि मंगोल पुरुष-वर्ग, अतः कोई आश्चर्य नहीं कि बिलकुल प्रारम्भिक काल से ही मंगोल-इतिहास क्रम में वे भी सशक्त हस्ताक्षर की तरह उभरीं! चग़ताई, चंगेज़ ख़ाँ का द्वितीय पुत्र था एवं उसे अपने पिता के विस्तृत साम्राज्य का मध्य भाग प्राप्त हुआ था और साथ में 'क़ाख़ान' या महान् ख़ाँ का पद भी! वह चौदह वर्ष तक ही शासन कर सका था और उसके मृत्यूपरान्त (1241 ई. के बाद) वास्तविक सत्ता उसकी विधवा ईबुस्क़ुन ने सँभाली और अगले छह वर्षों तक सफलतापूर्वक एवं दृढ़तापूर्वक शासन किया था। यहीं से उस परम्परा का श्रीगणेश ही नहीं होता, अपितु एक ठोस नींव भी पड़ जाती है, जो सशक्त महिलाओं को राजनीतिक केन्द्र में स्थापित करती हैं तथा वे अपने प्रशासनिक गुणों के लिए भी विख्यात हो जाती हैं। ऐसी ही महिलाओं की परम्परा हमें भारत में भी दिखायी देती है, जब बाबर द्वारा साम्राज्य-निर्माण के उपरान्त वे भारतवासी हो जाती हैं इनको इतिहास में सही स्थान वास्तव में नहीं मिला! अतः यह प्रयास उस त्रुटि को दूर करने का एक अल्प प्रयास ही है!

बात को और आगे ले जाने से पूर्व, एक बात और स्पष्टतः समझ लेनी होगी। इस प्रकार की सुदृढ़ प्रशासक, योग्य, बुद्धिमान् एवं चतुर, साहसी व मर्यादित

महिलाओं को पुरुष-प्रधान समाज के इतिहासकारों ने खारिज-सा करते हुए, कुछ पंक्तियों या पृष्ठों में हलके-फुलके ढंग से निपटाते हुए उन्हें समकालीन इतिहास की पृष्ठभूमि में ढकेलने का सफल प्रयास किया, अपितु लिखते-लिखते कहीं प्रत्यक्ष और कहीं परोक्ष रूप से चारित्रिक पतन व दोष की छींटाकसी भी करने से गुरेज़ नहीं किया।

अबुल फ़ज़ल-जैसा इतिहासकार जब मुग़ल सत्ता (हुमायूँ द्वारा) की भारत में पुनर्स्थापना में अहम् भूमिका निभानेवाला हर्रम बेग़म को नहीं बख़्शता तो शेष से क्या उम्मीद की जा सकती है? जो महिला अपने सद्गुणों के चलते, अपने क्षेत्र व काल, युग, अवधि में समकालीनों के मध्य 'वली नियामत' के सम्बोधन से सुविख्यात थी, उसे अबुल फ़ज़ल अपनी कृति अकबरनामा (खण्ड द्वितीय एवं तृतीय) में 'काफ़िर नियामत' कहने से नहीं चूकता? तो क्या अकबर का आधिकारिक इतिहासकार, मित्र, प्रशंसक व आत्मा तक स्वीकारा गया उस 'सर्व-धर्म-समभाव' से दूर था? जो वह ऐसे सम्बोधन का प्रयोग करने से गुरेज़ नहीं करता? अत: हमें समकालीन इतिहासकारों के दृष्टिकोण की लेखनी व अभिव्यक्ति की भी वैज्ञानिक व तार्किक ढंग से वस्तुपरकता या निष्पक्षता की जाँच या मूल्यांकन करके, ही इन महान् व मेधावी महिलाओं का पुनर्मूल्यांकन करना पड़ेगा।

चंगेज़ की पुत्रवधू व चग़ताई की विधवा ने जिस दृढ़ता से मध्य एशिया का शासन-प्रशासन-प्रबन्धन सँभाला था उससे न केवल राज्य को ही स्थिरता एवं दृढ़ता मिली थी, अपितु एक नयी परम्परा की भी शुरुआत हुई। इसी महिला ने छह वर्षों के शासन के उपरान्त अपना दायित्व पूर्ण निष्काम भाव से अपनी पुत्रवधू औरग़नाह् ख़ातून को सौंप दिया था! औरग़नाह् ने तो योग्यता मेधा एवं सक्रिय राजनीतिक-सैन्य जीवन से न केवल इस परम्परा को पुष्ट एवं समृद्ध किया, अपितु, इसे एक नया आयाम ही दे डाला। मिर्ज़ा हैदर दोघलात (काश्मीर-विजेता व शासक एवं मध्य एशिया का सुप्रसिद्ध इतिहासकार) जो बाबर का ही चचेरा भाइ लगता था, अपनी इस पूर्वज के साथ पूरा न्याय करने से चूक जाता है! पुरुष राजनीतिक लाभ उठाने के लिए कूटनयिक सम्बन्ध कैसे स्थापित करते थे? स्पष्ट है, वैवाहिक गठबन्धन द्वारा। वे इसे सत्ता के सुदृढ़ीकरण व प्रसार का माध्यम मानते थे एवं इसके औचित्य को स्वीकारते थे, किन्तु बिलकुल यही कार्य और बिलकुल इसी उद्देश्य की पूर्ति एवं ध्येय की प्राप्ति के लिए महिलाएँ करें, तो उनकी सच्चरित्रता पर उँगली उठाने से नहीं चूकते और इस अवसर का लाभ उसकी छवि धूमिल करने के लिए उपयोग में लाते थे! यही औरग़नाह् के साथ भी किया गया, जबकि बन्दीगृह से मुक्ति का इसके (वैवाहिक गठबन्धन के) अतिरिक्त कोई विकल्प या चारा नहीं था। ये परिस्थितियाँ बिलकुल ही वैसी थीं, जिनका सामना भारत में रज़िया को ताबरहिन्द के दुर्ग बन्दीगृह में करना पड़ा था और अल्तूनिया से विवाह करना उसकी विकल्पहीनता ही थी।

इन महिलाओं की परम्परा को आगे बढ़ाने का क्रम किया एक अन्य महिला ने, जिसका नाम था 'ईसान दौलत ख़ानम'। यह मंगोल राजकुमारी बाबर की नानी थी, जिसने अपने दामाद की मृत्यु पर अपने नाती या नवासे के हितों की न केवल रक्षा की, अपितु सुशासन से उसके राज्य फ़रगना को सुरक्षित-संरक्षित करते हुए उस राज्य को एक सुदृढ़ आधार प्रदान किया था। वास्तव में ईसान दौलत ही एक संक्रमण-काल की द्योतक थी—एक कड़ी थी—मंगोल एवं भारतीय मुग़ल महिलाओं के मध्य! क्योंकि भारत में मुग़ल-साम्राज्य के संस्थापक बाबर की राह उसी ने प्रशस्त की थी, अत: उसके साथ न्याय करना, एक कर्त्तव्य-पूर्ति ही नहीं है? यदि वह न होती तो क्या बाबर भारत-विजय की कल्पना को क्रियान्वित करने का ठोस राजनीतिक आधार पाता? इसी प्रकार, उस वृद्धा का उल्लेख ज़रूरी हो जाता है, जो एक मध्य एशियाई ग्राम के प्रधान की माँ थीं तथा जिसके सम्बन्धी आदि, तैमूर की सेना के साथ 1398 ई. में भारत-विजय के अभियान हेतु आये थे। वही थी बाबर की भारत सूचना का स्रोत एवं स्वप्नद्रष्टा! कोई सपना दिखानेवाला न हो। विचार उत्पन्न करनेवाला न हो, तो क्या कोई भी व्यक्ति किसी मार्ग पर चल पड़ सकता है, जो इतिहास में उसको एवं उसकी वंशीय सत्ता को अविस्मरणीय बना सके? फ्रान्स की क्रान्ति हेतु जितना महत्त्वपूर्ण योगदान वहाँ के बुद्धिजीवियों का था, लगभग वैसा ही महत्त्व भारत से इतनी दूर बैठी उस वृद्धा का था जिसने बाबर की जागती-जीवन्त आँखों में भारत का ख़्वाब भर दिया। जज़्बाती दिल में तूफ़ान उत्पन्न करनेवाला विचार अंकुरित कर दिया। अत: उस महिला का परिवेश पढ़ना-समझना अपरिहार्य समझा—बाबर की तत्कालीन परिस्थितियों व मानसिक स्थिति को समझने के लिए। वह क्यूँ कर भारत की ओर आकर्षित हुआ था?

इसी क्रम में नितान्त प्रतिकूल परिस्थितियों में निर्वासित मुग़ल बादशाह हुमायूँ की पत्नी बनी, हमीदा बानो को जानना, समझना भारत में मुग़लों के सुनिश्चित प्रयासों, विचारों व नीतियों को जानने, समझने के लिए ज़रूरी हो जाता है। हमीदा तो इसलिए भी ज़रूरी है कि एक-साथ हम परिवर्तन एवं सातत्य, विफलता, पुनर्स्थापना एवं सुदृढ़ीकरण के परिवेश को समझ सकते हैं। हम हुमायूँ और अकबर को सम्पूर्णता व समग्रता में समझ सकते हैं। जान सकते हैं, "धीरज, धर्म, मित्र अरु नारी, आपतिकाल परखिहेउ चारि।" हमीदा एक मुग़ल शासक की पत्नी के रूप में, तो दूसरे की माँ के रूप में इन चारों भूमिकाओं में, प्रतिकूल-से-प्रतिकूल परिस्थितियों में भी एक सम्बल के रूप में खड़ी है। अत: उसका अध्ययन महत्त्वपूर्ण, आवश्यक एवं अपरिहार्य है। इसलिए भी क्योंकि भारत में मुग़ल परम्पराओं के 'भारतीयकरण' का अध्ययन इसी से सम्भव है। मुग़ल राजत्व से लेकर अमीरों के नियन्त्रण, शक्ति-सन्तुलन से लेकर मुग़लों की राजपूत नीति की उत्पत्ति में भी हमीदा बानो की भूमिका

का कभी सही आंकलन ही नहीं हुआ। वह तो जीजाबाई से पूर्व हुई तथा अधिक सक्रिय भूमिका भी निभायी—मात्र संस्कार देकर ही नहीं! एक सक्रिय व सकारात्मक भूमिका अदा करके भी।

इसी क्रम में हर्रम बेग़म एक बिलकुल ताजी हवा के झोंके की तरह है। मध्य एशिया जहाँ से मुग़ल आये थे। वहाँ का एक झोंका, खासतौर से हुमायूँ के काल में दिखायी देता है। हर्रम उन महिलाओं की दृढ़ता, प्रतिबद्धता, बुद्धिमत्ता एवं सक्रियता की प्रतीक है, उन परम्पराओं को न केवल मज़बूत करती दिखती है, जो भारत में पनपने लगी थी, अपितु, उन्हें एक निर्णायक एवं नये कलेवर से भी सँवारती है। हुमायूँ के भारत पुनर्विजय अभियान के सर्वाधिक महत्त्वपूर्ण युद्ध में वह सर्वाधिक महत्त्वपूर्ण भूमिका या निर्णायक मोड़ पर एक अमूल्य योगदान देकर हुमायूँ के वापस आने का मार्ग प्रशस्त एवं आसान कर देती है, अत: उसका ऐतिहासिक महत्त्व केवल नकारा नहीं जा सकता, अपितु दूसरी ओर इस भूमिका एवं सच्चरित्रता के लिए तो उसके उल्लेख एवं ऐतिहासिक महत्त्व को रेखांकित किया जाना चाहिए। ऐसी महिलाओं ने न केवल अपना घर-परिवार, राज्य व प्रशासन ही सँभाला अपितु मुग़ल राजनीति को भी प्रत्यक्ष एवं परोक्ष रूप दोनों में प्रभावित किया था। उक्त महिला के विषय में जितना भी पढ़ा-लिखा जाय कम ही होगा?

*　　　　*　　　　*

और अन्त में इतिहासकारों द्वारा 'अप्रिय प्रकरण' के उद्घाटन से बचने एवं अपने दरबारी इतिहासकार होने के प्रमाण-स्वरूप एक महत्त्वपूर्ण घटना के उल्लेख से भी बचना तथा घटना और महिला के ही अस्तित्व को नकार देने का कुत्सित प्रयास है 'अनारकली प्रकरण'। अत: इस पर कुछ शब्द, वाक्य, पृष्ठ लिखकर उसे भी न्याय दिलाने की शुरुआत तो हो जाय शेष भविष्य की सम्भावनाओं पर निर्भर करेगा? अत: अन्त उस 'अनारकली' से ज़रूरी हो ही जाता है? इसी से हमें न केवल रनिवास के विषय में ही जानकारी मिलती है, अपितु समकालीन राजनीति में रनिवास की भूमिका का भी अध्ययन सम्भव हो जाता है! यही नहीं, यह प्रकरण यह भी स्थापित कर देता था, कि कैसे महिलाओं की एक गौण एवं पूरक-सी भूमिका थी और यदि पुरुष-प्रधान समाज की थोपी हुई मर्यादा का उल्लंघन जाने-अनजाने, चाहे-अनचाहे हो जाय तो दण्ड केवल उसे ही दिया जाता था। इतिहास की पृष्ठभूमि में रहनेवाली महिलाएँ उल्लेख तक से वंचित कर दी जाती थीं—उनके अस्तित्व तक से इन्कार कर दिया जाता था। अत: 'अनारकली' का अध्ययन महत्त्वपूर्ण और आवश्यक ही नहीं अपरिहार्य हो जाता है।

*　　　　*　　　　*

ये तमाम वास्तविक घटनाएँ एवं महत्त्वपूर्ण प्रकरण मुग़लकालीन इतिहास-लेखन के सम्बन्ध में भी कुछ प्रश्न उत्पन्न करते हैं तथा इन प्रश्नचिह्नों से साक्षात् होकर, हम यह सहज ही समझ सकते हैं, कि जो व्यवहार इतिहासकारों ने महिलाओं के साथ किया— वे किस प्रकार के समाज का प्रतिनिधित्व एवं चित्रण कर रहे थे? सबसे महत्त्वपूर्ण तथ्य तो यही था कि वे पुरुष-प्रधान समाज के प्रतिनिधि थे अत: महिलाओं को ऐतिहासिक पृष्ठभूमि में ही ढकेल रहे थे, अपितु जहाँ कहीं उनका उल्लेख करने को विवश हुए, वहाँ भी मात्र पूरक व गौण-सी भूमिका में ही स्त्रियों का चित्रण करके इतिश्री कर ली है।

दूसरा तथ्य भी महत्त्वपूर्ण है। तमाम प्राचीन एवं मध्ययुगीन मानव-समाजों/ समुदायों की भाँति, इस्लाम में भी शिक्षण, पठन-पाठन आदि धर्माधिकारी वर्ग अथवा 'उलेमा' तक ही सीमित था। पुरोहित या धर्माधिकारी वर्ग सदैव ही अपरिवर्तनीय, अपरिवर्तनशील, कट्टरपन्थी तथा दक़ियानूसी विचारोंवाला होता है। वह सातत्य की शक्ति का प्रतिनिधित्व करता है और परिवर्तन का विरोधी होता है। अत: एकमात्र साक्षर वर्ग एवं शिक्षित होने के कारण इतिहास-लेखन के दायित्व का निर्वहन भी यही वर्ग एवं इसके सदस्य ही करते थे। ऐसे तत्त्वों से महिलाओं के प्रसंगों में, प्रकरणों में सन्तुलन, परिपक्वता एवं/ अथवा निष्पक्षता की आशा करना ही व्यर्थ है। अत: महिलाओं में उनकी मेधा, क्षमताओं, योग्यताओं, भूमिकाओं की प्रशंसा तो दूर वस्तुपरक मूल्यांकन भी सम्भव नहीं हुआ।

तीसरा तथ्य भी कम महत्त्वपूर्ण नहीं है। ये तमाम साक्षर विद्वान् या उलेमा के बुद्धिजीवी सदस्य पूर्णतया राज्याश्रित थे। वे अपनी आय, वृत्ति, अनुदान के लिए राज्य एवं राज्य के तन्त्र पर निर्भर थे। अत: वे न केवल राज्य एवं केन्द्रीय सत्ता या शासक के विरुद्ध ही नहीं जा सकते थे, वे उनको अरुचिकर एवं अप्रिय लगनेवाले प्रसंगों, प्रकरणों के उल्लेख तक को छिपा जाते थे। और दूसरे राज्याश्रित होने के चलते वे दरबार-केन्द्रित या राजनीति-केन्द्रित इतिहास ही लिखते थे। वे अन्य विवरणों को नकार देते थे तथा पृष्ठभूमि में ढकेल देते थे। राजनीति या दरबार-केन्द्रित इतिहास लिखने की तार्किक परिणति होती थी—शासक या बादशाह केन्द्रित इतिहास-लेखन, अत: इस काल का इतिहास-लेखन पूर्णतया व्यक्तिपरक हो जाता था न कि वस्तुपरक। इस इतिहास या समकालीन विवरण बादशाहों की दिनचर्या के इर्द-गिर्द घूमता हुआ, उन्हीं से सम्बन्धित घटनाओं तक सिमटा रहता था।

एक अपवाद इस क्रम में दिखता है और वो है निज़ामुद्दीन अहमद। यह अकबर-कालीन इतिहासकार, जिसकी कृति का नाम है 'तबकाते-अकबरी'। किन्तु, इसका जो हश्र हुआ वह ही पर्याप्त है जानने के लिए कि उक्त काल में क्या, कैसे एवं क्यूँ लिखा या नहीं लिखा जाता था? निज़ामुद्दीन अहमद ने अनेकों ग्रन्थों की

सहायता से अपनी कृति सृजित की थी किन्तु वह उसको सार्वजनिक करने में हिचकता ही रहा। इसमें अकबर के सन्दर्भ में सब-कुछ सकारात्मक नहीं था। अत: यह पुस्तक जहाँगीर के काल तक लोगों से ओझल ही रही? इसी तरह हम अकबर की आधिकारिक ऐतिहासिक कृति 'अकबरनामा' के विषय में भी सोचें? अबुल फ़ज़ल हमें स्वयं बताता है कि अकबर ने उसमें इतने संशोधन एवं परिवर्तन करवाये कि पाँचवीं बार के संशोधित संस्करण से ही वह सन्तुष्ट हो पाया। वह अपने आपको जैसा दिखाना चाहता था, जब तक इस तरह का वृत्तान्त नहीं हो गया, वो अबुल फ़ज़ल से परिवर्तन करवाता ही रहा। अत: यह कभी भी वस्तुपरक व निष्पक्ष इतिहास हो भी सकता था? यह तो बिलकुल वैसी ही रचना थी जिसमें एक शासक अपनी इच्छानुसार अपनी छवि निर्मित करके प्रदर्शित करने में न केवल प्रयासरत था, अपितु सफल भी रहा था! अत: ये शासक-केन्द्रित ही नहीं उसी के द्वारा निर्देशित इतिहास-ग्रन्थ थे!!

अत: इन तमाम त्रुटियों, कमियों, आवरणों में से जब अन्तत: ऐतिहासिक तथ्य खोजे जाते हैं तब हम सच्चाई के कितने क़रीब पहुँच सकते हैं। इसका आप सभी स्वत: ही सहज अनुमान लगा सकते हैं। अत: ऐसे में अगर समाज के इस महत्त्वपूर्ण अंग और आधी आबादी का उल्लेख होता तो क्या और कैसा, समझा जा सकता है।

* * *

एक बात और कहना चाहूँगा—स्वीकारोक्ति के रूप में—मैं इतिहास अध्ययन-अध्यापन-शोध से सम्बद्ध होकर इस पूरे परिवेश को, सामग्री को कहानियों के रूप में प्रस्तुत करने को बाध्य हुआ, क्योंकि वैज्ञानिकता वस्तुपरकता के साथ प्रत्यक्ष एवं सरल शैली में, किन्तु उदार दृष्टिकोण व सन्तुलित स्वरूप में अभिव्यक्त नहीं कर सकता था। एक बात जो हेरोडोटस के काल से मान्यता के रूप में स्वीकृत है। वह यही है, कि इतिहास एवं साहित्य एक ही विषय थे। ये तो उन्नीसवीं सदी के ज्ञानोदय के प्रभाव से पृथक् विषय हुए थे। वैसे भी इतिहास की घटनाओं, वर्णनों, व्याख्याओं के लिए एक भाषा एवं निश्चित लेखन-शैली तो अपनानी ही पड़ती है। अत: उसके फलस्वरूप वह एक साहित्यिक रचना का रूप ग्रहण कर लेता है।

वैसे भी इतिहास, साहित्य आदि विषयों की उत्पत्ति एक ही स्रोत अर्थात् मिथिक शास्त्र या माईथॉलॉजी (Mythology) से हुई है। अत: साम्य व समानता सहज है। अत: साहित्य, आत्मकथा एवं ऐतिहासिक कृति में बहुत अन्तर नहीं होता है। तथ्य और लेखकीय कल्पना के अनुपात का अन्तर ही उन्हें एक-दूसरे से पृथक् करता है। इब्नबतूता मोरक्को का निवासी, जब मोहम्मद बिन तुग़लक़ के शासनकाल में भारत आकर, यहाँ के विषय में कुछ लिखता है, तो उसे आप क्या वर्गीकृत करेंगे? यात्रा-

वृत्तान्त? संस्करण? आत्मकथ्यात्मक? इतिहास? सामान्य साहित्यिक कृति? उस दृष्टिकोण से ही तुज़ुक-ए-बाबरी हो या गुलबदन बेग़म की हुमायूँनामा सब में हमें एक समानता ज़रूर दिखती है। अत: मैंने एक शैली का चयन किया है, तो ठीक ही है, इतिहास के विद्यार्थी के रूप में कोई आलोचना को निमन्त्रित नहीं किया है?

प्राय: सभी जगहों व प्रमुख घटनाओं के साथ उनके कालक्रम को सुविधा के लिए ही दिया गया है, ताकि घटनाओं को उनके सही 'परिवेश' में ही समझा जा सके? साथ ही व्यक्तित्व के विकास का भी क्रमबद्ध अध्ययन हो सके और इन विवरणों को सही व सक्रिय प्रवाह-क्रम भी मिल सके? इन्हीं शब्दों व विचारों के साथ पूरी विनम्रता से मैं सुधि पाठकों के हाथों में इसे सौपता हूँ।

जहाँ तक नामों का प्रश्न है, प्राय: यही प्रयास किया गया है कि जो हिन्दी भाषा के निकट हो ऐसा उच्चारण रखा जाये।

हेरम्ब चतुर्वेदी

ईबुस्क़ुन : चंगेज़ ख़ाँ की पुत्रवधू

(चंगेज़ ख़ाँ की पुत्रवधू ईबुस्क़ुन : एक कुशल शासिका)

इतिहास को समग्रता में और सही ढंग से समझने के लिए उसकी निर्मिति में संलग्न प्रक्रियाओं को विश्लेषित करने के लिए और उसका वस्तुपरक अध्ययन करने के लिए, न केवल हमें एक तार्किक और वैज्ञानिक दृष्टि अपनानी पड़ती है, अपितु विज्ञान के सिद्धान्तों के ही आसरे में जाने को विवश होना पड़ता है? विज्ञान में भी भौतिक-शास्त्र के सिद्धान्तों पर आश्रित होकर ही पुनर्जागरण एवं ज्ञानोदय कालों में समाज-विज्ञान और अन्ततः 'इतिहास के वैज्ञानिक स्वरूप' का विकास हुआ था। यह मान्यता आम या सर्वमान्य है कि प्रत्येक वस्तु-तत्त्व की उत्पत्ति एवं/ अथवा उसके विकास के साथ दो प्रकार की शक्तियाँ प्रवाहमान होती है, जिन्हें सामान्यतः 'क्रिया-प्रतिक्रिया' कहा जाता है। उदाहरण के लिए कोई भी वस्तु यदि चलना और घूमना शुरू कर दे वैसी ही शक्ति या वेग उसकी दूसरी या विपरीत दिशा में काम करना प्रारम्भ करेगा। अतः क्रिया-प्रतिक्रिया, स्थिरता, गतिशीलता एक दूसरे के प्रतिरोधी हैं तो वे परस्पर पूरक भी हैं।

इसी प्रकार का विचित्र संयोग हमें मध्ययुगीन विश्व में मध्य एशिया के क्षेत्र में दृष्टिगोचर होता है, या यूँ कहें तो इस एशियाई क्षेत्र के मंगोलों-तुर्क़ों के इतिहास में। वास्तव में भारत में जिस 'बर्लास तुर्क़ वंश' या 'चग़ताई तुर्क़ वंश' की नींव बाबर ने 1526 ई. में डाली थी वह तथाकथित 'मुग़ल वंश' के नाम से ही लोकप्रिय हुआ। इसी शासक बाबर की माँ क़ुत्लुग निगार ख़ानम प्रसिद्ध मंगोल शासक या महान् ख़ान चंगेज़ ख़ाँ की चौदहवीं पीढ़ी की वंशज थीं। इतिहास गवाह है कि इन यायावर मंगोलों एवं 'नागर' एवं 'ग़ैर-नागर' किन्तु स्थायी निवासवाले तुर्क़ों के मध्य मिश्रण एवं विवाह दोनों ही निरन्तर होते रहे। अतः बाबर की माँ, यदि चंगेज़ ख़ाँ की वंशज थीं तो उसके पिता सुलतान उमर शेख़ मिर्ज़ा, अमीर तैमूर की चौथी पीढ़ी के वंशज थे। इस बड़े से भू-भाग में मुख्यतः तो तुर्क़ एवं मंगोल बसते थे, किन्तु अन्य जनजातियाँ भी दिखती थीं, यथा, हज़ारा, उज़्बेग़ आदि, किन्तु मध्य एशियाई राजनीति में वे इन

दो ध्रुवों की पूरक थीं तथा इनको नियन्त्रित करके ही ये दो ध्रुव चीन, मंगोलिया, वर्तमान में सोवियत संघ से अलग हुए राज्यों के क्षेत्र में राजनीतिक प्रभुत्व की स्थापना एवं उसके प्रसार के कारण प्रायः संघर्षरत रहते थे। युद्धों से, संघर्ष से अवकाश पाने के लिए सन्धियाँ होती थीं और इस सन्धियों का प्राचीन-मध्यकालीन तरीक़ा था—'वैवाहिक गठबन्धन', अतः इन दोनों में पारस्परिक वैवाहिक सम्बन्ध भी प्रायः ही स्थापित होते रहे। और इस तरह इस सम्मिश्रण से उपजा था यह 'बर्लास या चग़ताई तुर्क़ वंश' जो भारतीय इतिहास में सामान्यतः मुग़ल वंश के ही रूप में जाना जाता है।

इस मुग़ल इतिहास में महिलाओं की भूमिका को समझने के लिए हमें अतीत के उन पुराने पन्नों या पृष्ठों को पलटने का क्रम शुरू करना चाहिए, जहाँ से इन 'संस्कारों' का वास्तविक या प्रारम्भिक बीजारोपण होता है। ऊपर जिस 'महान् ख़ान' की 'मंगोल परम्परा' का उल्लेख हम करके आये हैं, उसकी पहली दस्तक भारतीय द्वार पर, सिन्धु नदी के तट पर तेरहवीं सदी ईसवी के बीस वर्षों के बीतते-बीतते सुनायी देती है। मंगोल नेता एवं महान् ख़ान चंगेज़ ख़ाँ ने मध्य एशिया के एक बड़े साम्राज्यवादी शासक ख़्वारिज़्म के शाह को पराजित करके मौत के घाट उतार दिया। उस शासक का पुत्र मंगबरनी किसी तरह से जान बचाकर भारत की ओर भागा। मंगोल इतिहासकार तो विवरण देकर, उक्त घटना से हतप्रभ होने का उल्लेख करते हैं कि कैसे घोड़े में एड़ लगाकर एक स्थान पर सिन्धु नदी पार कर जाता है। वास्तव में, मनुष्य में जीने की ऐसी ही जिजीविषा होती है जीने की लालसा जो उससे ऐसे क़दम उठाने के लिए प्रेरित कर देती है, जिससे लोग 'दाँतों तले उँगली दबाने' को बाध्य हो जायँ।

ख़ैर, ख़्वारिज़्म राजकुमार मंगबरनी सिन्धु नदी पार कर गया। उसने खोख़रों के सरदार की पुत्री से विवाह के द्वारा कूटनीतिक गठबन्धन किया तथा पसरोर को अपना आश्रय-स्थल बनाया। उसके पहुँचने से ऊपरी सिन्धु सागर दोआब का क्षेत्र कुबाचा तथा मंगबरनी—खोख़रों के गठबन्धन के मध्य रण-क्षेत्र में तब्दील हो गया। इल्तुतमिश सशंकित होकर यह परिदृश्य देखने लगा, क्योंकि, इस समीकरण को जटिलता प्रदान कर रही थी, सिन्धु के उस पार चंगेज़ ख़ाँ के नेतृत्ववाली विनाशकारी मंगोल सेना! किन्तु इल्तुतमिश के अधीन निर्मित या स्थापित हो रहे शैशव तुर्की सुल्तनत का भाग्य था कि वह इस देश—भारत के भाग्य से सम्बद्ध हो गयी थी।

ऊपरी सिन्ध-सागर दोआब के आगे भारत या उत्तर भारत का राज्य था। चंगेज़ छोटे से खोख़र क्षेत्र के स्वामी को पराजित करने में सक्षम व आश्वस्त था किन्तु भारत की बात और थी? यदि मंगबरनी वहाँ प्रश्रय पा गया तब? वह नहीं चाहता था कि भारत का शासक उसके शत्रु-पुत्र को शरण दे। मंगोलों के दिल में भारत के प्रति नितान्त एवं सच्ची श्रद्धा का भाव था। वे भारत को 'देव-स्थान' मानते थे क्योंकि वे

बौद्ध धर्म के अनुयायी थे और यह गौतम बुद्ध का जन्म-स्थान था और बौद्ध मत यहीं से मंगोलिस्तान गया था। वह इस देश से न तो शत्रुता कर सकता था और न ही इस पर आक्रमण। आक्रमण करना दुस्साहस होता—वह अभिशप्त हो जाता! उसका विश्व-विजय का अभियान कहीं स्वप्न ही न रह जाय!

अत: उसने निश्चय किया कि वह भारत पर आक्रमण नहीं करेगा और कूटनीति से काम लेगा! उसने इल्तुतमिश के पास अपना दूत भेजकर सन्देश दिया कि वे सिन्धु नदी को अपने-अपने क्षेत्रों की स्वाभाविक एवं समान सीमा मान लें, इल्तुतमिश, मंगबरनी को अपने यहाँ राजाश्रय न प्रदान करे। इल्तुतमिश को तो जैसे मन की मुराद मिल गयी उसका राज्य एक विकराल व विध्वंशकारी आक्रमण से बच गया था! यह सत्य है कि जब बड़े-बड़े साम्राज्य, सभ्यताएँ व संस्कृतियाँ इस मंगोल विभीषिका के समक्ष धूल-धूसरित हो रहे थे/थीं और मध्य एशिया की तमाम भू-राजनीतिक सीमाएँ मंगोल घोड़ों की टापों से बनती-बिगड़ती हों उस समय उनका आक्रमण भारत का शैशव तुर्की राज्य को काल-कवलित करने को पर्याप्त था। भला हो चंगेज़ ख़ाँ का, उसकी श्रद्धा का, उसके देव-स्थान पर आक्रमण करने के अभिशाप के भय का, कि इल्तुतमिश की जान बच गयी!!

तत्कालीन तुर्क़ शासक इल्तुतमिश इस सम्भावित ख़तरे का सही मूल्यांकन कर सका था। वह सशंकित था और भयातुर भी, तभी तो उसने 1221 से 1227 ई. के काल तक अर्थात् जब तक महान् ख़ान चंगेज़ की मृत्यु नहीं हो गयी उसने पारस्परिक सन्धि द्वारा स्थापित सिन्धु की इस सीमा को आदर की निगाहों से देखा। सिन्धु के उस पार के शत्रुओं यथा नासिरुद्दीन कुबाचा तथा खोख़रों के विरुद्ध न तो कोई सैन्य अभियान संचालित किया और न ही अपने साम्राज्य का विस्तार करने का मन बनाया।

तो भारत के पश्चिमोत्तर का समस्त भू-भाग राजनीतिक अस्थिरता का क्षेत्र था तथा आज के अफ़गानिस्तान सहित समस्त मध्य एशियाई क्षेत्र में क़बीलाई क्रूरता या अपरिष्कृत भौतिक बल व प्राकृतिक योग्यताओं का बोलबाला था। एक क्षणिक निर्णय में जीवन पर ख़तरे आसन्न होते थे, अस्तित्व संकट में पड़ते थे। प्रकृति के सन्निकट होने के चलते, वे चुस्त-दुरुस्त और सतर्क रहने के लिए विवश थे। अत: क़बीलों का, क्षेत्र का और अन्त में सर्वोच्च ख़ाँ का पद भी उक्त परिवार का वही सदस्य प्राप्त कर सकता था, जो न केवल वाक़ई योग्यतम हो, अपितु अपनी 'योग्यतम' स्थिति को प्रमाणित करता रहे। वही महान् ख़ान हो सकता था, जिसे सब अपने नेता के रूप में स्वीकार करते हों।

ऐसे में तय ही था कि क़बीलाई समाज या ऐसी मान्यताओं, संस्कारों, विशेषताओं पर आधारित किसी भी समाज या व्यवस्था में वो ही सिद्धान्त फल-फूल सकता था, जिसे हम (कभी-कभी हिकारत से) 'पुरुष-प्रधान' समाज कहते हैं। किन्तु, कैसा

आश्चर्य कि इस समाज में भी जहाँ 'बल' को वरीयता दी जाती हो, वहाँ भी कहीं गहरेपन में यह विश्वास रहा होगा कि पैदा तो माँ करती है, शौच-कर्म की शिक्षा भी वह देती है, सुख-दुःख भी माँ या किसी महिला से अधिक सरलता-सहजता से बाँटा जा सकता है, स्नेह व प्रेम की छाया भी वहीं उपलब्ध है। 'बल' का एक रूप यह भी था! तभी तो इस अपरिष्कृत क़बीलाई संस्कृति में भी हमें ऐसी स्थितियाँ-परिस्थितियाँ दिखती हैं जब महिलाओं की प्रशासनिक योग्यताओं को पहचाना व स्वीकार किया गया। उसे सहज मान्यता भी प्राप्त हुई, ऐसी महिलाओं की प्रशंसा ही नहीं पूर्ण आदर भी प्राप्त हुआ; उनका नेतृत्व भी स्वीकार्य हुआ। ऐसा नहीं था कि 'पौरुष-बल' ही शक्ति-सम्पन्नता या सत्ता-सम्पन्नता का एकमात्र आधार रहा हो। महिला-शक्ति व बुद्धि-बल की भी स्वीकृति दिखती है—हो सकता है यह बौद्ध धर्म एवं संघ में भिक्षुणियों का प्रभाव और बाद के तान्त्रिक प्रभाव के फलस्वरूप हुआ हो?

इस दीर्घ पृष्ठभूमि में अब हम जिस महिला की बात कहने जा रहे हैं वो शायद समझ में आ सके! इस महिला का नाम है 'एबुस्कुन' या 'ईबुस्कुन'! वस्तुतः चंगेज़ ख़ाँ ने समस्त उत्तर व मध्य एशिया का बड़ा भू-भाग विजित कर लिया था। इतने विस्तृत साम्राज्य के कुशल-संचालन व दक्ष-प्रबन्धन के लिए, उसने इसे चार भागों में विभक्त करके अपने चारों पुत्रों को प्रदान कर दिया। पुराने मंगोल रिवाज़ के ही अनुपालन में चंगेज़ ख़ाँ ने भी ऐसा ही किया ताकि उसके उपरान्त कोई उत्तराधिकार की समस्या या विवाद न उठे, जो क्षेत्र जिस पुत्र के अधिकार में हो, वह उस राज्य-क्षेत्र का शासक हो जाये। हालाँकि क़बीलाई संरचना को भी इस क्षेत्रीय विभाजन में नज़रअन्दाज़ नहीं किया गया था। अतः ये क्षेत्र क़बीलाई या जनजातीय इकाइयों के समूह के रूप में चिह्नित व पहचाने या समझे जा सकते हैं।

चंगेज़ ख़ाँ के बड़े पुत्र जूजी या तूसी अपने पिता की मृत्यु से पूर्व ही स्वर्ग सिधार गया, अतः वह कभी 'महान् ख़ान' या 'क़ाख़ान' नहीं हो पाया। किन्तु उसके द्वारा प्रशासनिक भू-क्षेत्र उसके पुत्र व उत्तराधिकारी बातू को प्राप्त हुए। उसके क्षेत्र का केन्द्र किप्चक़ का मैदानी इलाक़ा था—अर्थात् सिर-दरिया की निचली धारा के समस्त उत्तरी भू-भाग अराल तथा कैस्पियन (क्षीर सागर) समुद्र क्षेत्रों के उत्तर का भाग, वोल्गा तथा डॉन के तराई क्षेत्र काला सागर का उत्तरी तटीय इलाक़ा तथा उरलि नदी के पार पश्चिमी सर्बिया का क्षेत्र।

द्वितीय पुत्र चग़ताई का क्षेत्र 'ट्रॉन्सॉक्सियाना' और 'मावरा-उन-नहर' के चारों ओर फैला भू-क्षेत्र था। यह सम्पूर्ण क्षेत्र सिर्र एवं आमू नदियों के मध्य स्थित था किप्चाक़ के मैदानी भाग इसकी पूर्वोत्तर सीमा थी तथा पश्चिम में ईसिघ कुल तथा एला-नोर की झीलें थीं, पूर्व में चीनी या पूर्वी तुर्क़िस्तान, फ़रगना एवं बदख़्शाँ का

क्षेत्र जबकि दक्षिण में कुन्दुज़, बल्ख़ एवं ख़ुरासान के इलाके सम्मिलित थे। इसी दक्षिणी क्षेत्र में तब पूर्व में हेरात-गज़नी तथा धुर-दक्षिण का मक़रान क्षेत्र भी सम्मिलित था! इसी क्षेत्र से चूँकि हमारा वास्ता है, अत: इसके विषय में थोड़ा और जानना समीचीन है। इस क्षेत्र में कुछ सर्वाधिक उर्वर क्षेत्र एवं सम्पन्न कृषि क्षेत्र थे, कुछ अत्यन्त विकसित नगर एवं नगर-सभ्यताएँ थीं, जबकि दूसरी ओर, हज़ारा जैसे 'जंगली पहाड़ी क़बीलाई लोग' थे। वस्तुत: चंगेज़ ख़ाँ के विस्तृत साम्राज्य का यह मध्य क्षेत्र था।

उक्त मध्य-क्षेत्र के पूर्व की ओर, चंगेज़ ख़ाँ के तृतीय पुत्र ओक़्ताई या ओग़ताई का भू-क्षेत्र था। वो मूल मंगोलिया का स्वामी था, जिसमें उसके पिता के साम्राज्य की राजधानी काराकोरम भी सम्मिलित थी। इसके राज्य की पश्चिमी सीमा चग़ताई के राज्य की सीमाओं को स्पर्श करती थीं। तियान-शान के उत्तर का वो समस्त क्षेत्र, जो पूर्व में उरुम्त्सी से पश्चिम में चू नदी तक विस्तृत था। शनै:-शनै: ओग़ताई परिवार की शक्ति क्षीण होने लगी, अत: तेरहवीं शताब्दी ईसवी के उत्तरार्द्ध में चग़ताई परिवार के अधीन ये तमाम क्षेत्र भी आ गये। उनकी शक्ति और साम्राज्य का और विस्तार हो गया।

चग़ताई का क्षेत्र विस्तृत तो था ही और जैसा हम ऊपर कह आये हैं। इसमें यदि एक ओर सर्वाधिक समृद्ध कृषक क्षेत्र थे, तो वहीं दूसरी ओर, प्राकृतिक संसाधनोंवाले अनेक भू-भाग थे, तो तीसरी ओर, समुन्नत व्यापारवाले केन्द्र थे, जो सभ्यता और संस्कृति की पहचानवाले तमाम विख्यात एशियाई शहरों में सम्मिलित थे। अत: जहाँ एक तरफ़ एशियाई संस्कृति के पोषक, व्यापारिक केन्द्र के रूप में विकसित नामचीन शहर थे, तो वहीं ग्रामीण तुर्क़ बस्तियाँ भी थीं और कहीं पहाड़ी की ओर अपरिष्कृत जनजातियों का वास था, जिन्हें नियन्त्रित-अनुशासित रखने के लिए सदैव सैन्य-सतर्कता एवं बल प्रयोग की आवश्यकता होती थी। वैसे भी मध्ययुगीन विश्व परिवेश में ही सत्य था कि 'भय बिन होय न प्रीति'?

महान् मंगोल ख़ान के द्वितीय पुत्र चग़ताई ख़ाँ के विषय में यह कहा जा सकता है कि वह एक मेहनती, निष्पक्ष एवं न्यायप्रिय शासक एवं योग्य प्रशासक था। वह अपने पिता चंगेज़ ख़ाँ द्वारा निर्मित विधि संहिता 'यसाक' का निष्ठावान् अनुपालक एवं अनुयायी था तथा उसी के अनुसार आचरण तथा शासन करता था। उसने सुप्रसिद्ध शहरों बोख़ारा या समरकन्द के स्थान पर, अपने राज्य के ध्रुव पूर्व में स्थित अल्मालिघ (वर्तमान कुल्जा) को अपनी राजधानी बनाया था जो ऊपरी ईली की मनोरम घाटी में स्थित एक सुसभ्य एवं समृद्ध नगर था। यह निर्णय दूरदृष्टिवाला था, क्योंकि मंगोल लोग अभी भी मूलत: यायावरी जीवन के अभिलाषी थे। शहरी जीवन तो दूर, वे तो कृषि कार्य में सम्बद्ध ग्रामीण लोगों को भी पालतू पशुओं के अतिरिक्त

कुछ भी नहीं मानते थे? अपनी इस राजधानी अल्मालिघ से वह न तो उनसे दूर था और न ही उन जनजातियों के, जिन्हें नियन्त्रित रखना आवश्यक ही नहीं, राज्य की स्थिरता के लिए अपरिहार्य-सा था।

चग़ताई ख़ाँ अपने पिता के मृत्यूपरान्त 1227 ई. में शासक या 'क़ाख़ान' बना एवं चौदह वर्षीय सफल शासनोपरान्त 1241 ई. में उसका देहावसान हो गया। जैसे समकालीन इतिहासकारों ने चंगेज़ ख़ाँ के चौथे पुत्र का उल्लेख नहीं किया उसी प्रकार अपने वृत्तान्त में जिन्हें वे आवश्यक नहीं मानते थे, उनको नज़रअन्दाज़ करते थे। वे इसी प्रकार चग़ताई के पुत्रों का कोई उल्लेख नहीं करते। सम्भवत: वे निरन्तर हो रहे युद्धों, संघर्षों में किसी में ही मारे गये होंगे? अन्तत: 1241 ई. में उसके मृत्यूपरान्त उसका एक पौत्र करा/कड़ा हलाक़ू शासक बनता है। वह शिशु था, अत: संरक्षिका के रूप में सत्ता सँभाली चग़ताई की विधवा एबुस्कुन या ईबुस्कुन ने और लगभग छह वर्षों तक सफलतापूर्वक इस दायित्व का निर्वहन किया।

वह पुरुष प्रधान समाज तो था ही और इस प्रकार के अपवाद इसी तथ्य की पुष्टि भी करते हैं। अत: पुरुष-प्रधान समाज के इतिवृत्त में इस महिला शासक-प्रशासक का कोई विशेष उल्लेख ही नहीं मिलता है। मूल्यांकन की बात तो दूर है। फिर भी समकालीन परिस्थितियों, युद्धों, प्रतिद्वन्द्विताओं, प्रतिस्पर्द्धाओं एवं निरन्तर हो रहे संघर्षों से एक बात तो स्पष्ट होती है और वह है, उक्त संरक्षिका की सफलता की दास्ताँ। चग़ताई एवं ओक़्ताई वंशों/परिवारों की लड़ाई इस दौर में अपने चरम पर थी और अन्तत: ईबुस्कुन के पौत्र के वैधानिक एवं ईबुस्कुन के वास्तविक शासन का अन्त भी उसी परिवार के सदस्य द्वारा ही 1247 ई. में सम्भव हुआ था। अत: ख़ूनी संघर्ष और रक्त-रंजित युद्ध-क्षेत्र दोनों राज्यों के वीरों, सेनाओं, संसाधनों, धैर्य, पौरुष एवं प्रशासकीय क्षमताओं का भी निरन्तर परीक्षण करते रहते थे। ऐसी विकराल, विषम परिस्थितियों में जो महिला आन्तरिक एवं बाह्य शक्तियों पर क्रमश: अंकुश एवं सफल प्रतिरोध छह वर्षों तक कर चुकी हो, कोई साधारण उपलब्धि नहीं ही थी।

जो सबसे महत्त्वपूर्ण बात उभरकर आती है, वह यह है कि उसने अपने स्वर्गीय पति चग़ताई ख़ाँ एवं श्वसुर चंगेज़ ख़ाँ की ही नीतियों का अनुसरण एवं उनके द्वारा निर्मित व परिभाषित इच्छाओं का ही अनुपालन किया और एक उदार व सहिष्णु छवि निर्मित की। हालाँकि न तो चग़ताई और न ही ईबुस्कुन इस्लाम धर्म के अनुयायी थे, फिर भी कोई धार्मिक भेदभाव की नीति उन्होंने नहीं अपनायी। दोनों ने एक मुस्लिम, जुमिलत-उल-मुल्क को अपने मन्त्री के रूप में रखा तथा इस्लाम के प्रति सहिष्णुता की ही नीति अपनायी। इसीलिए, इस पूरे दौर में अर्थात् 1227 ई. से लेकर 1246-47 ई. तक पूरे क्षेत्र में अनेक मस्जिदों, मक्तबों, मदरसों एवं मज़ारों का भी निर्माण हुआ। यही नहीं इन बौद्ध धर्मावलम्बी शासकों के राज्य में नेस्टोरियन या पूर्वी ईसाई

मत के माननेवाले भी निवासी थे। इन सभी के प्रति उदार-सहिष्णु नीति का परिणाम था कि वे राज्य एवं शासकों को संरक्षक मानते थे और तत्कालीन समाज में किसी प्रकार का न तो धार्मिक मतभेद था और न ही वैषम्य से उत्पन्न कोई सामाजिक अस्थिरता ने ही सिर उठाया। वस्तुत: इतने प्रतिकूल धार्मिक, साम्प्रदायिक, आस्थाओं एवं विश्वासों के अनुयायीवाले क्षेत्रों के राज्य में शान्तिपूर्ण सह-अस्तित्व नहीं तो सह-अस्तित्व का भाव स्वत: ही आ जाता है। अपने-अपने अस्तित्व के संरक्षण व स्वार्थ से परिचालित और प्रेरित, अत: भिन्ने-भिन्ने, मतर भिन्नेवाले इस परिवेश में वह भी एक उदार शासक की भाँति सफलतापूर्वक शासन-प्रशासन करती रही थी।

अपने पति की इच्छा का अनुपालन करते हुए उसने पूर्वी तुर्क़िस्तान का क्षेत्र 'दोघलात' परिवार या वंश को शासन-प्रशासन हेतु सौंप दिया था। ये 'दोघलात' ही वस्तुत: 'शुद्ध रक्त मंगोल' थे उनके रक्त में अभी तक कोई मिश्रण नहीं हुआ था, किन्तु उनके पास अपना कोई स्थान या आधार था ही नहीं। सम्भवत: तत्कालीन और वास्तविक शासक ईबुस्कुन को यह प्रशासनिक पुनर्गठन दो कारणों से व्यावहारिक और सन्तोषजनक लगा होगा : एक तो वह स्त्री थी और उस पर इतने विशाल राज्य पर व्यक्तिगत नियन्त्रण एवं दक्ष-प्रशासन। अत: भौगोलिक रूप से अधिक एकीकृत एवं गठित राज्य प्रशासन-प्रबन्धन के दृष्टिकोण से निश्चित ही एक बेहतर विकल्प था। दूसरे इस भू-भाग को दोघलातों को सौंप देने का एक और प्रत्यक्ष लाभ था। जब चंगेज़ ख़ाँ के वंशज ही पारस्परिक संघर्ष में रत थे, तो एक शुद्ध मंगोल वंश के निष्ठावान् बने रहने की सम्भावना थी, जो तत्कालीन प्रतिकूल परिस्थितियों एवं कटुतापूर्ण परिवेश में एक अवलम्ब या सहारा भी हो सकते थे। इनका साथ उस भू-भाग के सत्ता का समीकरण चग़ताई वंश की ओर घुमाया जा सकता था! अत: उसने अपनी दूरदर्शिता, समझदारी, विवेकपूर्ण निर्णय, तार्किक सोच और कूटनीतिक ज्ञान का एक अच्छा साक्ष्य या प्रमाण दिया, जिसके सकारात्मक परिणाम भी उसे अपने जीवन-काल में ही मिले।

1247 ई. के प्रारम्भ में ही चंगेज़ ख़ाँ के तीसरे पुत्र ओक़्ताई या ओग़ताई के पुत्र एवं उत्तराधिकारी कुयुक़ ख़ाँ ने अपने राज्य-विस्तार के लिए अपने चचेरे भतीजे करा हलाक़ू एवं उसकी संरक्षिका-दादी के राज्य पर अपनी नज़र गड़ा दी! उसने सुनियोजित ढंग से अल्मालिघ पर ज़बरदस्त आक्रमण कर दिया। यह आक्रमण पूर्व नियोजित, आकस्मिक एवं इतना ज़बरदस्त था कि करा हलाक़ू एवं उसकी दादी-संरक्षिका ईबुस्कुन पूर्णतया हतप्रभ एवं असमर्थ थे। अत: स्वाभाविक था कि वे सत्ताच्युत हो गये। कुयुक़ ख़ाँ ने विजय तो प्राप्त कर ली, किन्तु वह भोग-विलास में ही डूब गया। उसने अपने विश्वसनीय अमीर ईसा मंघू को अपना गवर्नर नियुक्त

किया, किन्तु वह भी विलासी निकला। उसने समस्त प्रशासनिक अधिकार अपने मुस्लिम वज़ीर बहाउद्दीन को सौंपकर सुरा-सुन्दरी में डूबना श्रेयस्कर समझा।

जिस राज्य में विभिन्न मतावलम्बी रहते हों, जहाँ के विभिन्न भू-भागों की अपनी-अपनी अलग संस्कृति और जीवन-शैली ही नहीं, पृथक् समाजार्थिक संरचना हो, वहाँ तो अधिक समझ, अधिक उदार दृष्टिकोण की आवश्यकता पड़ती है, न कि शासकीय-प्रशासकीय अक्षमता और उदासीनता की! यहाँ उल्टा हो रहा था। एक तो करेला ऊपर से नीम चढ़ा। एक तरफ़ तो प्रशासनिक अक्षमता एवं पक्षपात का माहौल बनने लगा, दूसरे ऊपर से विलासिता के लिए अनाप-शनाप ख़र्चों के चलते, वित्तीय सुप्रबन्धन के अभाव में समाजार्थिक व्यवस्था चरमराने लगी! कुयुक़ ख़ाँ की अनुपस्थितिपूर्ण उत्पीड़क शासन दृष्टि लोगों के सब्र की परीक्षा लेने लगी और धीरे-धीरे लोगों में असन्तोष व अन्तत: रोष फैलने लगा।

सत्ता-स्थानान्तरण और राजनीतिक आचरण का महत्त्वपूर्ण किन्तु दिलचस्प पहलू या सिद्धान्त है कि लोगों की स्मृति बहुत लघु होती है, अत: वे निकट अतीत में सत्ताच्युत व्यक्ति के शासन-प्रशासन से नयी व्यवस्था की तुलना करते ही हैं। अत: चग़ताई ख़ाँ तो दूर, इस राज्य के आमजन उसकी विधवा ईबुस्कुन के सुशासन की स्मृतियों में शान के क़सीदे पढ़ने लगे और नये शासक-प्रशासकों को लानत-मलानत भेजने लगे। अत: सत्ताच्युत राजमाता के रूप में भी उसकी प्रशंसा व लोकप्रियता के साथ ही उसका क़द, प्रतिष्ठा एवं महत्त्व बढ़ ही गया, जिससे पूर्ण उत्तर एवं मध्य एशिया अवगत हो गया।

ख़ैर, तीन वर्षों के भीतर ही कुयुक़ ख़ाँ की मृत्यु हो गयी और चंगेज़ के 'क़ाख़ान' के पद के वारिस के रूप में उसका ही एक अन्य पौत्र मंघू उस पद पर आसीन हुआ। इधर शुद्ध मंगोल दोघलातों ने अपनी निष्ठा और निष्पक्षता का परिचय देते हुए नये 'क़ाख़ान' की ईमानदारी से चग़ताई के राज्य के राजनीतिक पुनर्गठन के प्रभावों, परिणामों, कुकृत्यों से पूर्णतया अवगत कराया, अपितु उनके पुनर्स्थापना का भी ईमानदारी से प्रयास किया। शुद्ध रक्त मंगोल होने के कारण, पूरे चंगेज़ परिवार में दोघलातों की विशेष प्रतिष्ठा एवं स्थान था अत: नये 'क़ाख़ान' मंगू ख़ाँ ने इनकी बातों को पूरा वजन देते हुए, करा हलाकू एवं उसकी दादी संरक्षिका ईबुस्कुन के न केवल राज्य की पुनर्स्थापना की, अपितु उन्हें पुन: प्रतिष्ठित भी किया!

इस पुनर्स्थापना के परिणामस्वरूप यहाँ के गवर्नर रहे यशू मंघू एवं उसके प्रतिनिधि मन्त्री या वज़ीर बहाउद्दीन को कारावास में डाल दिया गया—उन्हीं के तो कुकृत्यों से आम-जन में ऐसा असन्तोष भड़का था कि सत्ता परिवर्तन अपरिहार्य हो गया था। यशू मंघू तो अपनी विलासिता में डूबा रहता था प्रशासन का वास्तविक चेहरा तो बहाउद्दीन था अत: जनता में उसके विरुद्ध ज़बरदस्त रोष था अत: वे उसे उसके

घृणित कुकृत्यों के लिए तुरन्त मौत के घाट उतारने जैसी तात्कालिक सजा की माँग करने लगे। वे उत्तेजित थे और फैसला सुना रहे थे। वे माँग नहीं कर रहे थे। अतः एक दुश्चक्र के चलते उत्तेजना और गति से फैलने लगी। सत्ता में पुनर्स्थापित राजमाता ईबुस्कुन भी जानती थीं और समझती थीं कि आक्रामक क़बीलाई लोग मात्र अत्याचारी के हटाये जाने एवं वैध शासकों के पुनः प्रतिष्ठित होने मात्र से सन्तुष्ट नहीं होते, जब तक उसमें प्रतिशोध का भी कोई प्रतीक सम्मिलित न हो! वे इस प्रतिशोध को ही प्राकृतिक या नैसर्गिक न्याय मानते थे! अन्ततः राजमाता जो समय की नब्ज़ पर हाथ रखकर, वक़्त की धड़कन पढ़ने में सक्षम थीं—ने बहाउद्दीन को तत्काल मृत्युदण्ड देने का कठोर फैसला ले ही डाला। उससे यह भी तो स्थापित हो गया कि वह पुनः राज्य की स्वामिनी हैं, न कि ओग़ताई शासक मंगू की कृपा पर पुनर्स्थापित एवं उसके आश्रय में कार्य कर रही—कृपा पर जी रही कोई प्रतिनिधि! मध्ययुग के उस आक्रामक व हिंसक माहौल में शासक-जैसा व्यवहार करना ज़्यादा ज़रूरी था। बनिस्बत शासक होना या दिखना!!

अभी पुनर्स्थापना के कुछ माह ही बीते थे, किन्तु राजमाता सभी कुछ पुनर्गठित करके, कानून-व्यवस्था भी दुरुस्त करने में सफल रही थी। उसकी लोकप्रियता अपने चरम पर पहुँच रही थी—'लोग पूर्णतया सन्तुष्ट एवं शान्त थे।' सब-कुछ व्यवस्थित-सा तभी ईबुस्कुन के पौत्र करा हलाकू की मृत्यु हो गयी। प्रतिकूल-सी परिस्थिति एक कण्टकाकीर्ण मोड़! ऐसे ऐतिहासिक मोड़ ही ऐतिहासिक व्यक्तित्व का परीक्षण काल होता है एवं उनके विवेकपूर्ण दूरदृष्टिवाले निर्णय उन्हें इतिहास में अमरत्व प्रदान करते हैं अथवा पृष्ठभूमि में ढकेल देते हैं। ईबुस्कुन एक बार फिर परीक्षण में उत्तीर्ण ही नहीं होती, अपितु एक नया आदर्श और मिसाल कायम करती है। वह अपनी पौत्रवधू अर्थात् करा हलाकू की विधवा को सत्ता एवं राज्य-शक्ति के समस्त अधिकार सौंप देती है।

वो केवल अपनी पौत्रवधू को सत्ता ही नहीं सौंपती, अपितु उसे इस सत्ता को स्वीकारने तथा सँभालने के लिए भी पारस्परिक एवं बौद्धिक रूप से प्रशिक्षित व तत्पर करती है। वस्तुतः इतने बड़े एवं महत्त्वपूर्ण निर्णय के लिए वह तो तैयार रही होगी, किन्तु, नयी विधवा को, जिसके पति को सदैव अपना संरक्षण प्रदान किया था उसे कितना और कैसे तैयार किया होगा! सम्भवतः सत्ताच्युत होने की अवधि में यानी कि 1247-50 ई. के काल में यह सब हुआ होगा। उन प्रतिकूल परिस्थितियों में वह जैसे-तैसे अपने पौत्र तथा पौत्रवधू के साथ येन-केन-प्रकारेण जीवनयापन कर रही थी और शनैः-शनैः अपने पौत्र व पौत्रवधू को शिक्षित-प्रशिक्षित करके भविष्य में राज्य का दायित्व निभाने के लिए तैयार कर रही थी। यह तो दुर्भाग्य था कि सत्ता में पुनर्स्थापना के बाद ही, पौत्र करा हलाकू की मृत्यु हो गयी, किन्तु विधवा पौत्रवधू

भी तो प्रशिक्षित थी। वैसे भी अब उसकी भी ढलती उम्र थी अत: वह कैसे और कब तक इन जिम्मेदारियों को निभाती?

उन प्रतिकूल परिस्थितियों में नियम-संयम, सन्तुलन, विवेकपूर्ण व्यवहार, प्रशासनिक सिद्धान्त, राजकीय आदर्श आदि वह अपने पौत्र व पौत्रवधू को सिखा चुकी थी। उन्होंने निश्चित देखा और सीखा होगा, कि कैसे अपने अमीरों को विश्वास में लेकर, उनसे सम्बन्ध बनाये रहती थी। इस अकल्याणकारी शासन एवं प्रशासनिक कुकृत्यों के विरुद्ध कैसे अपने अमीरों को बाध्य शक्ति के विरुद्ध इस्तेमाल कर रही थी। कैसे हज़ारा जैसी बर्बर जातियों के 'जनजातीय' आक्रोश को प्रज्जवलित करती थी और कैसे दोघलातों का उपयोग करके अपने सत्ता की पुनर्स्थापना में सफलता अर्जित की थी। अपने आचरण या व्यवहार से वह उन दोनों प्रशिक्षुओं को निष्णात करने में सफल रही थी।

अपने पौत्रवधू औग़नाह् ख़ातून की योग्यता, प्रतिभा एवं क्षमता पर उसे पूरा यक़ीन रहा होगा। अत: उसे शासन-सत्ता सौंपने में ईबुस्कुन ने कोई भी विलम्ब नहीं किया! वह सम्भवत: राजनीतिक परिदृश्य से ही हट गयी होगी। स्वेच्छा से, एक सेवा-निवृत्त जीवन जीने के लिए! हमें इसीलिए कोई आश्चर्य नहीं होना चाहिए यदि उक्त महत्त्वपूर्ण निर्णय एवं उसके निर्विघ्न क्रियान्वयन के उपरान्त उसका कोई उल्लेख हमें समकालीन ऐतिहासिक विवरणों-वृत्तों में प्राप्त नहीं होता है? ऐसी थी उसकी त्याग, स्नेह एवं विश्वास की भावना! ऐसी थी ईबुस्कुन। ख़ुद भी महिला होकर शासन किया और सत्ता सौंपी भी तो एक महिला को ख़ुद भी मिसाल रही और गयी भी तो मिसाल क़ायम करके!!

•

महारानी औग़नाह् ख़ातून : कुशल शासिका

(तेरहवीं शताब्दी का उत्तरार्द्ध)

प्रसिद्ध मंगोल शासक और मंगोलों के 'विश्व-विजय' के महत्त्वाकांक्षी स्वप्न को एक सीमा तक क्रियान्वित करने में सफल रहे महान् चंगेज़ ख़ाँ, उसके द्वितीय पुत्र चग़ताई ख़ाँ एवं उसकी पत्नी या चंगेज़ ख़ाँ की पुत्रवधू, रानी ईबुस्कुन का सारा वृत्तान्त हम पहले ही पढ़ चुके हैं। हम यह भी जान चुके हैं कि कैसे चग़ताई ख़ाँ के पौत्र करा हलाक़ू की विधवा अन्ततः अपने पति का सिंहासन सँभालती है। यह पौत्रवधू महारानी औग़नाह् ख़ातून अपने-आप में प्रतिभा-सम्पन्न, मेधा की धनी, ख़ूबसूरत तथा अपनी दादी सास रानी ईबुस्कुन द्वारा शिक्षित-प्रशिक्षित एवं दीक्षित थी। वह न केवल एक कुशल शासक, अपितु दृढ़ इच्छा शक्तिवाली, एक साहसी महिला के रूप में भी उभरती है। वह रानी ईबुस्कुन के निर्णय को अपनी कार्य शैली, कर्त्तव्यपरायणता, सहिष्णु दृष्टिकोण एवं व्यवहार-कुशलता से न्यायपूर्ण तथा तर्कसंगत प्रमाणित करती है।

भले ही युद्ध परक परिस्थितियों में तथा चग़ताई एवं ओक़्ताई वंशों के पारस्परिक विवाद ने तथा ओक़्ताई वंश के गृह-युद्ध से इस सम्पूर्ण क्षेत्र की राजनीतिक अस्थिरता ने उसे दीर्घ-अवधि तक शासन का सुख न भी भोगने दिया हो, किन्तु जितने भी समय (1252-1261 ई.) उसने शासन किया, वह अपने-आपको एक कुशल शासिका साबित कर सकी, तभी तो वह समकालीन पड़ोसी शासकों, वीर सेनानायकों की नज़र का काँटा भी बनीं और इसीलिए आकर्षण का केन्द्र भी! किन्तु पराजित होने के बाद भी कहीं व्यवहारिकता का वह परिचय देती है, कहीं बुद्धिपूर्ण व विवेकशील निर्णय का तो कहीं साहस या यों कहें तो दुस्साहस पूर्ण दृढ़ता का, कि विजेता शत्रु भी इस पराजित वीर नारी की बहादुरी के कायल हुए बिना नहीं रह सका था। ऐसी थी महारानी औग़नाह् ख़ातून—हमारी इस संक्षिप्त (किन्तु, सत्य) गाथा की चरित्र-नायिका, जिसके साथ उसी के एक रिश्तेदार, मिर्ज़ा हैदर दोघलात ने अपने इतिहास के ग्रन्थ में न्यायोचित व्यवहार नहीं किया, न तो उसका उचित मूल्यांकन ही किया और न

ही उसके व्यक्तित्व एवं कृतित्व पर विस्तार से प्रकाश डालने की आवश्यकता ही समझी। ख़ैर! ऐसा तो इस सोलहवीं शती के मुग़ल इतिहासकार ने पूर्ववर्ती शासिका ईबुस्कुन के साथ भी किया था—कोई नयी बात नहीं!

जैसा कि हमें ज्ञात ही है, मध्य एशिया एवं उत्तरी एशिया में चंगेज़ ख़ाँ के सैन्याभियानों के चलते, मंगोल क़बीले इस पूरे भू-भाग में अपना राजनीतिक प्रभुत्व स्थापित कर चुके थे। इतना ही नहीं, अपनी नैसर्गिक वीरता और दुस्साहस, जिसे विपक्षी इतिहासकारों ने निर्भयता के साथ-साथ क्रूरता या निर्दयता करार दिया था—के कारण वे इन तमाम भू-क्षेत्रों में बसी अन्य जनजातियों, कृषकों, ग्रामीणों तथा शहरी सभ्यताओं पर स्वामित्व एवं नियन्त्रण स्थापित करने में पूर्णतया सफल रहे। ऐसे क़बीलों पर तेरहवीं शताब्दी में शासन नियन्त्रण करना ही अपने-आप में एक महान् एवं महत्त्वपूर्ण उपलब्धि थी। यदि, एक महिला द्वारा इसका क्रियान्वयन या प्रशासन लगभग एक दशक तक हुआ हो, तो कुछ भी कहना-सुनना-लिखना कम ही होगा। यह अपने आप में साहस, बुद्धि, विवेकपूर्ण, सन्तुलित सद्व्यवहार और प्रशासनिक कुशलता के साथ ही कूटनीतिक दक्षता की एक इबारत थी।

1241 ई. के बाद से ही उसका पति एवं चंगेज़ ख़ाँ का प्रपौत्र तथा चग़ताई ख़ाँ, ईबुस्कुन का पौत्र करा हलाकू एक सुरक्षित व संरक्षित जीवन जी रहा था। वह मात्र एक नामधारी शासक था। प्रशासनिक दायित्वों का सफलतापूर्वक निर्वहन ईबुस्कुन करती रही थीं। जब तक ओग़ताई शासक कुयुक़ ख़ाँ ने 1247 ई. में उसे पराजित करके, अपदस्थ नहीं कर दिया था। उसी के बाद और्ग़नाह् एवं उसके पति करा हलाकू का प्रतिकूल परिस्थितियों के दुष्कर-दुर्गम विद्यालय में ईबुस्कुन के निरीक्षण-निर्देशन में प्रशिक्षण प्रारम्भ हुआ था। करा हलाकू की आकस्मिक मृत्यु ने उसे अचानक एक ऐसे मोड़ पर लाकर खड़ा कर दिया, जहाँ निश्चित ही एक विकल्पहीनता या अपरिहार्यता थी। उसको राज्य की जिम्मेदारियाँ सँभालनी पड़ीं। 1252 ई. में वह चग़ताई के इस कण्टकाकीर्ण सिंहासन पर आरूढ़ हो गयीं।

किन्तु सत्य यही है, कि उसने जो कुछ सीखा था, वह सब-कुछ अपनी दादी-सास, राज्य की संरक्षिका रानी ईबुस्कुन से सीखा था और उसी शिक्षा ने उसको इस भावी भूमिका के लिए तैयार किया था। उसकी निगाहों से कुछ नहीं बचता था और वो सब-कुछ आत्मसात् करती जाती थी। सत्ता का वास्तविक नियन्त्रण रानी ईबुस्कुन के सबल सक्षम हाथों में था, जो विभिन्न क़बीलों के संगठनों, उनकी कार्य-शैली, व्यवहार, रीति-रिवाज़ों आदि के भलीभाँति वाक़िफ़ थी और, ऐसा लगता था कि जैसे मंगोल राजनीतिक-सामाजिक जीवन की नब्ज़ पर उनका हाथ था। वो प्रत्येक धड़कन को सही ढंग से पढ़ सकती थी और तद्नुरूप कार्य करती, या कभी-कभी तो पूर्वानुमान करती और प्रत्येक क्षण, घटना, परिस्थिति में अपने लाभ को अधिकतम

तथा क्षति को न्यूनतम करने के लिए प्रयासरत रहती, अधिकतर, प्रकरणों में वह इसमें कामयाब रही। प्रत्येक शासक का मूल्यांकन उसकी सफलता-असफलता के आधार पर होता है।

धीर-गम्भीर, किन्तु अलग-अलग-सी दिखनेवाली यह करा हलाकू की वधू औग़ॅनाह्, जाने-अनजाने, एकलव्य-सी निष्ठा लिये हुए, सब-कुछ ग़ौर से देखती-सुनती और सीखती—कहीं गहरे मन-मस्तिष्क में गाँठ बाँधकर जैसे सुरक्षित रखती चलती! दादी सास और चतुर शासिका ईबुस्क़ुन की तेज़ और पारखी निगाहों से इस नववधू का यह अवलोकन, विश्लेषण एवं अनुसरण कब तक और कैसे बचता? चग़ताई की यह विधवा तो वैसे भी अपने पौत्र पर जान छिड़कती थी। तभी तो वह शासन-प्रशासन के दुर्गम लोहे के चने चबा रही थी। एक बात तो इतिहास द्वारा प्रमाणित और साक्ष्य-सम्मत है कि चाहे ईबुस्कुन रही हो या उसका अनुसरण करनेवाली उसकी पौत्रवधू औग़ॅनाह् दोनों ने राज्य सत्ता के इस कठिन दायित्वों का निर्वहन, विवशता में लिया गया निर्णय था न कि महत्त्वाकांक्षा की कोई अभिव्यक्ति!!

1247 ई. में जब ओग़ताई वंशीय कुयुक़ ख़ाँ ने अकस्मात् आक्रमण द्वारा उन्हें पराजित करके, राजनीतिक निर्वसन के लिए बाध्य कर दिया, तब वह औग़ॅनाह्, रानी ईबुस्क़ुन को और क़रीब से जान-समझ पायी, उससे सीख पायी और उसके अत्यधिक निकट आ गयी। उनकी घनिष्ठता काफ़ी बढ़ गयी। यह निर्वसन-काल दोघलातों के पूर्वी तुर्क़िस्तान के इलाके में ही गुज़रा था। पहली सीख तो कूटनीतिक ही थी कि प्रतिकूल समय के लिए कुछ विश्वसनीय कुटुम्बी को अपने साथ रखना व्यवहारिक कुशलता, दूरदर्शिता एवं कूटनीतिक समझ का ही सुखद परिणाम था! अन्यथा ऐसी विषम परिस्थितियों में निर्वसन का काल कहाँ गुज़ारते? कहाँ रहते? क्या अपना जीवन और अस्तित्व बचा पाते? अपने भू-भाग से सुपरिभाषित राज्य से क्या किसी को कोई शासक कुछ भू-भाग सौंप सकता है? ऐसे नैसर्गिक न्याय की अपेक्षा उससे की जा सकती, जो त्याग में न केवल आस्था रखता/ रखती हो, अपितु त्यागमय जीवन जीता/जीती हो! चग़ताई ख़ाँ और उसकी पत्नी ईबुस्क़ुन ने यह साबित कर डाला था, जिससे भविष्य में 'कूटनीति' समझने-अपनाने की शिक्षा औग़ॅनाह् को निश्चित ही निर्वसन के इस प्रवासकाल में सहज मिल गयी होगी।

औग़ॅनाह् के चरित्र को समझने और उसका सही मूल्यांकन करने के लिए वस्तुतः इस निर्वसनकाल के प्रवासीय स्कूल में प्राप्त पहली, नहीं तो पूर्ण शिक्षा की सही जानकारी बहुत ज़रूरी हो जाती, अन्यथा उस किशोरी के युवा होने के साथ ही परिपक्वतापूर्ण व्यवहार की न तो प्रत्याशा हो सकती है और न ही हमें यह व्यवहार समझ में आ सकता है।

वस्तुत: दोघलातों के यहाँ निर्वसनकाल गुजारते हुए उसे समझ में आया था कि कैसे चिड़िया अपने चूज़ों को दाना खिलाती है, अप्रत्याशित आक्रमणों एवं विपदाओं से संरक्षण तो प्रदान करती है, शेष उन चूज़ों को अपनी संरक्षिका-माँ के आचरण से देखकर स्वत: ही सीखना और वैसा अनुसरण करके, अपना विकास-क्रम स्वयं सुनिश्चित करना पड़ता है! औऱ्गनाह् को स्नेह-वत्सलता के साथ शिक्षा प्राप्त करने का सौभाग्य मिला, अत: शायद उसने उसे सहज-भाव से शीघ्र ही ग्रहण कर लिया था। ईबुस्कुन स्नेह की वर्षा के साथ संरक्षिका की भाँति उन्हें सँभालती तो थी, वहीं दूसरी ओर उन्हें प्रतिकूल परिस्थितियों के अनुभवों में अपने आचरण से सदैव कुछ सीखाने को भी बेचैन थी। इन प्रतिकूल परिस्थितियों में भी न तो ईबुस्कुन ने स्वयं कोई असन्तुलित और अविवेकपूर्ण व्यवहार किया और न ही अपने किसी सहयोगी, समर्थक व अनुयायी को ऐसा करने दिया था। प्रतिकूल परिस्थितियों में अच्छे भले आदमी का ईमान, क़ौल, ज़मीर, नज़रिया, निष्ठा, निर्णय और व्यवहार सब-कुछ बदल जाता है, किन्तु वाह! न ईबुस्कुन ने ऐसा होने दिया और सर्वाधिक सुरक्षित रखा एक युवती औऱ्गनाह् को सही सलामत! क्या-क्या न गुज़रा होगा—उस परिवेश में, निर्वसन के प्रवास में, प्रतिकूल वातावरण में? हर रोज़ बड़ी होती गयी थी औऱ्गनाह्, परिपक्वता समय से पहले आ ही जाती थी, आ गयी!!

सन् 1252 ईसवी में मंगोल शासक कुयुक़ ख़ाँ कि मृत्यु के उपरान्त जब मंगू ख़ाँ ने चंगेज़ ख़ाँ का सिंहासन और 'क़ाख़ान' का पद सँभाला था, तब उसने औऱ्गनाह् के पति करा हलाक़ू और उसकी दादी रानी ईबुस्कुन को सत्ता व पद में पुनर्स्थापित किया था। किन्तु निर्वसन-प्रवास के पाँच वर्षों की दीर्घ अवधि में ये दोनों महिलाएँ स्वाभाविक रूप से बहुत नज़दीक आ गयी थीं। ईबुस्कुन ने औऱ्गनाह् को न केवल अपनी तरह बना दिया था, अपितु चंगेज़ी विधि तथा परम्परा के साथ-साथ मंगोल रीति-रिवाज़ों से अभिज्ञ करा दिया था। बल्कि उसकी प्रतिभा को पहचानकर जाने-अनजाने एक भावी शासक को राज्य के दायित्वों के निर्वहन के साथ, कूटनीति और आदर्श जीवन के समस्त पाठ पढ़ाकर, उसे पूर्णतया प्रशिक्षित कर दिया था! एक जौहरी की तरह तराश दिया था। मूर्तिकार या शिल्पकार की भाँति उसे गढ़ दिया था!

अत: सन् 1252 ईसवी में राज्य पुन: प्राप्त करने के उपरान्त, जब करा हलाक़ू की आकस्मिक मृत्यु हुई, तब संरक्षिका, प्रशासक और वास्तविक शासक ईबुस्कुन को एक कठिन किन्तु न्यायप्रिय एवं स्नेहयुक्त निर्णय लेने में एक क्षण-भर न लगा था। उसने तुरन्त अपनी पौत्रवधू औऱ्गनाह् ख़ातून को ट्रान्सॉक्सियाना का नया शासक घोषित कर उसे सिंहासनारूढ़ करवा दिया। स्वाभाविक ही है जब तक ईबुस्कुन जीवित रही होगी, उसे उपयुक्त आदर, सम्मान व प्रतिष्ठित स्थान मिलता रहा होगा। वह

समय-समय पर अनुभव के आधार पर औग़नाह् का मार्गदर्शन व पथ-प्रदर्शन भी करती रही होगी, किन्तु इस वय में वह स्वयं भी संन्यास की ओर मुड़ गयी होगी। औग़नाह् को शासक बना देखकर अपनी अभिलाषा पूर्ण करके सन्तृप्त हो गयी होगी।

किसी भी शासक-शासिका का प्रथम क़दम, प्रथम कृत्य और प्रथम प्रशासनिक बहुत महत्त्वपूर्ण होता है। इस पहले निर्णय के द्वारा लोगों में उसके व्यक्तित्व और शासक रूप का सन्देश सम्प्रेषित होता है! दीवार पर लेखनी की तरह यह सुस्पष्ट हो जाता है कि शासक जनता से और उधर जनता अपने शासक से क्या अपेक्षा करे? ख़ैर, औग़नाह् के लिए यह एक विचित्र संयोग था। एक अजब-सा दोराहा? वो रानी बन चुकी थीं—साम्राज्ञी, राज्य की सत्ताधीश! सर्वसत्ताधारी। एक निश्चित-सी स्थिति किन्तु निर्वसन-प्रवास के वे पाँच वर्ष? वे जिस प्रकार का शारीरिक, मानसिक, भावात्मक कष्ट और क्लेश दे गये थे। जो असुरक्षा का भाव एवं अनिश्चितता का भय उसके मन में समाया था, सम्भवत: उसने ही उसकी भावी भूमिका निर्धारित कर दी थी। सत्ता पर चग़ताई परिवार की पुनर्स्थापना का श्रेय दोघलातों की मध्यस्थता के चलते, नये ओग़ताई शासक मंगू ख़ाँ का था। उसे तो सत्ता महज संयोग से मिल गयी थी, किन्तु इससे मंगू ख़ाँ की भूमिका का महत्त्व कम नहीं होता था। फिर मध्य एशियाई परिस्थितियों में चंगेज़ ख़ाँ के उत्तराधिकारी के रूप में 'क़ाख़ान' के पद व सिंहासन के लिए, यदि सभी मंगोल वंशों, परिवारों और क़बीलों की सहमति आवश्यक थी, तो मंगू ख़ाँ के लिए औग़नाह् का अपना ही महत्त्व था। एक साथ दोघलात एवं चग़ताई परिवारों का समर्थन और सहयोग मिलना सम्भव था।

जबकि, दूसरी ओर औग़नाह् भी समझती थी कि वे इस अस्थिर राजनीतिक परिस्थिति और निरन्तर युद्धों के वातावरण में महान् ख़ाँ का सहयोग और संरक्षण कितना ज़रूरी है? वह भी तब जब एक स्त्री शासिका थी। अत: 'क़ाख़ान' मंगू ख़ाँ के इशारे पर उसने यशू मंघू को मृत्युदण्ड का निर्णय सुना दिया! हमें स्मरण रखना चाहिए कि चग़ताई वंश की पुनर्स्थापना के समय उनके निर्वसन काल में ट्रान्सॉक्सियाना के वास्तविक प्रशासनिक अधिकारी रहे वज़ीर ख़्वाजा बहाउद्दीन को उसके कुकृत्यों की सजा के रूप में मृत्युदण्ड दे दिया गया था और यहाँ के नियुक्त गवर्नर यशू मंघू को बन्दीगृह में डाल दिया गया था।

कुयुक़ ख़ाँ ने जिस यशू मंघू को चग़ताई वंश को अपदस्थ करके ट्रान्सॉक्सियाना का गवर्नर नियुक्त किया, वो नितान्त विलासी व्यक्ति था। अत्यधिक भोग-विलास ने उसे अत्याचारी शोषणकर्त्ता बना दिया था। वह एक प्रकार से स्वतन्त्र शासक या यूँ कहें तो, एक स्वायत्तशासी सरदार की भाँति कार्य करने लगा था। इसीलिए उसने ख़्वाजा बहाउद्दीन जो एक मुस्लिम था, उसे अपना वज़ीर नियुक्त करके, समस्त प्रशासनिक अधिकार सौंप दिये और वह स्वयं इन्द्रिय लोलुप व्यसनों में डूब गया।

शासन-प्रशासन अलोकप्रिय ही होता तो ग़नीमत थी, यहाँ तो 'करेला ऊपर से नीम चढ़ा'। एक ओर प्रशासन के संरक्षणत्व स्वरूप का लोप तो वहीं दूसरी ओर उत्पीड़न। शोषण का माहौल 'जबरा मारै, रोवै न देय'। जनता त्राहि-त्राहि करने लगी थी। उधर, ओक़्ताई राजवंश को आन्तरिक प्रतिद्वन्द्विता में यशू मंघू निश्चित ही पूर्व शासक कुयुक़ ख़ाँ का समर्थक व पक्षधर था अतः स्वाभाविक रूप से नये शासक मंगू ख़ाँ को नापसन्द!

इस मोड़ पर हम पाते हैं कि चंगेज़ ख़ाँ के वंशजों के दो परिवारों यथा चग़ताई एवं ओक़्ताई (ओग़ताई) में हितों का साम्य था, जैसा हमने देखा भी दोनों के लिए यह आवश्यक भी था, कि दोनों साथ-साथ रहे, अतः जैसे ही मंगोल 'क़ाख़ान' मंगू ख़ाँ ने इशारा दिया, महारानी और्ग़नाह् ने यशू मंघू को न केवल बन्दी-गृह से अपितु इस जीवन से ही हमेशा के लिए मुक्त कर दिया। उसे मौत के घाट उतार दिया गया। निश्चित ही मध्ययुगीन परिवेश में मृत्यु-दण्ड को क्रियान्वित करना शासन की दृढ़ता का ही परिचायक था। किन्तु इस पूरे परिवेश को समझने के बाद यह भी उभरता है कि इस कठोर दण्ड से पूर्व उसने ओग़ताई शासक से स्वीकृति प्राप्त करके अपनी कूटनीतिक समझ का प्रमाण दे दिया। वस्तुतः यह दण्ड एवं उसका क्रियान्वयन उसकी प्रशासनिक, कूटनीतिक परिपक्वता का द्योतक था। उसने इस एक तीर से कई शिकार कर दिये। एक, तो चग़ताई वंश के विरुद्ध कार्यवाही में रत, सभी मंगोल व अन्य लोगों के लिए यह एक सुस्पष्ट चेतावनी थी। दूसरे, चूँकि यशू मंघू, चग़ताई नहीं अपितु, ओग़ताई अधिकारी व अमीर था अतः वहाँ के वर्तमान शासक की किसी-न-किसी प्रकार की अनुमति या स्वीकृति आवश्यक ही नहीं अपरिहार्य थी। तीसरे, इस स्वीकृति एवं इसके फलस्वरूप यशू मंघू को दिये गये मृत्युदण्ड ने इन दोनों मंगोल राजपरिवारों (चग़ताई व ओग़ताई) की घनिष्ठता एवं प्रगाढ़ता को और अधिक सशक्त किया! हालाँकि इसका प्रतिकूल प्रतिफल भी इस चग़ताई महारानी को अपने शासनकाल में ही भुगतना पड़ा।

एक बार, जब दोनों मंगोल राजपरिवारों के सम्बन्ध अत्यधिक मज़बूत हो गये हों और दोनों एक-दूसरे के पूरक हो गये हों। एक-दूसरे के हितों को साध रहे हों और उसके माध्यम से अपने-अपने हितों को भी सुरक्षित-संरक्षित-संवर्द्धित कर रहें हों, तब किसी भी मोड़ पर यह कहना कि आप तो पृथक् और तटस्थ होंगे किसी को सहज रूप से स्वीकार्य और ग्राह्य नहीं होता। फिर इस प्रश्न के साथ राजसत्ता की प्राप्ति संलग्न हो तो यह और भी दुष्कर हो जाता है। अतः वर्तमान ओग़ताई शासक के काल के उपरान्त, उस वंश से तथा उसके सरोकारों से मुँह फेरना और्ग़नाह् के लिए काफ़ी हानिकारक सिद्ध हुआ। चग़ताई वंश से इस कारण शत्रुता का भाव पालनेवालों के लिए यह 'तटस्थता' का व्यवहार शत्रुता का व्यवहार प्रतीत हुआ था

और तत्कालीन सोच व व्यवहार के चलते उसे सत्ताहीन, श्रीहीन एवं शक्तिहीन करना एक स्वाभाविक प्रक्रिया थी। मंगोल क़बीलाई न्याय ऐसा ही था। उनके लिए यह एक राजनीतिक व सामरिक विवशता भी थी। ओग़ताई राजपरिवार की आन्तरिक कलह, उत्तराधिकार के युद्ध और प्रतिस्पर्द्धा तथा संघर्ष के रक्तरंजित स्वरूप के छींटे तो सहज ही औग़नाह् के दामन पर आते ही थे। इस ओग़ताई अग्नि में अन्ततः औग़नाह् को भी झुलसना ही पड़ा था।

जिन समकालीन ग्रन्थों में भी हमें महारानी औग़नाह् के उल्लेख मिलते हैं, उन सभी में उसे एक निहायत ही ख़ूबसूरत व बुद्धिमान् महिला के रूप में ही चित्रित किया गया है। यह स्वाभाविक-सी बात है कि उस युग में यह सुन्दरता निश्चित ही नैसर्गिक, प्राकृतिक सुन्दरता रही होगी। इस नव-यौवना की सुन्दरता को उसकी कम आयु के साथ यौन आकर्षण ने भी बढ़ाया होगा? फिर उसके प्रशिक्षण, अभिजात, अभिरुचियों, बुद्धिमत्ता, सन्तुलित व शील के आचरण ने भी इसमें अभिवृद्धि की होगी। साथ ही, सत्ता के सुख, गरिमा, सुरक्षित, संरक्षित जीवन के साथ ही सम्प्रभुता की शक्ति एवं राजसी वैभव ने भी उसे और संवर्द्धित एवं समृद्ध किया होगा। उसमें वाक़ई चार चाँद लगा दिये होंगे उसके उल्लेखों में उसकी अप्रतिम सुन्दरता के साथ ही उसके विवेक, ज्ञान एवं सन्तुलित आचरण की भी भूरि-भूरि प्रशंसा प्रत्येक समकालीन व निकटवर्ती मंगोल इतिहास के ग्रन्थों में उल्लखित है।

सब-कुछ दुरुस्त रहे, तो वस्तुतः दैवीय स्तर प्राप्त हो जाय अतः एक-न-एक कमी या त्रुटि एहसास कराती रहती है, कि इन्सान उसी इन्सानी कमी के चलते इन्सान ही है, देवत्व की भाव-भंगिमा के बावज़ूद भी! इस काल की चग़ताई-ओग़ताई घनिष्ठता के चलते, जब तक मंगू ख़ाँ, ओग़ताई एवं मंगोल-साम्राज्य का 'क़ाख़ान' बना रहा, तब तक औग़नाह् भी शान्त व सुरक्षित भाव से, निश्चिन्त शासन करती रही। मध्यकालीन मंगोल जगत् में क़बीलाई प्रतिस्पर्द्धा को चंगेज़ी पद की लालसा और परम्परा ने एक निरन्तर चलनेवाली पारस्परिक पारिवारिक प्रतिस्पर्द्धा में बदल दिया था। प्रत्येक क़बीलाई सरदार चंगेज़ ख़ाँ की उपलब्धियों को सहज अर्जित कर 'क़ाख़ान' बनने के लिए महत्त्वाकांक्षी हो, तो ऐसे में प्रत्यक्ष वंशजों से क्या उम्मीद की जा सकती है? अतः उस काल में चंगेज़ ख़ाँ के सभी पुत्रों के वंशजों में महान् ख़ाँ के पद के लिए प्रतियोगिता अबाध रूप से चलती रहती थी।

राजनीतिक सम्प्रभुता के सर्वोच्च 'क़ाख़ान' पद के लिए खींचतान से अविरल रूप से चलती रहती थी। इस राजनीतिक संग्राम में नित्य नये बदलते समीकरण ये पूरे परिदृश्य को प्रभावित कर देते थे। महान् ख़ाँ की पदवी प्राप्त करने की बाजी प्रायः उसी व्यक्तित्ववाले के हाथ लगती थी, जिसको अधिकांश वंशजों का समर्थन प्राप्त

हो जाय, जो विभिन्न-विभिन्न, भू-भागों के पृथक् व स्वतन्त्र रूप से स्वामी थे। ऐसा न होने की स्थिति में येन-केन-प्रकारेण सत्ता-प्राप्ति ही एकमात्र विकल्प बनता था। जब सीधी उँगली से घी न निकले, तो उँगली टेढ़ी करने में क्या आलस्य? क्यों कोताही? और फिर उनके क़बीलाई संस्कार तो उन्हें इसके लिए ही प्रेरित, प्रोत्साहित करते हों? अत: प्राय: ही यह प्रतिस्पर्द्धा रक्त-रंजित संघर्ष में परिवर्तित हो जाती थी। अत: अन्तिम निर्णय और मंगोल क़बीलाई सरदारों एवं सम्प्रभु शासकों का समर्थन भी उसे सहज प्राप्त हो जाता था, जिसके समर्थन में सैन्य-बल सर्वाधिक एवं सबसे सशक्त होता था। वे अपनी सैन्य-शक्ति के आधार पर अपने निर्णय या दावेदारी को युद्ध के मैदान में रण-कौशल एवं सैन्य सफलता के आधार पर तार्किक व न्यायसंगत सिद्ध कर सकें! चूँकि अन्तिम फैसला तो 'योग्यतम' के पक्ष में जाता था। अत: इस प्रतिद्वन्द्विता की परिणति युद्ध-क्षेत्र में रक्तरंजित संघर्ष में होनी स्वाभाविक ही नहीं अपरिहार्य होती थी।

इसी प्रकार, महान् ख़ाँ के पद पर आसीन मंगू ख़ाँ की जैसे ही 1259 ई. में मृत्यु हुई उसके दो भाइयों इर्तुक़बक़ा ख़ाँ एवं कुबलई ख़ाँ ने 'क़ाख़ान' के पद के लिए अपनी दावेदारी प्रस्तुत कर दी। देखते-ही-देखते दोनों के मध्य सशस्त्र संघर्ष छिड़ गया। हालाँकि ट्रान्सॉक्सियाना की इस बुद्धिमान् शासक ने कूटनीतिक चाल का सहारा लेते हुए दोनों पक्षों के प्रति असम्बद्धता अथवा तटस्थता की नीति को अपनाया, किन्तु उसे फिर भी भुगतना ही पड़ा। जैसा कि हमने ऊपर विश्लेषण करते हुए पाया था, जब भी दो पक्ष 'क़ाख़ान' के पद को लेकर उलझते थे तो वे उसे निर्णायक मोड़ तक पहुँचाने में अन्य वंशजों की पक्षधरता और इसी के फलस्वरूप मात्र नैतिक या भावात्मक और राजनीतिक समर्थन ही नहीं, सैन्य-सामरिक—वो भी सक्रिय सहायता की अपेक्षा और कामना करते थे। मंगू ख़ाँ की मृत्यु से उपजा राजनीतिक शून्य भरना तो था ही, किन्तु कहीं स्पर्द्धा के चलते यह उत्तराधिकार का युद्ध लम्बा खिंचता जा रहा था। अत: संसाधनों की आवश्यकता ने दोनों पक्षों को खुलकर आने के लिए गुहार लगाना आवश्यक ही नहीं अपरिहार्य पाया। कोई भी सहायता, तराजू के एक पलड़े की ओर निर्णायक साबित हो सकती थी। लगभग खीझते हुए, चग़ताई के वंशज—शासक अर्थात् औंर्ग़नाह् की ओर देखना, लाचारी थी। किन्तु औंर्ग़नाह् ओग़ताई वंश के इस झगड़े में उलझने में उत्सुक नहीं थी।

दोनों भाइयों को ज्ञात था कि कैसे उनके भाई व पूर्व शासक मंगू ख़ाँ की सहायता एवं हस्तक्षेप से ही औंर्ग़नाह् उक्त पद-प्रतिष्ठा को प्राप्त कर सकी थी, अत: वे तो उसे उऋण होने का अवसर दे रहे थे। किन्तु उसे टस-से-मस न होती देख, इर्तुक़बुक़ा ख़ाँ ने अपने एक भाई और चंगेज़ ख़ाँ के प्रपौत्र अल्गू ख़ाँ को ट्रान्सॉक्सियाना का नया प्रशासक नियुक्त कर उसे इस भू-भाग पर अधिकार स्थापित करने हेतु

सैन्य-अभियान को रवाना किया। उसने यह अन्तिम क़दम उठा डाला, ताकि वह इस महत्त्वपूर्ण राज्य के संसाधनों की सहायता से अपने भाई कुबलई ख़ाँ को अन्ततः पराजित करके 'क़ाख़ान' का पद प्राप्त कर सके। अल्गू ख़ाँ ने अपनी सेनाओं के साथ चग़ताई राज्य पर एक ज़बरदस्त, सुनियोजित आक्रमण करके आकस्मिकता का लाभ उठाते हुए 1261 ई. में विजयश्री प्राप्त की और राजधानी अल्मालिघ में अपना प्रभुत्व व अधिकार जमाने में सफल हो गया। इस विजयोपरान्त निश्चय ही कुबलई ख़ाँ की तुलना में उसके भाई इर्तुक़बुक़ा का पक्ष अधिक सशक्त एवं प्रबल दिखने लगा था! वह विजयश्री के सन्निकट खड़ा था। एक क़दम बढ़ाकर उसे चंगेज़ी ताज़ को बस अपने सिर पर सजाने की देर थी।

विजयश्री से बड़ी मायावी कोई दूसरी चीज़ है ही नहीं! ये तो उसे चखने के कितने लालायित होंठ जानते हैं, कि उस प्याले तक का फासला, कभी-कभी अन्तिम क्षणों में अनन्त विस्तार ले जाता है। आते-आते और पीते-पीते कभी-कभी ये जाम, हाथ, होंठ और क़िस्मत से छूट जाता है। रूठ जाता है। इर्तुक़बुक़ा के इस समर्थक व पक्षधर भाई की अपनी धन, पद लिप्सा, महत्त्वाकांक्षी स्वार्थपरकता इस 'मंगोल-प्रश्न' को एक नयी तथा, अप्रत्याशित करवट और मोड़ दे गयी! अल्गू ख़ाँ भी तो चंगेज़ ख़ाँ का वंशज था वह भी तो उस पद का एक दावेदार हो सकता था। वह भी तो महत्त्वाकांक्षी था। कमी थी तो मात्र संसाधनों की और एक सुदृढ़ आधार एवं सुपरिभाषित राज्य या क्षेत्रीय सम्प्रभुता की। देवयोग से जैसे ही ये प्राप्त हो गया— शेष योजना साकार रूप धारण करने लगी। इसकी महत्त्वाकांक्षा और सत्ता-लिप्सा न केवल सिर चढ़कर बोलने लगी अपितु नग्न-नृत्य पर उतर गयी।

बिना माँगे ट्रान्सॉक्सियाना का क्षेत्र मिल जाना? वाक़ई लगने लगा कि जिसे ऊपरवाला देता है, छप्पर फाड़कर देता है। भाग्य से अधिक न विद्या (दक्षता) है और न पौरुष? अल्मालिघ से लेकर बोख़ारा और समरकन्द का समृद्ध व सुसम्पन्न भू-भाग अपने अधीन पाकर, चग़ताई सेना व अन्य संसाधनों ने उसको अनायास मिली शक्ति का एहसास करवा दिया! एक तरफ़ उसकी अजेय से स्थिति थी। वह चग़ताई राज्य का विजेता-स्वामी था! जबकि, दूसरी ओर इससे छोटा ओग़ताई राज्य गृह-युद्ध की विभीषिका में फँसा, संसाधनों की क्षति से निरन्तर क्षीण व शक्तिहीन हो रहा था। अतः उसे लगा कि इस आधार को पुष्ट एवं सुदृढ़ कर लिया जाय, तो वह सम्पूर्ण मंगोल क्षेत्र का सर्वोच्च सैद्धान्तिक स्वामी या 'क़ाख़ान' भी हो सकता है। चंगेज़ का पद, प्रत्येक मंगोल का अन्तिम स्वप्न व सर्वोच्च कामना और कल्पना थी।

उसका दिमाग़ बहुत गति से कार्य करने लगा था पहला काम तो उसने यह किया कि यहाँ की शासक औऱ्गनाह् पर कोई आँच नहीं आने दी उसे ससम्मान रखा गया! वास्तव में, चग़ताई वंश की इस महिला शासक पर विजय प्राप्त करने के उपरान्त

भी उसके साथ कोई भी अमर्यादित व्यवहार उसे अलोकप्रिय बना सकता था? अत: जिसे चग़ताई आधार और संसाधन को बतौर निजी स्वार्थ एवं सत्ता-लिप्सा की पूर्ति में उपयोग करना हो, वह हर क़दम फूँक-फूँककर उठाये, वही व्यवहारिक और तार्किक होता? अल्गू ख़ाँ ने ऐसा ही विवेकपूर्ण, बुद्धिमत्ता से सिक्त तथा दूरदृष्टि भरा सन्तुलित व्यवहार किया, ताकि यह चग़ताई राज्य स्वीकार्य हो जाय। उसकी राजनीतिक स्थिति और आधार सुदृढ़ हो जाय। प्रारम्भिक क़दम उठाने के बाद, उसने अगला क़दम उठा ही लिया : चंगेज़ के सम्पूर्ण राज्य के वास्तविक उत्तराधिकारी के एक प्रत्याशी के रूप में अपने-आपको प्रस्तुत किया। वह भी तो चंगेज़ ख़ाँ का ही प्रपौत्र था। ओग़ताई-चग़ताई राज्यों के उत्तराधिकारी होने की पात्रता से परिपूर्ण तो था ही, अब तो ईश्वर की अनुकम्पा भी उसे अपने साथ दिख रही थी।

अल्गू ख़ाँ ने अपने आश्रयदाता व चचेरे भाई इर्तुक़बुक़ा का साथ छोड़ने का निर्णय ले लिया। उसने इर्तुक़बुक़ा ख़ाँ के विरुद्ध विद्रोह की घोषणा करके अपने आप को स्वतन्त्र शासक माना और, उसी प्रकार, व्यवहार करने लगा। उसके इस एक क़दम ने मंगू ख़ाँ के मृत्यूपरान्त प्रारम्भ हुए उत्तराधिकार के द्विपक्षीय युद्ध को त्रिपक्षीय युद्ध में भी परिणत कर दिया? राजनीतिक समीकरण कितनी तेज़ी से उस काल में बदलता था एक विश्वासपात्र के विद्रोही होते ही, इर्तुक़बुक़ा ने उत्तराधिकार का युद्ध बीच में ही छोड़ने का फैसला कर लिया। कुछ समय के लिए स्थगित करने से दोनों पक्षों को अपने-अपने लाभ दिख रहे होंगे? इर्तुक़बुक़ा ख़ाँ को अल्गू ख़ाँ के विश्वासघात से निबटना ज़्यादा ज़रूरी था तो कुबलई ख़ाँ को भी उतने काल के लिए शान्ति की गारण्टी थी, ज़िसका लाभ उठाकर, वह अपने संसाधनों और आधारों को सुदृढ़ करके, अपनी तुलनात्मक स्थिति सुदृढ़ कर सकता था। कुबलई को भी मुँह-माँगी मुराद मिल गयी। थोड़े समय की ही सही शान्ति, युद्धबन्दी के अतिरिक्त उसके लिए कितनी बड़ी राहत मिल गयी। यदि अल्गू विश्वासपात्र बना रहता तो चग़ताई राज्य के संसाधन के बल पर इर्तुक़बुक़ा न केवल ओग़ताई राज्य भी अधिकृत कर लेता अपितु चंगेज़ के महान् मंगोल साम्राज्य पर भी अधिकार कर लेता।

अन्तत: प्रत्येक 'मंगोल प्रकरण' में ये दो ही सुपरिभाषित राज्य केन्द्रीय भूमिका निभाने में सक्षम थे और निभाते थे : चग़ताई एवं ओग़ताई! इनके संघर्षों से पूरे मंगोल परिक्षेत्र का ही समीकरण परिवर्तित होता था और राजनीतिक अस्थिरता से ही नये नेतृत्व का उदय एवं उत्कर्ष होता था? अत: इर्तुक़बुक़ा ने अपने भाई कुबलई तथा ओग़ताई उत्तराधिकार के युद्ध से असंलग्न होते हुए, इस विश्वासघाती चचेरे भाई से निपटने का निर्णय किया। चग़ताई राज्य के सैन्य व आर्थिक संसाधनों के आधारभूत महत्त्व को समझते हुए, यह निर्णय कत्तई अपरिहार्य ही था। इस विद्रोह के क्या अभिप्राय थे उससे अधिक कौन समझता? अत: पूरा 'काराक़ोरम' जैसा सामरिक

महत्त्व का क्षेत्र कुबलई ख़ाँ के लिए खुला हुआ छोड़कर वह पूरी गति, सैन्य तत्परता एवं सुनियोजित ढंग से अल्गू के विरुद्ध अल्मालिघ की ओर बढ़ चला।

वास्तव में, युद्धों के दौरान फुर्ती और अप्रत्याशित ढंग से प्रकट होना, विश्व-विजेताओं की एक ख़ास पहचान और विशेषता रही है, अत: वह भी 1263 ई. की सर्दी प्रारम्भ होने से पूर्व ही अल्मालिघ पहुँच गया। जैसी की उसकी योजना थी। वह यह भली-भाँति जानता था कि ठण्ड के मौसम में रास्तों, दर्रों में बर्फ़ जम जाने से और बर्फ़ानी तूफ़ानों से इस दुर्गम मार्ग से यात्रा दुष्कर न होकर, खाद्यान्न के अभाव में असम्भव थी। इसीलिए काराक़ोरम जैसे सामरिक क्षेत्र को भी अपने प्रतिद्वन्द्वी भाई कुबलई ख़ाँ के लिए खुला छोड़ने से भी गुरेज़ नहीं किया। वाक़ई स्थिति ऐसी भी हो सकती थी कि 'न ख़ुदा ही मिला न विसाले सनम' लेकिन उसे कोई दुविधा नहीं थी- उसने अपना लक्ष्य निर्धारित कर लिया था। लक्ष्य संसाधन भी सटीक था!

उधर, सैन्य-अभियान का नेतृत्व एवं दृढ़-संकल्प लेकर निकले इर्तुक़बुक़ा ने चग़ताई राज्य पर चढ़ाई करके, अल्मालिघ पर आक्रमण कर दिया इधर अल्गू ख़ाँ का स्वप्न एक महत्त्वाकांक्षा अपने पूर्व प्रश्रयदाता को सैन्य क्षमता, दक्षता एवं रण-कुशलता के समक्ष शून्य में विलीन होने लगी। उसने ओग़ताई राजकुमार के समक्ष युद्ध करने से पलायन करना ही श्रेयस्कर समझा। उसने इसी में अपना हित और अस्तित्व-संरक्षण का विकल्प देखा! जो युद्ध-कौशल में बहुत प्रवीण नहीं होते हैं, आवश्यक नहीं, कि वे चतुर न हों, अपितु वे चतुराई से ही जीवन-अस्तित्व रक्षण से लेकर अपनी स्थिति को सकारात्मक बनाते हुए अपना स्वार्थ रक्षण येन-केण-प्रकारेण करते हैं। वह सर्वप्रथम चग़ताई राजधानी छोड़कर पश्चिम की ओर क़ाश्घर फिर ख़ोतान और अन्तत: समरकन्द जा पहुँचा! उसका इतनी दूर तक पीछा करने में स्वाभाविक रूप से ओग़ताई राजकुमार को दिक़्क़त तो होती ही। सैन्य संसाधनों की भी क्षति होती, समय व्यतीत होता आक्रमण कर रही सेनाएँ भले ही किसी पूर्व आक्रमणकारी का पीछा कर रही हों—जन समर्थन तो न ही पातीं और सहयोग की तो बिलकुल भी कामना नहीं कर सकती थीं!

इधर कुछ ख़ुद-ब-ख़ुद परिस्थतिजन्य व परिस्थितिवश जन्म ले रहा था। अल्गू ख़ाँ को ट्रान्सॉक्सियाना के पूर्वी क्षेत्र में स्थापित इस राजधानी को छोड़कर दक्षिण-पश्चिम की ओर ही इर्तुक़बुक़ा से सुरक्षा की सम्भावना दिख रही थी। हमें ध्यान रखना होगा कि मंगोलिस्तान के पूर्वोत्तर में लगभग 820 रेखांश पर अल्मालिघ स्थित था और उसके दक्षिण-पश्चिम में 660 रेखांश पर समरकन्द! लगभग साढ़े पन्द्रह सौ किलोमीटर (नौ सौ साठ मील लगभग) दूर। इतनी लम्बी यात्रा का स्वरूप स्वत: 'यातना' को हो जाता है, फिर, युद्धपरक परिस्थितियों में असामान्य घटनाचक्र के फलस्वरूप अल्गू ख़ाँ की जिजीविषा व अस्तित्व की सुरक्षा का भाव इतना प्रबल था

कि उसने एक महत्त्वपूर्ण निर्णय ले डाला वह अपदस्थ शासिका औग़ंनाह् को भी अपने साथ लेता गया। एक तो यात्रा में भी सुरक्षा का एक आश्वासन था चग़ताई जनता अपने शासक का मार्ग अवरुद्ध तो नहीं ही करेगी, अपितु आवश्यकतानुरूप सहायता, सुविधा व सहयोग भी कर सकती है। दूसरे उसके मन में एक गहरा संशय भी तो रहा होगा?

उसने एक नहीं दोनों परिवारों चग़ताई एवं ओग़ताई के प्रमुखों का विश्वास खोया था। प्रथम को पराजित करके बन्दी बनाकर तथा दूसरे के साथ प्रत्यक्ष विद्रोह एवं विश्वासघात करके। ऐसे में वह इस सम्भावना से कैसे इनकार कर सकता था कि अपदस्थ और्ग़नाह् ओग़ताई राजकुमार इर्तुक़बुक़ा से हाथ नहीं मिला लेती। दोनों का समान शत्रु तो वो स्वयं ही था अत: उसे इस सम्भावित गठबन्धन की सम्भावना को ही पूर्णतया समाप्त करना था और फिर, और्ग़नाह् के साथ रहने से उसकी सुरक्षा की भी कुछ निश्चिन्तता अधिक थी ही! उधर और्ग़नाह् के मन-मस्तिष्क में भी तूफ़ान था। वह भी उद्वेलित व उद्विग्न थी। अनिश्चितता के बादल घनीभूत होने लगे थे। असुरक्षा की छाया बढ़ती ही जा रही थी। इतने दिनों में वह अल्गू ख़ाँ के सन्तुलित और अपने प्रति मर्यादित व्यवहार के आधार पर उसे तो कुछ-कुछ जान गयी थी, जबकि इर्तुक़बुक़ा के विषय में तो वह उसके 'रोष' के बारे में सोचकर ही एक सिहरन की अनुभूति करती थी। वह तो इतना क्रोधित था कि उसने अल्गू ख़ाँ के नेतृत्व में सेना ही भेज दी थी।

चूँकि उसे समकालीन इतिहासकार साधारण बुद्धिमान् ही नहीं अपितु एक मेधावी व विदुषी स्त्री के रूप में चित्रित करते हैं। अत: उसे सोचते देर नहीं लगी कि वह अब अल्गू ख़ाँ से कितना रूष्ट होगा। बिना प्रतिशोध के उसके जैसे व्यक्ति को चैन कहाँ और कैसे मिलेगा? वह क्यों कर, तब तक शान्त बैठेगा? और्ग़नाह् ने समझ लिया था कि उसके लिए तो लाभ की ही स्थिति है दोनों ही एक-दूसरे के कट्टर शत्रु थे दोनों की पारस्परिक प्रतिद्वन्द्विता में उसके राज्य को क्षति तो उठानी पड़ेगी, क्योंकि ये युद्ध चग़ताई राज्य में ही होने थे? किन्तु दोनों को सैन्य व संसाधनों की क्षति भी सहनी पड़ेगी? उसका अन्तत: लाभ तो प्रत्येक दशा में और्ग़नाह् को हो सकता है। उधर और्ग़नाह् के पास विजेता की आज्ञानुसार रहने के अलावा विकल्प भी क्या था? फिर एक ओर खाईं तो दूसरी ओर अग्नि थी। उसका बन्दीकर्त्ता उसके राज्य का विजेता था और वो भी एक मंगोल राजकुमार ही था—राजपरिवार का सम्मानित सदस्य जिसने अब तक तो पराजित और्ग़नाह् से सम्मानजनक व्यवहार ही किया था। इतने समय में और्ग़नाह् उसे जानने-समझने लगी थी। अत: एक ज्ञात शत्रु, अज्ञात शत्रु से कहीं बेहतर विकल्प था वो भी जो प्रतिशोध की अग्नि में धधक रहा हो।

प्रतिशोध का ज्वालामुखी अल्मालिघ पर ही फटना था, अतः फट गया! इस प्रतिशोध की अग्नि में घृत का कार्य किया, अल्गू ख़ाँ के पलायन ने। वह इर्तुक़बुक़ा की पहुँच से बहुत दूर जा चुका। पूर्णतया सुरक्षित एवं संरक्षित! अन्ततः सारा क्रोध चग़ताई राजधानी अल्मालिघ के हिस्से में आया। इसका एक कारण और था उस वर्ष (1263 ई. में) ठण्ड का प्रकोप भी कुछ अधिक था मार्ग दुष्कर ही नहीं रह गये थे, अपितु बर्फ़बारी से यातायात असम्भव हो गया उसके सैनिकों व पशुओं को प्रतिकूल परिस्थितियों का सामना करना पड़ा वो अलग। अतः उसने अल्मालिघ के पूरे जनपद को तहस-नहस करके अनेक भागों को आग के हवाले करके विध्वंश कर दिया। अल्गू ख़ाँ के जितने साथी, समर्थक, पक्षधर मिले, उन्हें ढूँढ़कर मौत के घाट उतारकर उसका क्रोध कुछ शिथिल पड़ा। इन सब कार्यवाहियों के चलते, उसकी सेना को काफ़ी क्षति उठानी पड़ी। प्रतिकूल ऋतु में सैन्य-अभियानों के कारण, सैनिकों, घोड़ों, खच्चरों एवं अन्य पशुओं के साथ अन्य सैन्य-संसाधनों की भी भारी हानि हुई। इसका एक दुष्परिणाम भी हुआ। उसे वाक़ई 'न ख़ुदा ही मिला, न विसाले सनम'। 'न यहाँ के रहे, न कहीं के हम।'

उसकी स्थिति वस्तुतः दयनीय हो गयी। ओग़ताई राज्य का अपना भू-भाग वह प्रतिशोध अभियान में बड़े भाई कुबलई ख़ाँ के लिए पहले ही छोड़ आया था, अब तो अल्गू ख़ाँ भी उसका समर्थक व पक्षधर न रहा था। इतना ही नहीं अल्गू तो उसका शत्रु हो चुका था? वह दोनों ओर शत्रुओं से घिरा हुआ था, दोनों से सन्धि करके ही अब उसका अस्तित्व सुरक्षित रह सकता था। अतः अल्गू ख़ाँ से समझौते के अनुरूप चग़ताई राज्य के पूर्वी भाग पर इर्तुक़बुक़ा का अधिकार स्वीकार किया गया शेष भाग पर अल्गू के स्वामित्व का क्षेत्र माना गया। दूसरी ओर, कुबलई ख़ाँ को 'क़ाख़ान' का पद एवं चंगेज़ ख़ाँ का सिंहासन प्राप्त हुआ। इर्तुक़बुक़ा ने 'क़ाख़ान' या महान् ख़ाँ के शिविर पर साष्टांग लेटकर या सिज़दा करके अपनी अधीनता अभिव्यक्त की। कुबलई ख़ाँ; ही महान् ख़ाँ बना, उसकी सत्ता वर्तमान बीजिंग (पीकिंग) से लेकर ट्रान्सॉक्सियाना तक फैल गयी। वस्तुतः जब प्रसिद्ध यात्री मार्को पोलो इस भू-भाग की यात्रा कर रहा था, तो कुबलई ख़ाँ को ही वह महान् ख़ाँ के रूप में पाता है और उसी का अर्जन करता है।

जैसे राजनीतिक लहरें शान्त हुईं और युद्ध के बादल छँटने लगे, तो विजेता पराजित बन्दीकर्त्ता बन्दी के प्रश्न का उठना तो स्वाभाविक था? इसका क्या समाधान सम्भव था? मध्ययुगीन परिवेश में तो वैसे भी विजेता 'पराजित' का स्वामी ही होता था और यहाँ तो पराजित शासक एक महिला थी और वो भी निहायत ख़ूबसूरत, बुद्धिमान् और सच्चरित्र वर्ना इतने दिनों तक बन्दी के रूप में जिसे देखा, समझा एक-

आध बार इशारे-इशारे में कुछ कहा भी, सांकेतिक प्रस्ताव भी प्रेषित किया, किन्तु उस महिला ने अप्रत्यक्ष, किन्तु मर्यादित एवं दृढ़-संकल्प प्रत्युत्तर में अभिव्यक्त कर दिया। किन्तु, अब विकल्प क्या था? शायद चंगेज़ ख़ाँ के समकालीन भारत के शासक, इल्तुतमिश की पुत्री रज़िया का क़िस्सा सुना होगा, क्योंकि वो दौर 'क़िस्सागोई' का था और इस पूरे दौर में एशिया के एक कोने के क़िस्से हर हिस्से में धीरे-धीरे पहुँच ही जाते थे। जैसा रज़िया ने अन्ततोगत्वा अपने बन्दीकर्त्ता अल्तूनिया के साथ किया, वैसा विकल्प व्यावहारिक तो था ही? कम-से-कम बन्दीगृह से मुक्ति तो मिलेगी। राज्य की पुनर्प्राप्ति का प्रथम सोपान! जब स्वतन्त्र ही नहीं होंगे तब प्रयास कहाँ सम्भव है? और परिस्थितियाँ पूर्णतया ही प्रतिकूल—वो बन्दी थी बन्दीकर्त्ता चग़ताई राज्य का नया शासक था। दोनों ओग़ताई भाइयों से वह समझौता कर चुका था एक को चग़ताई राज्य के पूर्वी भाग का स्वामी मानकर तो दूसरे को 'क़ाख़ान' मानकर उसकी 'सैद्धान्तिक सर्वोच्चता' और मंगोलों के महान् ख़ाँ के रूप में स्वीकृति के साथ।

इस प्रकार अन्ततः विकल्पहीनता की स्थिति में उसने मंगोल नेता अल्गू ख़ाँ से विवाह करके बन्दीगृह से मुक्ति प्राप्त कर ली। इसमें बन्दी और बन्दीकर्त्ता के बीच पनपा कोई अन्योन्य सम्बन्ध नहीं ही प्रतीत होता है। आज का मनोविज्ञान व तर्क मानता है, कि बन्दी को अपने स्वामी के प्रति सहानुभूति उत्पन्न होनी उतना ही स्वाभाविक है, जितना कि बन्दीकर्त्ता के मन में बन्दी के प्रति हो। विद्वान् मानते हैं कि इन दोनों के बीच आकर्षण सहज और स्वाभाविक होता है। किन्तु यहाँ तो क़बीलाई सरदारों एवं मंगोल नेताओं ने राज्य के हित में इस समझौते के लिए दोनों पक्षों के बीच वार्त्ता करके, औरग़नाह् को हर प्रकार से तैयार किया। मध्यकालीन विश्व में राजपरिवारों के मध्य इसी प्रकार के विवाह वस्तुतः कूटनयिक गठबन्धन की भूमिका अदा करते थे। इस प्रकरण का यही तार्किक व न्यायसंगत आधार बना।

इस सन्धि के अनुसार, अल्गू ख़ाँ नहीं अपितु संयुक्त रूप से औरग़नाह् एवं अल्गू ख़ाँ चग़ताई राज्य के स्वामी बने! ऐसा प्रतीत होता है कि किसी अवसर पर औरग़नाह् ने अपनी रणनीति के तहत काम करते हुए अल्गू पर वार करवाकर अपनी पूर्ण स्वतन्त्रता एवं राज्य के पूर्ण स्वामी बनने की राह में इस अवरोध को हटाने का प्रयास किया था। वो स्वयं सत्ता का सुख भोग चुकी थी। पूर्ण सत्ता का पूर्ण सुख। अतः उसे किसी और के साथ सम्प्रभुता की भागीदारी क्यों कर स्वीकार्य होती? वो भी एक ऐसे व्यक्ति के साथ जिसने उसे पराजित किया था। मात्र सैन्य एवं राजनीतिक विजय होती तो शायद औरग़नाह् सहन कर लेती? किन्तु एक विजेता से अन्ततः विवाह करना? मध्ययुगीन परम्पराओं और रिवाज़ के अनुसार तो यह एक प्रकार का विजय-

पारितोषिक था। विजय का पुरस्कार। जितनी बार वह अल्गू को देखती थी तो क्या उसे पति के रूप में स्वीकार कर पाती थी? क्या उसे बार-बार पराजित नहीं होना पड़ता था? वे मंगोल सरदार एवं अमीर जो उसके आदेशों को शासनादेश के समान सम्मान देते हैं उनकी दृष्टि में क्या वह परिवर्तन के चिह्न देखती थी? उसके मन में कैसा तूफ़ान प्रतिदिन उठता रहा होगा? यह प्रतिदिन क्षोभ, दुःख, ग्लानि एवं पराभव का सामना करते-करते, तिल-तिलकर मर रही थी।

उसने इस अन्तर्द्वन्द्व का वही समाधान सोचा जो एकमात्र विकल्प शेष था? अपनी ही नज़र में गिरकर कोई और करता भी क्या? उसने एक गोष्ठी का आयोजन किया, जिसमें सभी प्रमुख मंगोल सरदार, अमीर एवं अधिकारीगण आमन्त्रित थे। पूर्व-योजना के अनुसार, उसने अल्गू ख़ाँ पर आक्रमण करवा दिया! आयोजन-स्थल में अफ़रा-तफ़री मच गयी! अव्यवस्था फैल गयी। हाय तौबा होने लगी। अल्गू ख़ाँ के एक ख़ास एवं विश्वसनीय अमीर ने इस अवसर का लाभ उठाते हुए औग़र्नाह् पर भी तलवार से दो-तीन प्रहार कर दिये। उसे उन दोनों की घनिष्ठता या दूरी की पूरी जानकारी थी। उसे दो और दो-चार करने में न तो देर लगी और न ही अपनी स्वामिभक्ति प्रमाणित करने में समय लगा। वो संगोष्ठी वस्तुतः निर्णायक रही। चग़ताई वंश एवं राज्य की पराजय का प्रतिशोध औग़र्नाह् ने जान पर खेलकर ले ही लिया। इस प्रकार संयुक्त सम्प्रभुता का यह प्रयास व परीक्षण कुछ ही माह में समाप्त हुआ। औग़र्नाह् के त्याग से दोनों ने दम तोड़ा। औग़र्नाह् की मृत्यु ने उसे एक शहीद बना दिया। उसके आत्म-बलिदान ने उसके पौरुष को, उसकी वीरता को अमरत्व प्रदान कर दिया! आज भी मंगोल परम्परा में उसकी चर्चा अवश्यम्भावी हो जाती है।

•

ईसान दौलत ख़ानम : योग्य शासक
(बाबर की नानी)

ईसान दौलत ख़ानम एक योग्य, साहसी एवं सच्चरित्र महिला थीं। वो बाबर की नानी थीं। उसके पिता का नाम मीर शेर अली बेग़ था जो दस हज़ार (10,000) के वृहद् मंगोल क़बीलाई तुमान का सरदार था। ये 'कुचिन' मुग़लों की 'साघारिली' नामक उपशाखा या उपवंश के सदस्य एवं अपने पौरुष व योग्यता के आधार पर उसके सरदार बन गया था। जैसा कि, मंगोलिस्तान के वृहद् राज्य में होता ही था : तुर्क़ निवासियों एवं मंगोलों के मध्य अन्तर्विवाह ख़ूब होते थे, हो रहे थे, अत: इन दोनों रक्तों का सम्मिश्रण सह-अस्तित्व का परिणाम था। एक ही भू-भाग में रह रहे निवासियों, जिनके रीति-रिवाजों में साम्य हो—उनके मध्य वैवाहिक सम्बन्धों की स्थापना सहज एवं स्वाभाविक प्रक्रिया होती है। उस पूरे भू-भाग में तुर्क़ सदियों से बसे थे वे ही इन यायावरी मंगोल जातियों को अपनी उपस्थिति के प्रभाव से साथ रहने से सुसंस्कृत कर रहे थे। वे ग्रामीण तुर्क़ ही उन्हें स्थायी निवास की विशेषताएँ अपने रहन-सहन एवं व्यवहार से सिखाने में सफल रहे थे। वे स्वयं अपने जनजातीय संस्कारों को काफ़ी परिष्कृत कर चुके थे! वे सभ्यता के चरमोत्कर्ष पर पहुँच चुके थे। किन्तु अब वे मंगोल (अपरिष्कृत) शक्ति के समक्ष समर्पण करने को बाध्य थे!

ये तुर्क़ ग्रामीण व्यवस्था से लेकर शहरी सभ्यताओं तक की धुरी थे और शनै:-शनै: इन अन्तर्विवाहों के माध्यम से सम्मिश्रित नस्लों को भी परिष्कृत कर रहे थे। हालाँकि मंगोल नेता अमीर तथा 'क़ाख़ान' सभी शिविरों का जीवन ही अपनाते व पसन्द करते थे, किन्तु वे भी धीरे-धीरे सुविधाएँ जुटाने लगे थे एवं उनके अभ्यस्त होने लगे थे। ईसा की तेरहवीं सदी बीतते-बीतते, दादा ख़ाँ के काल में तो यह सर्वविदित था। चौदहवीं सदी तक तो यह अन्तर काफ़ी कम होने लगा था, अत: अन्तर्विवाहों की प्रारम्भिक हिचक भी कम होती गयी। कहाँ अपनी यायावरी जीवन-शैली पर गर्व करनेवाले मंगोल क़बीलाई और कृषकों को 'दास' या स्थान अथवा स्थायित्व के साथ बँधा हुआ माननेवाले अपनी पुत्रियों का विवाह इन सुविधायुक्त

सह-निवासियों से करने में नहीं हिचकते थे। वे यायावरी जीवन-शैली में स्त्रियों की दिक़्क़तों, मुश्किलों एवं असुविधाओं को समझने लगे थे, अत: वे अब इन अन्तर्विवाहों की पहल करते थे उन्हें प्रोत्साहन देते थे।

इस प्रकार के सम्मिश्रणवाली नस्लों में 'चग़ताई मुग़ल' सर्वप्रमुख थे। वे तो चंगेज़ ख़ाँ के पुत्र चग़ताई के विस्तृत भू-भाग के चलते, जहाँ पूर्वी मंगोलिस्तान में स्थित उसकी राजधानी अल्मालिघ से लेकर काश्घर और समरकन्द तक कृषकों के सम्पर्क में रह रहे थे वहीं शहरी सभ्यता के आधार को पुष्ट करनेवाले व्यवसाय-केन्द्रों के भी स्वामी थे काश्घर, बोख़ारा, समरकन्द जिनके अधीन हो, वे कैसे और कब तक परिष्कृत नहीं होंगे? कब तक सुसंस्कृत नहीं होंगे? ऐसी पृष्ठभूमि में अमीर तैमूर का अभ्युदय एवं उत्कर्ष कोई अनहोनी घटना नहीं थी। कोई अप्रत्याशित घटना नहीं थी। तैमूर की भारत-विजय से लेकर मध्य एशियाई शक्तियों के समर्पण ने तो उसे और भी परिष्कृत कर दिया था। वह कला का, साहित्य का और स्थापत्य का न केवल प्रश्रयदाता, अपितु एक कुशल विशेषज्ञ के रूप में सुविख्यात था। 'समरकन्द' को न केवल उसने अपनी राजधानी बनाया अपितु उसका अलंकरण करके, विश्व की राजधानियों के लिए ईर्ष्या का केन्द्र बना दिया! अनुकरणीय बना दिया! उसकी राजधानी 'समरकन्द' एशिया का अपने समय का पेरिस ही थी! यह शहर मात्र राजनीतिक केन्द्र या व्यापारिक केन्द्र न होकर मध्ययुगीन एशिया का सांस्कृतिक केन्द्र के रूप में विकसित एवं प्रतिष्ठित हो चुका था।

अमीर तैमूर के अभ्युदय और राज्य-विस्तार तथा सत्तोत्कर्ष के उपरान्त चग़ताई तुर्क़ मंगोलिस्तान के इस बड़े भू-भाग में जहाँ चग़ताई मंगोलों का शासन रहा था, पुन: सशक्त हो बैठे। मध्ययुगीन परम्पराओं की क़बीलाई तौर-तरीकों के चलते, इन दोनों राजपरिवारों को अपनी राजनीतिक स्थिति सुदृढ़ करने के लिए भी एक-दूसरे की आवश्यकता समझ में आती थी अत: अन्तर्विवाहों से इस गठबन्धन को सदैव पुष्ट एवं सशक्त करते रहते थे। इन विवाहों या अन्तर्विवाहों की पृष्ठभूमि में ही हम ईसान दौलत ख़ानम की कहानी को आगे बढ़ाते हैं क्योंकि इस लम्बी पृष्ठभूमि के अभाव में हम परेशान हो सकते हैं? अनेक प्रश्न असुरक्षित रह सकते हैं? अनेक नये प्रश्न दिमाग़ को परेशान कर सकते हैं?

चंगेज़ ख़ाँ के पुत्र चग़ताई के पश्चात् की चौथी पीढ़ी में उसका प्रत्यक्ष वंशज दावा ख़ाँ था, जिसने खलजी सुलतान अलाउद्दीन के शासन-काल में भारत-विजय हेतु अनेक सैन्य-अभियान भेजे थे। उसी दावा ख़ाँ के पश्चात् छठवीं पीढ़ी में यूनुस ख़ाँ हुआ। वह भी अपने पूर्वजों यथा तुग़लक़ तैमूर, दावा ख़ाँ, चग़ताई ख़ाँ एवं प्रथम 'क़ाख़ान' या महान् ख़ाँ चंगेज़ से प्रभावित व प्रेरित था। क़िस्सागोइयों से इतिहास

अध्ययनकर्त्ताओं से वो पुराने क़िस्से सुनता था और अपने साहस, योग्यता, बुद्धिमता एवं सैन्य कुशलता से वह मंगोलिस्तान के बड़े भू-भाग पर अपना आधिपत्य स्थापित करने में सफल हुआ। अतः 'साघारिली' सरदार, मीर शेर अली बेग़ ने इसे हर्ष एवं सन्तोष का विषय माना होगा कि वह अपनी पुत्री का विवाह चंगेज़ ख़ाँ के प्रत्यक्ष वंशज एवं योग्य उत्तराधिकारी से 1455 ई. में करने में सफल रहा। इस समय यूनुस ख़ाँ 41 वर्ष का हो चुका था। यूनुस ख़ाँ के साथ अपनी पुत्री ईसान दौलत ख़ानम के वैवाहिक गठबन्धन से परिवार व क़बीले की प्रतिष्ठा एवं स्तर में अभूतपूर्व वृद्धि हुई होगी। क्योंकि अब तो यूनुस ख़ाँ ही महान् चंगेज़ ख़ाँ के सिंहासन पर आरूढ़ था एवं समस्त मंगोल भू-भाग व साम्राज्य का सैद्धान्तिक सर्वोच्च सत्ताधारी या 'क़ाख़ान' था। भले ही अमीर तैमूर के उदय एवं चर्मोत्कर्ष के उपरान्त महान् ख़ाँ के पद का कोई वास्तविक अथवा/ एवं व्यावहारिक महत्त्व न भी रह गया हो, किन्तु मंगोलों के मध्य तो उस पद का एक ऐतिहासिक एवं मिथकीय-चमत्कारी व सैद्धान्तिक प्रभाव तो था ही।

इस यूनुस ख़ाँ के पिता का नाम वईस ख़ाँ था और वह चंगेज़ के उत्तराधिकारी के रूप में 'महान् ख़ाँ' की पदवी का उत्तराधिकारी भी था। उसकी जब 1425-26 ईसवी में मृत्यु हुई थी, तब उसका ज्येष्ठ पुत्र यूनुस ख़ाँ मात्र तेरह वर्ष का था। वईस ख़ाँ-जैसे योद्धा एवं शासक के जाते ही और पुत्रों के अवयस्क होने के कारण यह समस्त मंगोल क्षेत्र अशान्त और अव्यवस्थित हो गया। एक कठोर नियन्त्रण के हटते ही राजनीतिक शून्य का जन्म हुआ और इस बड़े भू-भाग में एक अराजकता का साम्राज्य स्थापित हो गया। क़बीलाई संरचना के ऊपर जब साम्राज्यी सत्ता निर्मित होती है, तो यह सदैव ही होता है कि किसी भी सुदृढ़ शासक के हटते ही सभी अधिकारी, अमीर तथा क़बीलाई सरदार किसी-न-किसी राजकुमार या राजपरिवार के सदस्य के पक्षधर हो जाते थे। यह प्रक्रिया चंगेज़ के पुत्रों, पौत्रों, प्रपौत्रों, वंशजों के काल में अस्थिरता का सबसे बड़ा कारण रही। ये अमीर, अधिकारी व सरदार अपने-अपने स्वार्थ सिद्धि एवं निहितार्थों की पूर्ति के लिए इस प्रकार की सत्ता-संघर्ष को बढ़ावा देते रहते थे।

वईस ख़ाँ के मृत्यु के अवसर पर, उसके पुराने अमीरों ने इन्हीं कुछ स्वार्थों एवं व्यक्तिगत महत्त्वाकांक्षाओं के चलते, उसके कनिष्ठ पुत्र ईसा बुघा ख़ाँ को नये ख़ाँ के सिंहासन पर बैठाने का अभूतपूर्व निर्णय ले डाला। वे ईसा बुघा की अत्यन्त अल्पवयस्कता का लाभ उठाकर राजकीय या राजनीतिक शक्ति अपने हाथों में केन्द्रित करने के लिए इच्छुक ही नहीं, कृत संकल्प हो गये। इन स्वार्थी तत्त्वों के बीच हमें निःस्वार्थ एवं व्यापक मंगोल राज्य के हित में चिन्ता करनेवाले दो ही प्रसिद्ध

वीर मंगोल सरदार पृथक् दिखायी देते हैं यथा, ईराज़ान बारिन तथा मिराक़ तुर्कोमान थे। वे इस निर्णय को चग़ताई विधि एवं परम्परा के विरुद्ध मानते थे, अत: वे इसे स्वीकार करने को किसी भी मूल्य पर तत्पर नहीं थे। वे इसे महान् ख़ाँ चंगेज़ के मूल सिद्धान्तों की अवहेलना मान रहे थे। वे उन आदर्शों को छोड़ने के लिए कदापि तैयार नहीं थे, जिसने मंगोलों को विश्व मानचित्र में स्थापित व प्रतिष्ठित किया था। वैसे ही अमीर तैमूर के अभ्युदय व चरमोत्कर्ष ने 'महान् ख़ाँ' को मात्र एक अलंकारिक पद में ही परिवर्तित कर दिया था। अब ये नये कृत्य तो उसकी छवि को और धूमिल ही करेंगे। उसकी पद-प्रतिष्ठा की और गिराने के अतिरिक्त क्या करेंगे? अत: उन्होंने मंगोलिस्तान के पश्चिम में जाकर अपना निर्वसनकाल व्यतीत करने का अभूतपूर्व निर्णय ले डाला। अभूतपूर्व इसलिए कि, यूनुस ख़ाँ के समर्थक इन दो अमीरों, सरदारों के साथ कुल लगभग तीस हज़ार परिवारजनों ने पैतृक निर्णय ले डाला। यह निर्णय इसलिए भी अभूतपूर्व था क्योंकि वे अमीर तैमूर के चतुर्थ पुत्र शाहरूख़ मिर्ज़ा के राज्य में आश्रय की तलाश में निकले थे—महान् ख़ाँ के पैतृक स्थान का परित्याग करके।

जब यह विशाल जनसमूह निर्वासित होकर अन्तत: समरकन्द पहुँचा उस समय अमीर तैमूर के पुत्र एवं शासक शाहरूख़ मिर्ज़ा ने अपने ज्येष्ठ पुत्र उलुग़ वंश मिर्ज़ा का वहाँ का गवर्नर या प्रशासक नियुक्त कर रखा था। वह एक चतुर व योग्य प्रशासक ही नहीं, कुशल कूटनीतिज्ञ एवं साहसी सेनानायक भी था। उसके पास दो ही विकल्प थे एक वो इन तीस हज़ार निर्वासित लोगों को आश्रय प्रदान करके अपने क्षेत्र में स्थापित करता व द्वितीय, वो इन्हें प्रश्रय इनकार कर देता। प्रथम स्थिति में वह सम्भवत: इन चग़ताई मंगोलों के पारस्परिक संघर्षों में अपने स्थिर राज्य को अकारण ही फँसा देता? वहीं दूसरा निर्णय तत्काल ही युद्ध का आमन्त्रण होता—तीस हज़ार लोगों में सैकड़ों वीर योद्धा एवं दर्जनों दुर्दान्त सेनानायक व क़बीलाई सरदार सम्मिलित थे। युद्ध तब भी उसके शान्त राज्य को अस्थिर कर सकता था? अत: उस होशियार राजकुमार ने एक कूटनीतिक खेल रचा! 'साँप भी मार दिया और लाठी भी नहीं टूटी।'

उसने मंगोल सरदारों को विश्वास में लिया—यूनुस तेरह वर्ष की अवस्था में क्या समझता? उसने सांकेतिक रूप से इस चग़ताई-मंगोल राजकुमार को बन्दी बनाया और अपने पिता के पास भेज दिया। इन दोनों सरदारों में इराज़ान बारिन वरिष्ठ रहा होगा। बाबर ने अपनी आत्मकथा में भी इस घटना का विशेष उल्लेख किया है कि कैसे गवर्नर उलुग़ बेग़ ने इस लम्बी (लगभग नौ सौ साठ मील) एवं यातनापूर्वक यात्रा से थके एवं अव्यवस्थित मंगोलों को वापस खदेड़ने में कोई कसर नहीं रखी। इस घटना को 'क़िस्सागो' में सिद्धहस्त लोगों ने जीवित रखा था और बाबर की

'तुज़क-ए-बाबरी' में 'इराज़ान की विरानी' के रूप में जीवन्त रूप से चित्रित हुई है। हो सकता है, द्वितीय सरदार मिराक़ तुर्कोमान को इतना कष्ट न झेलना पड़ा हो। हमारे स्रोत इस विषय में प्राय: शान्त हैं।

शाहरूख़ पुत्र तो अमीर तैमूर का ही था। उसे इस निर्वासित राजकुमार में एक अचूक पासा दिख रहा था, जिसके माध्यम से यह सत्ता की चौसर में स्थिति सुदृढ़ करते हुए साम्राज्य विस्तार की महत्त्वाकांक्षा को क्रियान्वित कर सकता था और वो भी बिना अधिक रक्तरंजित युद्धों एवं संघर्षों के! अत: उसने इस अल्पवयस्क बन्दी 'यूनुस' को न केवल मुक्त किया, 'पुत्र' कहकर सम्बोधित किया, अपितु एक पुत्र की भाँति स्नेह व संरक्षण भी प्रदान किया। शाहरूख़ ने यूनुस के लिए सर्वश्रेष्ठ शिक्षा की व्यवस्था करी। उसे उस काल के सुप्रसिद्ध विद्वान् एवं कवि मौलाना शर्फ़ुद्दीन याज़दी के पास शिक्षा हेतु भेजा गया। मौलाना के पास यूनुस ने लगभग बारह वर्ष तक (मौलाना के देहावसान तक) अर्थात् चौबीस वर्ष की आयु तक शिक्षा ग्रहण की!

इस अन्तराल में अमीर तैमूर के वंशजों में से एक, सुलतान अबू सईद मिर्ज़ा समरकन्द का शासक बन चुका था। वो अमीर तैमूर के तृतीय पुत्र मीरान शाह का पौत्र था। वस्तुत: सुलतान अबू सईद मिर्ज़ा का पिता सुलतान मिर्ज़ा, अमीर तैमूर ख़ाँ पौत्र था। वह अपने आठ भाइयों में छठा था। उसने सभी भाइयों, सगे, चचेरों को पीछे छोड़ते हुए समरकन्द व खोरासान पर अपना आधिपत्य स्थापित कर लिया। इसकी महत्त्वाकांक्षा ने उसे इराक़ विजित करने के लिए भी प्रेरित किया, किन्तु ईसा बुघा ख़ाँ के प्रतिरोध के चलते, ऐसा करना सम्भव नहीं हो पा रहा था। समस्या यह भी थी कि जब सुलतान अबू सईद मिर्ज़ा, ईसा बुघा के विरुद्ध अभियान भेजता तो वह बिना किसी प्रतिरोध के पूर्वी मंगोलिस्तान की ओर सुरक्षित लौट जाता था। उसके सैन्य-संसाधनों व समय की क्षति ही होती थी। अत: उसने शाहरूख़ मिर्ज़ा के काल से चले आ रहे अतिथि यूनुस ख़ाँ का वहीं उपयोग करने का निश्चय किया जिसके लिए उसे प्रारम्भ में प्रश्रय दिया गया था!

अत: सुलतान अबू सईद मिर्ज़ा ने अपनी सेनाओं के साथ यूनुस ख़ाँ को 'क़ाख़ान' के रूप में मंगोलिस्तान वापस भेजने का निर्णय लिया। इस समय (1455 ई. में) यूनुस इक्तालीस (41) वर्ष का हो चुका था। वो दुनिया के लिए 'क़ाख़ान' था, किन्तु सुलतान अबू सईद मिर्ज़ा से हुई सन्धि के अनुसार वह सुलतान का एक अधीनस्थ शासक ही रहेगा, 'ख़ादिम-ए-मख़दूम', किन्तु चग़ताई राजकुमार और चंगेज़ के वंशज होने के नाते उसे अबू सईद ने अपने स्वयं के सम्बोधन के लिए 'मित्र' शब्द के प्रयोग की उदारता दिखायी थी। इस प्रकार से अबू सईद ने केवल पूर्वी मुग़लिस्तान (ईसा बुघा ख़ाँ एवं उसके सर्वोच्च अमीर सैय्यद अली के प्रतिरोध का) की समस्या का

स्थायी समाधान कर दिया था। यूनुस ख़ाँ को महान् ख़ाँ का पद-प्रतिष्ठा दिलवाकर 'महान् ख़ाँ' को अन्ततः अपना अधीनस्थ शासक बनाकर न केवल उसने एक बड़ी उपलब्धि अर्जित की, अपितु उसके अधीनस्थ शासक का स्तर स्वीकार करके, यूनुस वस्तुतः अबू सईद की सम्प्रभुता स्वीकार कर रहा था। अबू सईद के साम्राज्य का विस्तार भी हो गया। 'हर्रे लगी न फिटकरी रंग चोखा का चोखा।'

वस्तुतः अबू सईद की यह उपलब्धि अमीर तैमूर के क़बीले की भी एक महान् उपलब्धि थी। अमीर तैमूर की उपलब्धियों के बावज़ूद भी महान् ख़ाँ, चंगेज़ के वंशज ही कहलाते व माने जाते थे। पहली बार 'महान् ख़ाँ' न केवल तैमूरी वंशज द्वारा पदासीन करवाया गया, अपितु 'ख़ादिम-ए-मख़दूम' में परिवर्तित हो गया था। अतः तुर्कों की नस्लीय श्रेष्ठता का भाव भी इससे तृप्त हुआ था। अबू सईद मिर्ज़ा ने 1451 ई. से लेकर सन 1468 ईसवी तक सकुशल शासन किया, हालाँकि उसे दश्त-ए-किपचाक़ भू-भाग के बढ़ती उज़्बेग़ शक्ति का भी सामना करना पड़ा, जो उज़्बेग़ नेता व शासक अबुल ख़ैर ख़ाँ के नेतृत्व में तेज़ी से उभर रहे थे।

ईसा बुघा ख़ाँ का तो यही हश्र होना ही था। इसके शैशवकाल से ही अमीरों का पूरा नियन्त्रण राज्य और राजनीति पर रहा था। उनकी महत्त्वाकांक्षाओं एवं पारस्परिक ईर्ष्यालु झगड़ों को कोई नियन्त्रित कर पाता था तो वो सर्वोच्च अमीर सैय्यद अली ही था। अतः इन पारस्परिक मतभेदों, ईर्ष्या एवं प्रतिद्वन्द्विता के चलते, वे कभी एकीकृत नहीं हो पाये थे, अपितु यूनुस ख़ाँ के वापस आते ही तथा, अबू सईद का सैन्य समर्थन देखकर उन्हें यह आंकलन करने में कोई समय नहीं लगा कि बयार किस दिशा की ओर बह रही है। वे एक-एक करके यूनुस ख़ाँ की ओर जाने लगे! सबसे पहले, उसके साथ सम्बद्ध होनेवाला व्यक्ति था मीर क़रीम बर्दी। दूसरा, प्रमुख सरदार था मीर शेर अली बेग़ या मीर हाजी 'कुन्जी'। कुचिन मुग़लों को कुन्जी भी कहते थे। अतः वह इस नाम से भी जाना जाता था। यूनुस ख़ाँ ने इस सम्बन्ध के राजनीतिक, क्षेत्रीय, जनजातीय एवं सामरिक महत्त्व को समझा। अतः उसे प्रगाढ़ता प्रदान करने के लिए कूटनयिक सम्बन्ध स्थापित करते हुए उसकी पुत्री ईसान दौलत से विवाह करना स्वीकार कर लिया। इस एक विवाह ने उसे स्थानीय या देशज समर्थन भी दिलवा दिया। उसका राजनीतिक आधार भी पुष्ट हो गया। उसे विश्वसनीय समर्थक भी प्राप्त हुए। एक शासक के रूप में औचित्य, स्थापना एवं वैधता भी सम्भव हो सकी। इतना ही नहीं उसे एक कुशल एवं पतिव्रता पत्नी भी प्राप्त हो गयी। ईसान दौलत के वैवाहिक गठबन्धन से न केवल यूनुस ख़ाँ को एक अच्छी जीवनसंगिनी ही मिली, अपितु उससे उसे तीन पुत्र एवं तीन पुत्रियाँ भी मिलीं!

इस प्रकार इक्तालीस वर्ष की परिपक्व अवस्था में यूनुस ख़ाँ जब महान् ख़ाँ के पद पर विराजमान हुआ, तो वह पूरी समझदारी एवं बुद्धिमत्ता से राजनीतिक,

कूटनयिक व प्रशासनिक सुदृढ़ीकरण करने लगा। अतः पश्चिम मंगोलिस्तान में उसकी स्थिति पर्याप्त रूप से सशक्त हो गयी। इससे पूर्वी मंगोलिस्तान में पलायन कर गये छोटे भाई ईसा बुघा ख़ाँ और उसके प्रमुख सलाहकार सैय्यद अली व अन्य पक्षधरों को चिन्ता होने लगी। इनको चिन्तित होना स्वाभाविक एवं अपरिहार्य था। बड़ा भाई यूनुस लगभग तीन दशकों के उपरान्त लौटा था। पूर्ण पद-प्रतिष्ठा प्राप्त करने में सफल रहा। गज्य भी पा गया और 'क़ाख़ान' का पद भी और यह सब अर्जित किया, उसके (ईसा बुघा के) शत्रु अबू सईद की सफलता से? अतः इस असन्तोष ने क्षति के साथ मिलकर रोष को बहुत बढ़ा दिया।

इसी बीच अपनी स्थिति सुदृढ़ करने के क्रम में यूनुस ने मीर इब्राहीम के नेतृत्ववाले इस्सिग क़बीले या कुल के लोगों के साथ भी सम्बन्ध स्थापित कर लिये। 'साघारिची' कुल के घर अब इस्सिग कुल के साथ हो जाने के उपरान्त तो यूनुस की स्थिति बहुत दृढ़ तथा उसकी सैन्य-शक्ति में अभूतपूर्व वृद्धि हुई। अतः अब उसका ध्यान शत्रुओं की ओर आकृष्ट होना स्वाभाविक था। वह जानता था कि उसके निर्वसन के लिए उसका कनिष्ठ भ्राता उतना उत्तरदायी नहीं था, जितना कि प्रमुख अमीर। अतः अमीर सैय्यद अली को सबक सिखाने का उसने निर्णय लिया। उसके प्रतिशोध का प्रथम लक्ष्य वही था। वास्तव में चग़ताई परम्परा को ताक़ पर रखते हुए एक तेरह वर्षीय निर्दोष राजकुमार को न केवल उसके नैसर्गिक अधिकार से वंचित किया था अपितु उसे निर्वासित जीवन जीने के लिए विवश किया था। और अब जब वह किसी प्रकार अपने अधिकार की प्राप्ति करने में सफल हुआ, तब समर्पण करने के स्थान पर वह अब भी विरोध ही नहीं कर रहा था, किन्तु येन-केन-प्रकारेण उसे पुनः सत्ताच्युत करने में संलग्न हो गया था।

प्रायः ज़ब मनुष्य प्रतिशोध की ज्वाला में जलता हुआ निर्णय लेता है तो वह ग़लत हो जाता है! उसने थोड़ी अधीरता दिखाते हुए, अमीर सैय्यद अली के राज्य काश्घर पर आक्रमण कर दिया। काश्घर में घिर जाने पर उसने ईसा बुघा ख़ाँ से सहायता की गुहार लगायी। ईसा बुघा-जैसे—'अन्धे को क्या चाहिए था दो आँख।' उसे लगा कि इसी बहाने वह यूनुस को पराजित करके अपना राज्य व पद पुनः प्राप्त कर लेगा। अतः पूर्ण वेग से वह अपनी सेनाओं का नेतृत्व करते हुए ग्यारहवें दिन काश्घर पहुँच गया। उसे भी तो अवसर की तलाश थी, ताकि अपने भाई से प्रत्यक्षतः दो-दो हाथ करके दोनों की सैन्य-शक्ति व रण-कौशल का तुलनात्मक परीक्षण व आंकलन हो सके। शीघ्र निर्णय ईसा बुघा के पक्ष में था। और उनके पक्ष में हुआ भी। यूनुस पराजित होकर पलायन के लिए बाध्य हुआ। डूबते को तिनके का सहारा। वह पुनः अबू सईद मिर्ज़ा की शरण में जा पहुँचा।

इस पलायन में उसके परिवार की महिलाएँ भी अमीर सैय्यद अली के हाथों पड़

गयीं (1456 ई.)। इसमें उसकी दोनों पत्नियाँ भी थीं जिन्हें ससम्मान वापस यूनुस के पास भिजवा दिया गया। अबू सईद मिर्ज़ा को भी मंगोलिस्तान में यूनुस से ही आशा थी। वही मंगोलिस्तान की राजनीतिक शतरंज में उसका अपना 'मोहरा' था। अत: उसने यूनुस के सपरिवार निवास के लिए अन्दीजन के निकट यतिकण्ड प्रदान कर दिया। वस्तुत: यह सात गाँवों का एक परगना था, जिसे स्थानीय जनजातियाँ, यथा, काल्मक़, उज़्बेग़ तथा मंगोल, प्राय: बनीकण्ड, यनिकण्ड, बतिकण्ड या इतिकण्ड नामों से पुकारते थे। वस्तुत: फ़ारसी में (मिर्ज़ा हैदर दोघलात कृत तारीखे रशीदी में) 'हफ़्त देह' या 'सात देश' या सात गाँव ही इसका नाम मिलता है। अगले ही वर्ष, यूनुस की दिक़्क़तें व प्रतिरोध कम होने की सम्भावना बनने लगीं, जब अमीर सैय्यद अली की मृत्यु हो गयी। वही ईसा बुघा के अमीरों एवं उनकी महत्त्वाकांक्षाओं को नियन्त्रित रखता था। अत: मंगोलिस्तान में पुन: राजनीतिक अस्थिरता का साम्राज्य था। अत: यूनुस के वापस आने का अच्छा परिवेश था। इधर दो-तीन वर्ष बाद ही, ईसा बुघा ख़ाँ की भी मृत्यु हो गयी और उसके सत्रह वर्षीय पुत्र के दु:शासन एवं दुर्व्यवहार से दु:खी होकर लोग अमीर, सरदार आदि यूनुस ख़ाँ की ओर आकृष्ट होते चले गये। वह मंगोलिस्तान में अब 'क़ाख़ान' के रूप में पूर्णतया स्थापित था।

स्वाभाविक है, इस स्थायित्व के उपरान्त ही एक पारिवारिक माहौल के दायित्वों का महत्त्व एवं उसमें भूमिका निर्वहन का अवसर ईसान दौलत ख़ानम को मिला होगा। ईसान दौलत के जो तीन पुत्रियाँ हुईं उनके नाम थे मिहिर निगार, कुत्लिग निगार एवं ख़ूब निगार, जिनकी चर्चा हम आगे करेंगे, कि कैसे इनके विवाह सुलतान अबू सईद मिर्ज़ा के तीन पुत्रों से हुए थे। जहाँ तक ईसान दौलत का प्रश्न है वह एक समझदार पत्नी थी। उसके सम्बन्ध अपनी सौतन शाह बेग़म बदक्ख़शी से भी बहुत ही सौहार्दपूर्ण एवं बहन समान थे। उसने तीस वर्षों तक अपने वैवाहिक जीवन में पति के सुख-दु:ख में साया बनकर साथ दिया और सदैव उसके सम्बल और सहारे की तरह खड़ी रही। यही नहीं, उसने अपने पति के निरन्तर उतार-चढ़ाव में भी बेहिचक उसका हँसते-हँसते पूरा साथ दिया और इनको पार करने का विश्वास पैदा किया। यही नहीं, अन्तिम दो वर्षों में तो लकवे से ग्रस्त अपने पति की पूर्ण समर्पण-भाव से, त्याग व सहानुभूति पूर्ण सेवा शुश्रूषा की। जिसका उदाहरण वर्षों तक मुग़ल परिवारों में दी जाती रही और पीढ़ी-दर-पीढ़ी सम्प्रेषित होकर उसका जीवन और उसमें पत्नी की भूमिका, एक आदर्श के रूप में स्थापित हो गया। अपने पति की चौहत्तर वर्षीय दीर्घायु में 1487 ई. में मृत्यु के उपरान्त भी, वह अट्ठारह वर्ष तक जीवित रही थी।

ईसान दौलत ख़ानम का जीवन-चरित्र इसलिए भी दिलचस्प और महत्त्वपूर्ण है कि वो एक-दो नहीं अपितु चार बार शत्रुओं के हाथ में पड़ी या बुरी तरह घिर गयी।

ऊपर हमने देखा ही कि कैसे काशघर में अन्ततः अमीर सैय्यद अली ने उसको उसकी सौतन के साथ, वापस यूनुस ख़ाँ के पास भिजवा दिया था। बात सन् 1469-70 ईसवी की है, दश्त-ए-किप्चाक़ के शासक की मृत्यु एवं नये अनुभवहीन शासक, बुरूज औघलान द्वारा गद्दी सँभालने के संक्रमणकाल का लाभ उठाकर, इस क्षेत्र को विजित करने की महत्त्वाकांक्षा को क्रियान्वित करने के लिए यूनुस ख़ाँ ने तुर्क़िस्तान के इस क्षेत्र पर आक्रमण कर दिया। इसी दौरान एक ऐसी घटना घटी, जिसने ईसान बेग़म की व्युत्पन्नमति, त्वरित कार्यवाही, युद्ध कौशल एवं साहस का एक आदर्श स्थापित कर दिया! यूनुस ख़ाँ ने इस अभियान के समय, करातुकाई नामक स्थान पर अपना शिविर लगाया हुआ था। उस समय की रीति के अनुसार, वह तालाब पार के सैनिकों के नियमित अभ्यास हेतु, सेना के साथ, शिकार-अभियान पर जंगल की ओर निकल जाता था। इससे दोनों लक्ष्य सध जाते थे—प्रथम, सैनिक चुस्त-दुरुस्त रहते और दूसरी भोजन सामग्री भी प्राप्त हो जाती थी। ऐसी ही एक दोपहर को पूर्व सूचना के आधार पर बुरूज औघलान ने यूनुस ख़ाँ के शिविर पर आक्रमण करके, अपना नियन्त्रण स्थापित कर लिया। शिविर में पर्याप्त सुरक्षा-व्यवस्था नहीं थी, अतः तुर्क़ सैनिकों को कड़े प्रतिरोध का सामना नहीं करना पड़ा।

जब आक्रमणकारी निश्चिन्त होकर लूट के माल का आंकलन कर रहे थे, ताकि लूट में पाँचवाँ-भाग शासक के लिए छोड़कर ('खुम्स' के रूप में) शेष सैनिकों व सरदारों में वितरित कर दिया जाय, तभी ईसान दौलत ने अपने विश्वसनीय परिचरों से इसकी सूचना यूनुस को भिजवायी। वह तत्काल मात्र छह अनुयायियों के साथ शिविर की ओर तत्काल चल पड़ा। उसने एक चतुराई की—अपना वायु-यन्त्र 'तुरहई' या 'नाफ़िर' बजाकर उसने सबको ध्वनि संकेत दे दिया! यूनुस ख़ाँ-जैसा 'नाफ़िर' बजानेवाला मध्य एशिया में कोई और था ही नहीं। वैसे भी क्रोध की ध्वनि कुछ अधिक तीक्ष्ण होती ही है। अतः यह ध्वनि उसके शिविर में भी तेज़ी से गरजी। इसे सुनते ही, यूनुस के आगमन से सचेत होकर बुरूज औघलान ने अपने घोड़े पर सवार होने की सोची। इधर यूनुस के सैनिकों ने इस ध्वनि-विशेष के अर्थ को समझा तथा वे शिविर की ओर घेरेबन्दी करते हुए बढ़ चले।

इस बीच ईसान दौलत ने अपनी रणनीति पर कार्यवाही एवं व्यूह-रचना को क्रियान्वित करना प्रारम्भ कर दिया। उसने अपने दो-तीन विश्वसनीय नौकरों से गुप्तचरों तक और उनके माध्यम से शिविर-मुक्ति की आन्तरिक योजना से यूनुस ख़ाँ को भी अवगत करा दिया। ईसान दौलत ने वस्तुतः वही किया जो मंगोल शिविरों में वह सदैव करती आयी थी। मंगोल चूँकि शिविरों में रहने के आदी थे अतः वे इनके संकटों के लिए भी तैयार रहते थे। ये शिविर ही उनके अपने यायावरी परम्परा से

जोड़नेवाला एक सूत्र था। ईसान दौलत ने महिलाओं, महिला रक्षकों, सेविकाओं को छोटे-छोटे अस्त्रों-शस्त्रों से सुसज्जित किया तथा उन्हें अपनी रणनीति समझायी कि कैसे पलक झपकते ही यह सब अकस्मात् ही क्रियान्वित करना है। तभी तो यह प्रभावी हो सकता था? उसने बताया कि कैसे शिविर का समस्त धन-सम्पदा ले जा रहे तुर्कों पर अचानक आक्रमण द्वारा इस क्षति को न्यूनतम किया जा सकता है। कैसे न्यूनतम प्रयास द्वारा अधिक-से-अधिक तुर्क सैनिकों को निष्क्रिय किया जा सकता है। इस रणनीति के केन्द्र में था तुर्क शासक बुरूज औघलान की घेरेबन्दी। शासक के घिरते ही पूरी सेना किंकर्त्तव्यविमूढ़ हो जाती थी।

जैसे ही औघलान ने यूनुस के 'नाफ़िर' की ध्वनि सुनते ही अपने घोड़े की ओर बढ़कर, उस पर सवार होने की हड़बड़ी में क़दम बढ़ाया, उसने अपने आप को महिला रक्षकों व सुरक्षाकर्मियों से घिरा हुआ पाया! इन लोगों ने उसके 'अक़्ताजी' या अश्वरक्षक के साथ-साथ उसके घोड़े को भी बन्दी बना डाला। इसी बीच शेष समस्त महिलाओं ने अत्यन्त फुर्ती दिखाते हुए उज़्बेग़ों पर आक्रमण कर दिया। उज़्बेग़ अमीर समान समेट रहे थे कुछ उसे सँभालने में लगे थे कुछ हड़बड़ाहट में बस भागने का प्रयास कर रहे थे, वे सभी पकड़े गये, निहत्थें कर दिये गये। जो कुछ एक भागने में सफल भी हुए, उन्हें लूट की सम्पत्ति से तो हाथ धोना ही पड़ा! जिसने उक्त लूट का लोंभ नहीं छोड़ा उसे तो जान से हाथ धोना पड़ा।

मंगोल महिलाओं के एक बड़े समूह ने उज़्बेग़ सरदार बुरूज औघलान को घेर लिया था। इसमें महिला सुरक्षाकर्मी, रक्षक, नौकर-चाकरों से लेकर परिवार की महिलाएँ तक सम्मिलित थीं एवं ग़ज़ब का विश्वास, दृढ़ता, साहस एवं उत्साह दिखा रही थीं, इन सबको निरन्तर सधी हुई आवाज़ में सटीक निर्देश दे रही थी ईसान बेग़म! औघलान कोई शस्त्र तक हाथ नहीं पहुँचा सका था न घोड़े पर ही सवार हो पाया था—वो निहत्था घिरा हुआ खड़ा रह गया बेबस! तभी सामने से यूनुस ख़ाँ आता दिखा अपने मात्र छह अनुयायियों सहित, यूनुस ने बिना विलम्ब किये हुए तत्काल औघलान का सिर धड़ से अलग करने का निर्देश दे दिया। देखते-ही-देखते उसके आदेश का अनुपालन हुआ और औघलान का सिर धरती पर रक्तरंजित गिर पड़ा! यह पहला ऐसा विवरण मिलता है, जिसमें महिलाओं ने शत्रु की पूरी सैन्य टुकड़ी को अपने संकल्प और साहस से धूल चटा दी हो। उज़्बेग़-मंगोल संघर्ष के लम्बे इतिहास का यह सबसे दिलचस्प और महत्त्वपूर्ण अध्याय था। एक मील का पत्थर।

इस प्रकार एक बहुत बड़ा संकट किसी तरह टल गया और वो भी ईसान दौलत की व्युत्पन्नमति व साहस के चलते! उसकी संकल्प-शक्ति, सन्तुलन, विवेक, सामरिक समझ एवं वीरता के चलते। वो कुछ ही क्षण में इतनी तेज़ी से बदलीं—

उसका नेतृत्व, उसकी तीक्ष्ण बुद्धि और साहस ने शिविर भर के लोगों—महिलाओं में ऐसा विश्वास जगा गया कि अप्रत्याशित घट गया! महिलाओं ने प्रमाणित कर दिया था कि वे अपने पुरुषों से किसी भी अर्थ में कम नहीं थीं। अन्ततः एक बहुत बड़ा प्रतिरोधी तुर्क़िस्तान से लेकर मंगोलिस्तान तक के क्षेत्र को उद्वेलित व अशान्त करने की क्षमता रखनेवाला क़बीलाई सरदार राजनीतिक परिदृश्य से इस एक झटके से ही हटाया जा चुका था। यूनुस को तो पहली बार आभास हुआ कि ईसान दौल्त वास्तव में जीवनसंगिनी है। सुख-दुःख के अतिरिक्त युद्धों में भी साथ देने की योग्यता से परिपूर्ण, दुस्साहसी होने की सीमा तक साहसी किन्तु शान्त, समझदार तथा दायित्वों का निष्ठापूर्ण निर्वहन करनेवाली स्त्री।

यूनुस ख़ाँ अपनी पत्नी की समझदारी एवं बहादुरी से अति प्रसन्न व लगभग निश्चिन्त हो गया। अपनी अनुपस्थिति में वह शिविर का सुरक्षा, दायित्व ईसान के ऊपर छोड़ सकता था। वह समझ चुका था कि जो अवसर पर खड़ी होकर अपने आप को इस प्रकार प्रमाणित कर चुकी हो उस पर कैसा सन्देह? कैसा प्रश्नचिह्न? शिविर में विजयी मुस्कान लिये बैठा यूनुस ख़ाँ अपने सरदारों अमीरों, सेनानायकों आदि से ईसान दौलत की प्रशस्ति सुनता, प्रसन्न होता रहा। इन सब बातों का यह प्रभाव व परिणाम था कि उत्साह से परिपूर्ण यूनुस, शिविर की सुरक्षा का दायित्व ईसान पर छोड़कर उज़्बेग़ सरदारों का पीछा करने एवं उन्हें दण्डित करने निकल पड़ा। यही सही घड़ी थी, जब उनका शासक मारा गया हो, वे हतप्रभ एवं अव्यवस्थित होने के साथ-साथ हतोत्साहित भी थे। अतः वह निर्णायक अभियान पर निकल पड़ा। निश्चिन्त, निर्भय, निस्संकोच! अबु ख़ैर के सुलतानों, सरदारों व अमीरों को उसने संगठित नहीं होने दिया, अपितु निरन्तर आक्रमणों से चारों ओर पलायन करने को बाध्य कर दिया। वे बस अपनी जान बचाने के लिए लालायित हो गये।

उज़्बेग़ों के विरुद्ध यह विजय चग़ताई मंगोलों के साथ-साथ बर्लास या चग़ताई तुर्क़ों के लिए भी शुभ एवं सन्तोष की सूचना थी। अतः 1468 ई. की सर्दी करातुकाई में व्यतीत करके, वह बसन्त के आगमन पर विजयोल्लास हेतु ताशकन्द पहुँच गया। उसी समय उसे अपने प्रश्रयदाता एवं पितृतुल्य सुलतान अबू सईद की इराक़ में देहावसान का समाचार मिला (8 फरवरी, 1469 ई.) इस अवसर पर ही यूनुस ख़ाँ ने अपनी तीनों पुत्रियों के विवाह अबू सईद के तीन पुत्रों से कर दिये। इनमें से दो महत्त्वपूर्ण कूटनयिक एवं वैवाहिक गठबन्धन थे। एक, अर्थात् यूनुस ईसान की बड़ी पुत्री मिहिर निगार ख़ानम का विवाह अबू सईद मिर्ज़ा के ज्येष्ठतम (दस पुत्रों में) पुत्र सुलतान अहमद मिर्ज़ा से हुआ, जो समरकन्द का शासक बना था, जबकि दूसरी पुत्री कुत्लग निगार बेग़म (बाबर की माँ बनी) का विवाह अबू सईद के चौथे पुत्र सुलतान उमर शेख़ मिर्ज़ा जो फ़रगना का शासक बना सम्पन्न हुआ था। जबकि तीसरे

पुत्र से यूनुस व शाह बेग़म की पुत्री का विवाह सम्पन्न हुआ था। इसी प्रकार, यूनुस व ईसान की तृतीय पुत्री का विवाह मोहम्मद हुसैन दोघलात से हुआ था, जिनका पुत्र सुप्रसिद्ध मुग़ल इतिहासकार मिर्ज़ा हैदर दोघलात था!

ईसान दौलत के जीवन से सम्बद्ध दूसरी महत्त्वपूर्ण व राजकीय घटना ईसवी सन् 1472-73 ई. (हिजरी सन् 877) को है। इस वर्ष मुग़लिस्तान (मंगोलिस्तान) में क्योंकि उपज अच्छी नहीं हुई थी, अत: कुछ ख़रीदारी के उद्देश्य से राज्य का हित सर्वोपरि मानकर उसने अपने बड़े दामाद सुलतान अहमद मिर्ज़ा के राज्य में प्रमुख व्यापार केन्द्र ताशकन्द जाने का निर्णय लिया। वह तो बचपन से ही वहाँ, यूँ ही घूमता-फिरता था, अत: उसके लिए यह कोई विशेष या औपचारिक अवसर नहीं था। किन्तु ताशकन्द का गवर्नर, अमीर शेख़ जमाल ख़र था, जो नये स्वामी के प्रति अवज्ञाकारी ही रहा। इधर सभी राज्यों में, प्रत्येक शासक के विरुद्ध कुछ असन्तुष्ट तत्त्व होते ही हैं, अत: जब यूनुस अपने मित्रों व अन्य मिर्ज़ाओं के साथ जौ के बाज़ार में मूल्य आदि पता कर रहा था। वह पूर्णतया निश्चिन्त था, अत: सुरक्षा की भी कोई व्यवस्था नहीं थी और न ही कोई सतर्कता! यूनुस तो 'घराग्नन' पर ऐसे ही टहल रहा था, कि गवर्नर ख़र ने आदर प्रकट करने का ढोंग करते हुए उसे बन्दी बना लिया! यूनुस कुछ समझ पाता, तब तक वह बन्दी एवं अमीर तथा सैन्य टुकड़ी हतप्रभ! उन्हें भी आत्म-समर्पण के लिए बाध्य होना पड़ा।

शेख़ जमाल ने एक ऐसा निर्णय कर डाला, जिसके फलस्वरूप उसकी सच्चरित्रता एवं निडर स्त्री की छवि को चार चाँद ही लगा दिये। इस प्रकरण का उल्लेख मंगोल इतिहास के अतिरिक्त, मिर्ज़ा हैदर दोघलात कृत 'तारीखे रशीदी', बाबर कृत अपनी आत्मकथा 'तुज़ुके बाबरी' (तुर्की कृत) एवं गुलबदन बेग़म (बाबर की पुत्री) कृत 'हुमायूँनामा' से लेकर बाद के इतिहास में भी मिलता है। वस्तुत: शेख़ जमाल ख़र एक स्वार्थी, कपटी, अवज्ञाकारी, अहंकारी एवं परपीड़ा में प्रसन्न व सन्तुष्ट रहनेवाला व्यक्ति था, जो किसी का सगा हो ही नहीं सकता था।

ख़ैर वह अपने इस निर्णय द्वारा एक साथ दोनों लक्ष्य का सन्धान करना चाह रहा था। एक तो वह बन्दी यूनुस ख़ाँ को नीचा दिखाना चाह रहा था। दूसरे अपने नये स्वामी व समरकन्द के शासक को भी। उसने निर्णय लिया और यूनुस एवं उसके साथी बन्दी बनाये गये। उस कपटी व कुटिल व्यक्ति ने न केवल यूनुस को बन्दी ही बनाया, अपितु एक पतित निर्णय द्वारा यूनुस ख़ाँ की पत्नी एवं अपने ही शासक—स्वामी की सास ईसान दौलत को पुरस्कार स्वरूप अपने एक अधीनस्थ और विश्वास प्रिय अधिकारी ख़्वाजा क़लान को देने का निर्णय ले डाला। जब बेग़म ने यह निर्णय सुना तो उसका मस्तिष्क सदैव की भाँति गति से एक योजना बनाने में संलग्न हो गया।

उसने एक कूटनयिक व्यवहार द्वारा यह संकेत दे दिया, जैसा उसको कोई इस सम्बन्ध-प्रस्ताव से कोई विरोध नहीं है। उसने कोई भी प्रतिवाद नहीं किया। 'मौन स्वीकृति का लक्षण' ही माना जाता है? कौन जानता था कि इस शान्त चेहरे के पीछे मन-मस्तिष्क में एक ज्वालामुखी धधक रहा था। वो अपमान के प्रतिशोध तक बिलकुल शान्त व सहज बनी रही।

उधर मौन को स्वीकृति का आश्वासन मानते हुए पूरे ताशकन्द के अभिजात वर्ग से लेकर आमजन में यह चर्चा होने लगी। वे यही मान रहे थे, कि ईसान बेग़म को उक्त निर्णय एवं नये रिश्ते से कोई आपत्ति नहीं थी? वह इसे स्वीकार कर रही थी? क्या वह प्रसन्न एवं सन्तुष्ट थी? थी तो वह निडर, साहसी अत: स्वतन्त्र विचारों की भी तो होगी? जो घर ईसान बेग़म को ताशकन्द में रहने हेतु आवण्टित किया गया था, वहाँ ख़्वाजा रात्रि के प्रथम प्रहर, नितान्त सन्तुष्ट एवं ख़ुश मन से जा पहुँचे। द्वारपाल से लेकर नौकर-चाकर ने एक ओर होते हुए अभिवादन की मुद्रा में सिर झुकाकर उसे बेग़म के कक्ष में प्रवेश करने दिया। जैसे कि बेग़म स्वयं इस प्रणय-मिलन के लिए तैयार ही नहीं उत्साहित भी हो?

न तो ख़्वाजा को और न ही शेख़ जमाल ख़र को ईसान दौलत की वास्तविकता का आभास था? उन्हें तो अनुमान या सन्देह ही नहीं हुआ कि बेग़म के अन्दर एक साक्षात् जीवन्त ज्वालामुखी है, जो ऐसे समय में फूटने को लालायित व तत्पर रहता है। उसका प्रलंयकारी अग्नि में उबलता लावा, अपने शत्रु या विरोधी के समस्त जीवन को विनष्ट करता हुआ ही शान्त होता है! सबने ख़्वाजा को ईसान बेग़म के कक्ष में प्रवेश करते हुए देखा था। कुछ ही समय में यह बात कानोंकान होते हुए, पूरे ताशकन्द के कोनों-कोनों तक फैल चुकी थी। ताशकन्द के लोगों की दिलचस्पी इसलिए थी कि कुछ वर्ष पूर्व यही महिला बुरूज औघलान को मौत के घाट उतारनेवाली थी। वह क्या इतने वर्षों में उम्र ढलने के साथ बदल गयी थी? वह क्यों इस समर्पण के लिए तत्पर हो गयी थी। क्या यूनुस एवं उसके मध्य रिश्तों में गर्माहट कम हो गयी थी? कि उसकी इस स्वीकारोक्ति की कोई प्राकृतिक, भौतिक या शारीरिक कारण था? जितने मुँह, उतनी ही बातें! ताशकन्द में बहुतों की रात, सोच-विचार में ख़्यालों, बातों और बस करवटों में कट गयी।

लेकिन जो समाचार उन्होंने सुना—वह जाने प्रत्याशित था अथवा अप्रत्याशित? जिसने सुना वही हतप्रभ! वही किंकर्त्तव्यविमूढ़ शेख़ जमाल .खर....तो स्तब्ध रह गया! वास्तव में शान्त-स्वरूप गहराई का द्योतक होता है। भावनाओं की गहराई में जब विवेक, सच्चरित्रता, साहस और संकल्प का भी संगम हो, तो सतह पर कोई हलचल या प्रत्यक्ष भाव-प्रदर्शन नहीं होता है। इधर ख़्वाजा ने कक्ष में प्रवेश किया,

उधर विद्युत् गति से ईसान ने स्वयं दरवाजा बन्द करके कुण्डी चढ़ा दी। ख़्वाजा और निश्चिन्त हो गया होगा, किन्तु अगले कुछ पलों ने सब-कुछ बदल दिया। हर दरवाजे, खिड़की के पर्दों के पीछे से महिलाएँ प्रकट होने लगीं। जब तक वह कुछ समझता, प्रतिक्रिया भी करता—क्योंकि प्रतिरोध की कोई सम्भावना थी ही नहीं? सब-कुछ अतीत था। वस्तुतः शिविर-काण्ड के पश्चात् ही दक्ष हो चुकीं उसकी महिला रक्षक, परिचर, सेविका, दासी बनकर साथ रहती थीं। इन प्रशिक्षित शेरनियों ने शिकार को पूरी तरह से दबोचकर 'किज़्लिक़' या नुकीले चाकुओं से इतने वार किये कि पलक झपकते ही वह रक्तरंजित शव में परिवर्तित हो गया था। रात्रि भर उसके शव को ज्यों-का-त्यों रहने दिया गया और प्रातः घावों से भरा उसका शव इसी घर के द्वार के ठीक समक्ष फेंक दिया गया। सब-कुछ सार्वजनिक प्रदर्शन हेतु! स्पष्ट सन्देश सम्प्रेषित करने के लिए!

जैसे रात्रि के प्रथम प्रहर में ईसान के कक्ष में ख़्वाजा के प्रवेश का समाचार तेजी से प्रचारित-प्रसारित हुआ था, उससे कहीं अधिक द्रुत गति से उसकी हत्या और शव के द्वार के समक्ष पड़े होने का समाचार फैल गया। लोगों के मन में ईसान बेग़म के प्रति सहज आकर्षण, प्रेम, समर्पण, प्रशंसा एवं आदर, सब-कुछ एक साथ जागा! वे पूर्णतया अविभूत थे। वे मानने लगे थे कि ईसान बेग़म एक आदर्श, सच्चरित्र, सन्तुलित, मर्यादित, विवेकशील व साहसी नारी है, जो प्रतिकूल-से-प्रतिकूल परिस्थितियों में भी अपना धैर्य नहीं खोती थी। प्रातः का प्रथम प्रहर बीतते-बीतते तो उसकी लोकप्रियता का ज्वार ताशकन्द की सड़कों पर उमड़ पड़ा!

गुप्तचरों ने तत्काल ही गवर्नर को उनके निर्णय के परिणाम की सूचना पहुँचायी! उसने तत्काल एक जाँच समिति निर्मित करके, इस हत्या के लिए ईसान को मृत्युदण्ड देने की योजना बना डाली। इस जाँच समिति में अधिकारियों, अमीरों के अतिरिक्त 'उलेमा' के भी सदस्य विधि-विशेषज्ञ के रूप में सम्मिलित किये गये थे। वे सब-के-सब एक-साथ उससे प्रश्न करके, घेरने और अपना मन्तव्य पूरा करने (ईसान को मृत्युदण्ड प्रदान करके) के लिए उसके निवास पर जा पहुँचे, जहाँ अभी भी हत्या करके फेंका हुआ ख़्वाजा का शव साक्ष्य के रूप में पड़ा हुआ था। उससे इस प्रतिनिधि-मण्डल ने अलग-अलग तरह से इस घटना के कारण जानने के लिए प्रश्नों की बौछार कर दी। ईसान ने सबके प्रश्न धैर्य से सुनने के पश्चात् शान्त एवं संयत ढंग से ऐसा उत्तर दिया, कि सबकी जिह्वा सिल गयी। पाषाण हो गयी। वे सब निरुत्तर हो गये। आमजन उसके उत्तर का मुखरित समर्थन करने लगे। अभी तक मन-ही-मन उसके साहस के प्रति प्रशंसा का भाव रखनेवाले, अब उसके इस उत्तर से उसके ज्ञान की गहराई, समझ एवं विश्लेषणात्मक क्षमता से अवाक् ही नहीं, उसके कायल हुए बिना नहीं रह सके।

ईसान बेग़म ने प्रतिनिधि-मण्डल के सदस्यों के प्रश्नों के उत्तर में नितान्त मर्यादित, सन्तुलित एवं सुसंस्कृत भाषा में अपना उत्तर देते हुए कहा, 'मैं 'क़ाख़ान' सुलतान यूनुस ख़ाँ की पत्नी तथा एक प्रतिष्ठित महिला हूँ, जिसका दामाद ही इस समरकन्द का शासक है।' उसने बात को आगे बढ़ाते हुए 'एक प्रति-प्रश्न भी किया'। मेरे पति के जीवित होते क्या शेख़ जमाल को मुझे, इस प्रकार पुरस्कार स्वरूप किसी अधिकारी को पत्नी के रूप में प्रदान करने का अधिकार है। यह 'शरियत' या मुस्लिम विधि के विरुद्ध तो है ही, 'कुरान शरीफ़' तथा 'हदीज़' द्वारा भी क्षम्य आचरण नहीं हैं। अत: मेरे पास अपने धर्म (इस्लाम) तथा औरत होने के धर्म (पत्नी-धर्म) दोनों की ही रक्षा का एक ही विकल्प था! मैं विवश थी! मैंने हत्या नहीं की, अपितु आत्मरक्षा और पैगम्बरी उसूलों की रक्षा के लिए वही किया, जो न्यायोचित था। मैंने तो एक पतित को दण्ड (उचित दण्ड) ही दिया है। वो ज़रा-सा रुकी—सबकी प्रतिक्रिया देखी और अन्त में अपना उत्तर समाप्त करते हुए दृढ़ता के साथ कहा—'यदि मेरा यह कृत्य अपराध है, तो शेख़ जमाल स्वयं भी मुझे मृत्युदण्ड दे सकता है मुझे स्वीकार है। मुझे कोई ग्लानि व अपराधबोध नहीं है!'

इस सार्वजनिक न्यायिक प्रक्रिया का जितना भी कूटनीतिक लाभ उठाया जा सकता था उससे अधिक लाभ प्राप्त करने में ईसान बेग़म सफल रही। शेख़ जमाल को अपनी ग़लती और 'शरियत-विरोधी' आचरण व निर्णय दर्पण में स्पष्ट दिखने लगे थे? वैसे भी इस प्रकरण में विधिक-अवरोध था। मृत्युदण्ड देने का अधिकार मात्र शासक को होता था। वह भी 'दैवीय सिद्धान्त' के अनुरूप—चूँकि शासक ईश्वर का प्रतिनिधि है, अत: वह मृत्युदण्ड देने का एकमात्र अधिकारी सम्पूर्ण राज्य में होता था। गवर्नर विशेष परिस्थितियों में जघन्य अपराधियों के विरुद्ध मृत्युदण्ड की मात्र संस्तुति ही कर सकते थे। शासक ही अन्तिम अपीलीय न्यायालय भी था। अत: यह अधिकार सिर्फ़ उसमें निहित था। उसे भली-भाँति ज्ञात था जब ईसान का पक्ष मज़बूत था और वह शासक की सास भी थी, तो निर्णय क्या होना था? यह लिखावट दीवार पर सुस्पष्ट थी। यही नहीं, ईसान बेग़म के समर्थन में पूर्ण सहानुभूति व मुग्धता के साथ जो जन-उभार और जोश सड़कों पर उभर और उमड़ पड़ा था भी निहितार्थ शेख़ जमाल को समझ में आ रहे थे अत: अत्यन्त नाटकीय ढंग से उसने इस प्रकरण का पटाक्षेप करते हुए ईसान बेग़म को ससम्मान उसके उसके पति यूनुस ख़ाँ के पास बन्दीगृह में भेज दिया। वह अपने पति के साथ उक्त बन्दीगृह में लगभग एक वर्ष तक रही। अपने पति यूनुस का सुख-दु:ख बराबर से बाँटती रही, उसे धैर्य बँधाती रही तथा मुक्ति की अनेक योजनाओं के ताने-बाने बुनती, समय व्यतीत करती रही।

इन सब लोगों की पारस्परिक रिश्तेदारियों का भी लाभ ईसान बेग़म ने उठाया। एक प्रसिद्ध अमीर, करीम बर्दी दोघलात का भतीजा, अमीर अब्दुल कुद्दुस उसको

माँ समान मानता एवं सम्मान करता था। वह निरन्तर आदर प्रकट करने आता रहा और आज्ञाकारिता का दृढ़-संकल्प ले लिया। वो भी अन्य ताशकन्दवासियों की भाँति, ईसान दौलत का प्रशंसक ही नहीं शेख़ जमाल का विरोधी हो गया था। वो अपने इस रिश्तेदार दम्पती को स्वतन्त्र कराने की योजना में सहर्ष सम्मिलित हो गया। उक्त योजना के अनुरूप अपनी सैन्य-टुकड़ी के साथ उसने गवर्नर पर अप्रत्याशित ढंग से आक्रमण करके उसे मौत के घाट उतार दिया। इतना ही नहीं वो मृत शेख़ का सिर भी भेंट स्वरूप इस दम्पती के लिए लाया तथा उन्हें ससम्मान कारावास से मुक्त करवाया।

ईसान दौलत ने दोघलात को तो सार्वजनिक रूप से 'पुत्र' सम्बोधित किया एवं आजन्म उससे यही सम्बन्ध रखकर उस पर स्नेह-वर्षा की! इसी प्रकार जहाँ यूनुस ने अमीरों के वापस आ जाने पर कोई विशेष प्रतिक्रिया नहीं व्यक्त की, किन्तु ईसान दौलत यहीं तो अलग थी। वह उस कारण को जानकर उसे सदैव के लिए दूर करने की इच्छुक थी, अत: उसने अमीरों व मंगोल सरदारों से खुलकर बात करने/रखने को कहा। मंगोल सरदार भी अब तक अपनी रानी को अत्यधिक आदर एवं समर्पण-भाव से देखने लगे थे। 'पौरुष' के आग्रही ये मंगोल सरदार उसके 'पौरुष' के क़ायल हो चुके थे। वे जानते थे कि ईसान से वे अपनी बात स्पष्ट एवं पारदर्शी ढंग से कह सकते हैं वह स्नेही थी, उदार एवं सहिष्णु थी, जो दूसरों की भावनाओं का आदर भी करती थी। वीर और सच्चरित्र नारी के साथ-साथ वह ममतामयी शासिका-संरक्षिका के रूप में उभर चुकी थी। अत: उन्होंने अपने दिल के उद्‌गार खुलकर प्रकट किये।

ईसान दौलत का सीधा-सा प्रश्न था कि 'उन्होंने क्यों कर, यूनुस-ईसान आदि की ताशकन्द में उपस्थिति की गुप्त सूचना शेख़ जमाल ख़र तक पहुँचायी?' उन्होंने भी पूर्ण विश्वास तथा बिना छल-छद्म के सीधा और सही उत्तर दे डाला। उन्होंने स्पष्ट कर दिया कि वे चूँकि मंगोल हैं, अत: अपनी परम्परागत जीवन-शैली छोड़ने में अपने आप को अपनी विरासत से, अपने परिवेश से, अपने रीति-रिवाजों और जीवन-शैली से कटा हुआ पाते हैं। वे शिविरों में रहने के आदी व अभ्यस्त हैं जबकि यूनुस उन्हें कृषक, ग्रामीणों एवं शहरी आबादी में बदल देना चाहते हैं। वे इसके लिए कदापि तैयार नहीं हैं, अत: अन्दर-ही-अन्दर घुटते रहते हैं, स्पष्ट एवं असन्तुष्ट रहते हैं। इसीलिए वे हर उस अवसर की ताक में रहते हैं कि ऐसे शासक से मुक्ति मिले और वे अपना मुक्त, क़बीलाई जीवन जी सकें।

ईसान स्वयं एक क़बीलाई सरदार की पुत्री थीं एवं इन सब बातों की सत्यता और वास्तविकता को समझ सकती थीं। चूँकि, अपना इक्तालीस वर्ष की आयु तक का जीवन अर्थात् इस आयु से पूर्व के लगभग तीन दशक शहरों एवं व्यवस्थित ग्रामों

में व्यतीत करनेवाला परिष्कृत यूनुस इस बात को, उसकी गहराई एवं सच्चाई का अनुमान भी नहीं लगा सकता था? ये तो ईसान का स्वभाव था कि वह प्रत्येक प्रकरण के वास्तविक कारणों का विश्लेषण करके, उनकी भावी सम्भावनाओं को ही समाप्त करके उनका स्थायी समाधान खोजने की आग्रही थी। वह इस समस्या की भी जड़ तक जा पहुँची! ईसान के परामर्श पर यूनुस ने भी उन्हें आश्वस्त करते हुए, अपनी ग़लती को स्वीकारा तथा भविष्य में उनको 'शहर-ऊ-विलायत' में रहने के लिए न कहने का भी प्रण किया। इसी घटना व आश्वासन के महत्त्व को रेखांकित करते हुए एक 'क्रोनोग्राम' अथवा तिथिबन्ध भी रचा गया था जो इस प्रकार से था : 'सर-ए-ख़र गिरफ़्ताह अब्दुल कुद्दुस।' इससे उक्त घटना की तिथि वर्णों के सम/योग से 877 हिजरी वर्ष या सन् 1472-73 ईसवी स्पष्ट होती है।

मुग़लिस्तान लौटने पर ही उसने अपनी द्वितीय पुत्री कुत्लुग निगार ख़ानम का विवाह सुलतान अबू सईद मिर्ज़ा के पुत्र उमर शेख़ मिर्ज़ा (बाबर के पिता) से करवाया हालाँकि इसका उल्लेख हम पहले पढ़ चुके/ कर चुके हैं। वस्तुतः इस दामाद से यूनुस सबसे अधिक निकट था। ऐसा प्रतीत ही नहीं होता था कि वे श्वसुर-दामाद हैं, अपितु पिता-पुत्र जैसे अधिक प्रतीत होते थे। वे प्रायः एक-दूसरे के राज्य में एक-दो माह व्यतीत कर ही लेते थे। इसका एक लाभ भी था जब अबू सईद मिर्ज़ा के इन दो पुत्रों के मध्य युद्ध एवं संघर्ष होते थे तो यूनुस चूँकि दोनों के ही श्वसुर थे, हस्तक्षेप करके शान्ति स्थापित करवाते थे।

बाबर अपनी आत्मकथा में जिस एक महिला की सर्वाधिक एवं भूरि-भूरि प्रशंसा करता है—वह है उसकी नानी ईसान दौलत ख़ानम। इसका कारण सुस्पष्ट है कि जब बाबर पर उमर शेख़ की आकस्मिक मृत्यु पर इतना अधिक दायित्व का बोझ आ गया तब उसी ने अडिग होकर फ़रगना का उसका सिंहासन सुरक्षित किया था। किन्तु बाबर की बात थोड़ा रुककर। वास्तव में 1472-73 ई. के पश्चात् फिर कभी भी यूनुस ख़ाँ ने किसी आन्तरिक विद्रोह व असन्तोष का सामना नहीं किया। वह निरन्तर ईसान से परामर्श करके ही राज्य की नीतियाँ निर्धारित करता अथवा उनमें संशोधन या परिवर्तन करता था। उसी के चलते, उसका राज्य एवं शेष शासन-काल स्थिर एवं व्यवस्थित रहा। इस वर्ष 1472-73 ई. से एक दशक तक उसने ईसान की सहायता से सुशासन करके 'क़ाख़ान' के रूप में भी अपनी एक उज्ज्वल छवि निर्मित कर ली। 1485 ई. आते-आते वर्षों की थकान एवं रोमांच ने आते-आते यूनुस के स्वास्थ्य पर प्रतिकूल प्रभाव डाला। वह पक्षाघात का शिकार हो गया। इन दो वर्षों में एक बार पुनः ईसान दौलत ने अपनी मानवीय व पत्नीत्व की दौलत का अद्भुत प्रदर्शन किया। उसने पूर्ण समर्पण एवं मनोयोग से उसकी देखभाल की उसे कोई असुविधा न होने

दी। पूरे समय वह यूनुस की सेवा-शुश्रूषा में लगी रही। दो वर्षों की निरन्तर सेवा के उपरान्त जब चौहत्तर वर्ष की दीर्घायु में यूनुस ख़ाँ की मृत्यु हुई तो उसका गहन दु:ख उसके मौन चेहरे पर स्पष्टत: दृष्टिगोचर होता रहा। 1487-88 ई. में जब यूनुस की मृत्यु हुई तब तक वह तीन दशकों से अधिक सक्रिय शासन कर चुका था।

इतना ही नहीं, ईसान दौलत ने अपने पति के प्रति अपने प्रेम, समर्पण एवं भावात्मक लगाव को उसके लिए ताशकन्द में एक भव्य एवं आकर्षक मकबरे का निर्माण करवाया। उसका यह मकबरा भी ताशकन्द सर्वाधिक प्रसिद्ध सन्त 'खावान्द-ए-तुहुर' अथवा 'पुरानवार शेख़' के मकबरे के निकट निर्मित करवाया। ताकि दुनिया देख सके कि एक दुनियावी या सांसारिक जगत का स्वामी एवं दूसरा बौद्धिक एवं आध्यात्म जगत् का स्वामी दोनों अपने-अपने काल के सर्वश्रेष्ठ व्यक्तित्व, ताशकन्द के दो चमकते नक्षत्र आस-पास विश्राम कर रहे हैं।

ईसान ने ही अपनी सदैव की बुद्धिमत्ता, धैर्य, दूरदृष्टि एवं विवेक से यूनुस के मृत्यूपरान्त 'मुग़लिस्तान' को उत्तराधिकार के संघर्षों से उपजी अव्यवस्था से सुरक्षित व संरक्षित रखा था। उसने दोनों पुत्रों यथा ज्येष्ठ महमूद एवं कनिष्ठ अहमद के मध्य एक समझौता करवा दिया। मोहम्मद को शहरी जीवन एवं उसकी परिष्कृत अभिरुचियों का परिवेश एवं सुविधाएँ पसन्द थीं, तो अहमद को पहाड़ों का निर्मम रोमांच एवं दुस्साहसी जीवन। अत: महमूद पश्चिमी में तथा अहमद पूर्वी मुग़लिस्तान के अपने भू-भागों/राज्यों में सन्तुष्ट एवं व्यस्त हो गये।

जब बाबर का जन्म 14 फरवरी सन् 1483 ईसवी (8 मुहर्रम, 888 हिजरी वर्ष) को हुआ। तब सबसे पहली सूचना उसके नाना-नानी को दी गयी थी, वे तत्काल फ़रगना पहुँचे थे। यूनुस इस समय सत्तर वर्ष का था किन्तु ईसान दौलत का उत्साह और प्रसन्नता के लिए फ़रगना तक की यात्रा क्या थी? बाबर के मुण्डन संस्कार से सम्बद्ध एक दिलचस्प क़िस्सा है। उसके ननिहालवाले मंगोल रिश्तेदारों को उसके 'अरबी' नाम ज़हीरूद्दीन मुहम्मद के उच्चारण में कुछ अड़चन होती थी, अत: उसकी नानी ईसान ने ही इसका भी एक मार्ग निकाल दिया, जब उसको एक मंगोल नाम या सम्बोधन दे दिया 'बाबर'। यही नाम उसके साथ ऐसा सम्बद्ध हुआ कि प्राय: लोगों को उसका यदि पूर्ववर्ती नाम न भी ज्ञात हो या स्मरण हो 'बाबर' नाम तो सर्वाधिक लोकप्रिय हो गया। यहाँ तक कि विश्व-इतिहास में भी। 'भारत में मुग़ल-वंश का संस्थापक कौन था?' यदि यह प्रश्न किसी से किया गया है, तो उसने सदैव तपाक से उत्तर दिया है 'बाबर'।

'बाबर' को क्या ज्ञात था कि उसका लोकप्रिय नामकरण करनेवाली उसकी नानी अन्तत: उसकी संरक्षिका भी होगी? जैसे उसने अपने पति को राज्य-संचालन व

समस्या समाधान में सहायता दी थी; जैसी अपने पुत्रों के राज्यों में सकारात्मक भूमिका निभायी थी, वैसे ही वह अपने इस प्रिय नाती (नवासे) के लिए भी करने में नहीं हिचकेगी? वो तो अपनी 'तुज़ुक' में अपनी नानी को बुद्धि एवं विवेक में अद्वितीय करार देता है। बाबर तो सपने में भी नहीं सोच सकता था कि वो बारह वर्ष की आयु पूर्ण करने से पूर्व ही फ़रगना का शासक बन जायेगा। वो अभी अध्ययनरत था। वह अध्ययन कितनी गम्भीरता से कर रहा था वह भी इसी बात से प्रमाणित हो जाता है कि उसकी अपनी मातृभाषा तुर्की के अतिरिक्त फ़ारसी एवं अरबी के साथ-साथ कितने विषयों का ज्ञान था। यह बात तो तुज़ुक पढ़नेवाले भली-भाँति जानते हैं। जिन परिस्थितियों में वह शासक बना, वे भी कम महत्त्वपूर्ण नहीं थी। उसका पिता उमर शेख़ अपने दो सगे भाइयों यथा सुलतान अहमद मिर्ज़ा एवं सुलतान महमूद मिर्ज़ा से तो लगातार राजनीतिक प्रभुत्व के विस्तार के लिए संघर्षरत रहता ही था। इसी कारण वह अपने दोनों सालों यथा महमूद ख़ाँ एवं अहमद ख़ाँ से भी शत्रुता कर बैठा था। ऐसे में ईसान दौलत की स्थिति बहुत ही विषम थी वह इन पाँचों की रिश्तेदार थी—दो की सास एक की अर्द्ध सास तथा, दो की माँ, अतः आक्रमण-प्रति आक्रमण तो हुए किन्तु वे बहुत भयावह एवं रक्त-रंजित नहीं हुए! ऐसी ही परिस्थिति में उसके दोनों पुत्र महमूद एवं अहमद एवं ज्येष्ठ दामाद सुलतान अहमद मिर्ज़ा जब उद्दण्ड उमर शेख़ मिर्ज़ा को पाठ सिखाने के लिए फ़रगना पर संयुक्त आक्रमण कर रहे थे, उसी समय अक्शी में हुई दुर्घटना में उमर शेख़ की आकस्मिक मृत्यु हो गयी।

ऐसे में, ईसान दौलत ने तुरन्त निर्णय लेते हुए फ़रगना की ओर कूच किया, ताकि, इस दुःख की घड़ी में वह अपनी बेटी को ढाढ़स बँधा सके। इसका एक प्रत्यक्ष परिणाम निकला—उसके दोनों पुत्रों महमूद एवं अहमद ने फ़रगना की घेरेबन्दी से अपने क़दम वापस खींच लिये। वैसे भी ईसान ने उन्हें सन्देश प्रेषित करके समझाया कि उनका विवाद, अतः रोष तो उमर शेख़ की ओर लक्षित था, इस ग्यारह वर्षीय बाबर को क्यों उसका मूल्य चुकाना पड़े? यही सन्देश उसने अपने ज्येष्ठ दामाद को भी स्नेह सहित सम्प्रेषित कर दिया और फ़रगना पर आसन्न ख़तरे के बादल इन पत्रों की प्राप्ति के उपरान्त तत्काल छँट से गये।

जब 8 जून, 1494 दिन सोमवार की इस दुःखद दुर्घटना की सूचना बाबर को अगले दिन मंगलवार 9 जून को मिली, वह अन्दीजन के ग्रीष्म निवास चारबाग में रह रहा था। वह तत्काल अन्दीजन के दुर्ग के लिए अपनी सैन्य-टुकड़ी के साथ निकल चुका था, तभी कुछ लोगों ने उसे रोका कि कहीं ऐसा तो नहीं उसे अन्दीजन का दुर्ग पति उसके शत्रुओं के हवाले करके फ़रगना को आक्रमणकारियों से सुरक्षित करने की योजना पर तो कार्य नहीं करेंगे? ऐसी ही स्थिति अक्शी में भी उत्पन्न हुई थी, जहाँ सुलतान अहमद मिर्ज़ा के आक्रमण से सुरक्षा के लिए बाबर से दो वर्ष छोटे

(सौतेले) भाई जहाँगीर मिर्ज़ा को सुलतान अहमद मिर्ज़ा को सौंपकर शान्ति स्थापित करने का प्रस्ताव दरवेश गाऊ दे चुका था। किन्तु वाह री ईसान दौलत उसके इतने पत्र लेकर उसके विश्वास-पात्र सब जगह पहुँच रहे थे! दोनों पुत्र, दामाद सुलतान अहमद मिर्ज़ा से लेकर बाबर व अक्शी एवं अन्दीजन के दुर्गपतियों के अतिरिक्त वहाँ के प्रमुख अमीरों को, उस काल में किसमें इतना साहस था कि ऐसी आदर्श व शक्ति की साक्षात् प्रतीक के सन्देश को नकार सके? दोनों पुत्र एवं दामाद तुरन्त आक्रमण समाप्त करके, अपने-अपने क्षेत्रों में वापस लौटने लगे। अक्शी एवं अन्दीजन से लेकर फ़रगना राज्य के पूर्व स्वामी उमर शेख़ के समस्त अमीरों, अधिकारियों ने अपनी निष्ठा उसके पुत्र व वैध उत्तराधिकारी बाबर के प्रति अभिव्यक्त की। बाबर के विषय में लिखनेवाले तमाम इतिहासकारों ने घोड़ों की बीमारी से लेकर एक सँकरे पुल के क्षत-विक्षत होने की घटना को पुरानी पराजय से सम्बद्ध करके वापस जाने का कारण ढूँढ़ा है, किन्तु वे इस 'पत्राचार' को कैसे नकार सकते हैं, जो ईसान अपने नाती के हितों की रक्षा के लिए कर रही थी।

बाबर तो अभी पूरे बारह वर्ष का भी नहीं हुआ था और अध्ययनरत था। उसने कैसे देखते-ही-देखते फ़रगना का शासन दुरुस्त कर लिया था? स्पष्ट है, हम उस एक महिला उसके साहस, सन्तुलन, संकल्प एवं धैर्य को भूल नहीं सकते। उसने तत्काल अन्दीजन पहुँचकर न केवल शोक-सन्तृप्त परिवार को सम्बल प्रदान किया, अपितु राज्य के दायित्व के कुशल निर्वहन में बाबर को परामर्श एवं आधारभूत सिद्धान्त और व्यवहार-कुशलता का पाठ पढ़ाया। बाबर हमें स्वयं बताता है (तुज़ुक में) कि उसकी नानी जैसी 'निर्णय क्षमता एवं सही परामर्श देने की कला' किसी में उसने देखी ही नहीं। वह आगे स्वीकारोक्ति करता है 'वह बहुत विदुषी एवं दूरदर्शी थी तथा मेरे समस्त कार्य उसके ही परामर्श से सम्पन्न होते थे।' वह एक बहुत महत्त्वपूर्ण क़िस्सा भी सुनाता है कि कैसे इस परीक्षा की घड़ी में उसकी नानी, उसकी माँ के ही साथ दुर्ग के द्वार पर बने निवास में रहकर दुर्ग एवं राज्य-संचालन पर न केवल नज़र रखे हुए थी, अपितु पूर्ण नियन्त्रण भी। उसी ने समस्त राजपरिवार को अक्शी से अन्दीजन में ही एकत्रित कर लिया था।

ईसान दौलत के ही परामर्श पर, अन्दीजन का स्थानीय प्रशासन एवं दुर्ग की सुरक्षा का दायित्व याकूब के पुत्र हसन को सौंपा गया था। इसी प्रकार, अक्शी के दायित्व के निर्वहन का भार औज़ून हसन तथा मर्घीलन के अली दोस्त तुघाई को सौंपा गया। जिन अधिकारियों ने ईसान के पत्रोत्तर में फ़रगना और उसके नये शासक के प्रति, सबसे संकट की घड़ी में निष्ठापूर्ण दायित्वों का निर्वहन किया था, उन्हें इसी प्रकार महत्त्वपूर्ण पद, भू-अनुदान एवं धन भी वितरित किया—उनकी भूमिका एवं पद के अनुरूप। सभी अमीर, बेग़ एवं अधिकारी नवीन व्यवस्था में सन्तुष्ट एवं

निश्चिन्त हो गये। छह माह तक तो शान्ति एवं स्थायित्व का बोल-बाला हो गया, किन्तु सन् 1494 ईसवी के अन्त में बाबर को पहले विद्रोह का सामना करना पड़ा। राजधानी अन्दीजन एवं उसके दुर्ग का रक्षक सर्वाधिक महत्त्वपूर्ण था और वह इस बात को समझता भी था, किन्तु दो बातें उसे समझ में नहीं आती थीं—एक, उसके समस्त परामर्शों एवं निर्णयों का अक्षरश: क्रियान्वयन क्यों नहीं हो रहा था? दूसरे, वह यह नहीं समझ सका कि उसका वास्ता जिस शक्ति से हो रहा है—उसके समक्ष तो पराजय एवं/ अथवा मृत्यु ही विकल्प शेष रहते हैं औघलान से लेकर ख़्वाजा कलाँ तथा शेख़ जमाल ख़र इसके साक्षात् प्रमाण थे। वह भूल रहा था, कि, ईसान दौलत कैसी लौह-महिला व दृढ़ निश्चयी थी?

अत: हसन-इ-याक़ूब ने षड्यन्त्र रचा कि यदि वह बाबर के सौतेले भाई जहाँगीर मिर्ज़ा का पक्षधर होकर उसे सिंहासनारूढ़ करवाने में सफल हो जाय, तो उसे नामधारी शासक बनाकर, सत्ता पर पूर्ण नियन्त्रण कर सकेगा। उसे अनेक समर्थक अमीर भी मिल गये, किन्तु जब बात कई कानों तक पहुँची तो कैसे ईसान के कान तक न पहुँचती? उसने बाबर समर्थकों एवं स्वामीनिष्ठ अमीरों की बैठक आहुत करके यह 'प्रकरण' सार्वजनिक करा दिया। उसके परामर्श के कारण सर्वसम्मति से निर्णय लिया गया, कि षड्यंत्रकारियों के विरुद्ध तुरन्त कार्यवाही की जानी चाहिए। उसे सैन्य दस्ते के साथ दैनिक अभ्यास हेतु शिकार पर भेज दिया गया था और ईसान ने जितनी चतुराई से इस दुर्ग-पति को दुर्ग के बाहर भेजा था, उतनी ही चतुराई से उसके ही विश्वसनीय गुप्तचरों से अमीरों के निर्णय का सन्देश भी प्रेषित करवा दिया। वो नहीं चाहती थीं कि उसके अपने विरुद्ध हो रहे निर्णय के समय वह उपस्थित रहे, क्योंकि उसकी उपस्थिति मतैक्य को प्रभावित कर सकती थी? वह विद्रोह करके राज्य में कानून-व्यवस्था की समस्या खड़ी कर सकता था? अव्यवस्था तो फैला ही देता? अत: यह निर्णय प्रशंसनीय था। इतना ही नहीं, उस दुर्ग-पति के जो विश्वास-पात्र समर्थक बचे भी थे ज़ैसे मुहम्मद बाक़िर बेग़, सुल्तान मुहम्मद दुलदाई एवं उसका पिता इन सबको बन्दीगृह में डलवाकर एक चेतावनी भी दे दी कि विद्रोही एवं उनके समर्थकों को कदापि बर्दाश्त नहीं किया जायेगा। कुछ समर्थकों को सोची-समझी रणनीति के अनुरूप दुष्ट दुर्ग-पति को समरकन्द के लिए पलायन का भी अवसर प्रदान कर दिया गया। ये वो लोग थे जो किसी के लिए भी लाभदायक न होकर, बोझ ही होते। ऐसी थी समझ ईसान की और ऐसा था संकट से सामना करने का तरीक़ा!

बाबर अपनी आत्मकथा में पूरा विवरण देता है कि कैसे समरकन्द जाकर वो बाबर के ताऊ सुलतान अहमद से आश्रय प्राप्त करने की योजना बना रहा था किन्तु पूर्ण चौकसी रखनेवाली ईसान सारे विकल्पों की कल्पना कर रही थी; वह अपने

गुप्तचरों से इन षड्यन्त्रकारियों की गतिविधियों का समस्त समाचार एवं सूचनाएँ प्राप्त कर रही थी, उनका विश्लेषण कर रही थी। किस मार्ग से हसन आगे बढ़ रहा है, किस मोड़ तक पहुँचा है, वहाँ से किस-किस ओर जाने की सम्भावना सम्भव थी? अत: बाबर जब आश्वस्त था उसके समरकन्द जाने के लिए ईसान चिन्तित थी? उसकी चिन्ता सच साबित हुई, जब उसे ज्ञात हुआ कि समरकन्द मार्ग में 'कन्द-ए-बदाम' पहुँचकर, वह अक्शी जनपद की ख़क़ान नामक एक तहसील (औचिंन) की ओर जा पहुँचा, ताकि वह अचानक आक्रमण करके उसे विजित कर ले। उसके ख़क़ान पहुँचते ही ईसान दौलत के आदेश के अनुसार अनेक बेगों तथा सेनापतियों को उसके प्रतिरोध हेतु रवाना कर दिया गया। बाबर के ही विवरण से ज्ञात होता है, कि दोनों सेनाओं के मुठभेड़ में अपने ही किसी अनुयायी के तीर लग जाने से हसन की आकस्मिक मृत्यु हो गयी। किन्तु यह अनुयायी तो ईसान का ही एक विश्वसनीय था, जिसने युद्ध के घमासान और रात के अँधेरे का लाभ उठाते हुए अभीष्ट की प्राप्ति कर ली थी! ईसान के आदेश का अक्षरश: पालन हो गया वह किसी शत्रु को जीवित छोड़ने के पक्ष में कदापि नहीं थी। वह जड़ में मट्ठा डालती थी वह सम्भावनाओं को पूर्णतया समाप्त करके ही दम लेती थी।

इन प्रारम्भिक घटनाओं और समस्याओं के सकुशल निस्तारण से बाबर ने ईसान से काफ़ी कुछ सीखा। वो उसके सही विश्लेषण, निर्णय क्षमता, तार्किकता, संकल्प-शक्ति, मर्यादित आचरण एवं कूटनीतिक ज्ञान का तो क़ायल था ही उसके स्नेहाशीष का अत्यधिक आग्रही हो गया था। इस समय तक बाबर बाल-सुलभ ढंग से कुछ भी कहीं भी कैसे भी खा लेता था, तब नानी ईसान ने उसे समझाया कि शासक को कितना अनुशासित एवं मर्यादित होना पड़ता है। वह आदर्श स्थापित करता है, मानक बनता है, तभी तो आमजन अपने शासक में दिव्यता के दर्शन करते हैं और राजत्व को एक दैवी संस्था मानते हैं। अत: बाबर ने प्रण किया, अपने जीवन में परिवर्तन किया। न केवल नियमित दिनचर्या अपितु, दिन में दो बार वह दरबार आयोजित करके राजकीय कार्यों का सम्पादन निस्तारण करने लगा। धर्म द्वारा निषेध भोजन का परित्याग कर दिया, खाने-पीने के बासन-बर्तनों तक का ख़्याल रखना और दस्तरख़ान की समुचित व्यवस्था के साथ ही, मध्य रात्रि के उपरान्तवाली प्रार्थना 'तहज्जुद' का भी अनुपालन करना प्रारम्भ कर दिया। बाबर अब ईसान के परामर्श पर एक आदर्श शासक व पुरुष का रूप धारण करने लगा था।

बाबर का वास्तविक प्रारम्भिक प्रशिक्षण तो ईसान दौलत के निदेशन में ही हुआ और ही अच्छा रहा या यूँ कहें, तो बाबर के लिए सौभाग्यशाली रहा। वह प्रतिकूल परिस्थितियों का सामना करने में प्रवीण हो गया, तभी तो प्रत्येक बार पराजित होने, निर्वासित होने के उपरान्त पूर्व विश्वास एवं पूर्ण ऊर्जा से पुन: खड़ा हो जाता था।

उसकी नानी, **विधवा होने के आठवें वर्ष (हिजरी वर्ष** 900 तथा सन् 1494–95 ईसवी) फ़रगना की राजधानी अन्दीजन क्या आयी कि वह अपने नाती बाबर की प्रशिक्षिका एवं संरक्षिका के रूप में रहने लगी! उसी के परामर्श पर बाबर ने इसी प्रकार 'अस्फ़ेरा के विद्रोह' का दमन मई 1495 ई. में किया था। वस्तुतः समरकन्द पर दृष्टि तो बाबर की भी थी उसका चचेरा भाई बैसन्धर वहाँ का शासक था, किन्तु अमीर तैमूर की राजधानी तो सभी वंशजों को आकृष्ट करती थी, अतः उसके कारण पारस्परिक संघर्षों का दौर तो चलता ही था। इसी क्रम में बैसन्धर ने प्रतिरोध के स्थान पर आक्रमण की नीति अपनाकर ही, इब्राहीम सारू नामक मंगोल सरदार को अपनी ओर करके अस्फ़ेरा हस्तगत करने का षड्यन्त्र किया था। ईसान के एक इशारे ने उसके पुत्र महमूद ख़ाँ को समरकन्द पर ही आक्रमण करने को प्रेरित कर दिया। समरकन्द का शासक के लिए दुविधा थी कि अस्फ़ेरा विजित करे अथवा समरकन्द बचाये? विकल्पहीनता के चलते बाबर अस्फ़ेरा का विद्रोह दबा सका और तदुपरान्त खोजन्द भी पुनः विजित कर लिया।

चूँकि 'क़ाख़ान' महमूद ख़ाँ वहीं निकटवर्ती प्रान्त शाहरूखिया में शिविर लगाये हुए था और वह बाबर का बड़ा मामा भी था। बाबर तत्काल उसके प्रति आदर प्रकट करने पहुँचा। दोनों शासक मन-ही-मन जानते थे कि कैसे वे एक-दूसरे के बहुत घनिष्ठ थे। महमूद की प्रिय माँ न केवल बाबर की नानी थी अपितु उसकी संरक्षिका के रूप में उसी के पास रह भी रही थी। हिजरी वर्ष 903 तथा (1497–98 ई.) वह अन्दीजन में ही थी जब पारस्परिक झगड़ों के कारण कहीं-न-कहीं युद्धों का अनवरत क्रम चलता ही रहा। इसी क्रम में बाबर ने मई 1497 ई. में समरकन्द पर आक्रमण हेतु प्रस्थान किया था। यहाँ के शासक व बाबर के चचेरे भाई बैसन्धर को जब अपनी नाजुक स्थिति समझ आयी तो उसने 'क़ाख़ान' महमूद ख़ाँ द्वारा नियुक्त तुर्क़िस्तान के गवर्नर एवं उभरते हुए उज़्बेग़ सरदार शैबानी ख़ाँ से सहायता हेतु अनुरोध किया किन्तु बाबर के भाग्य का सितारा उत्कर्ष पर था और वह विजयी हुआ। छह-सात माह की घेरेबन्दी के बाद बाबर अपने पूर्वज अमीर तैमूर के सिंहासन पर बैठने का सपना साकार कर सका। वह मात्र पन्द्रह वर्ष का था। अतः उसकी प्रसन्नता, गौरव एवं महत्त्व को सहज ही समझा जा सकता है।

किन्तु, वहाँ अन्दीजन में तम्बाल के नेतृत्व में उसके पारम्परिक शत्रुओं ने उसके सौतेले भाई जहाँगीर मिर्ज़ा के कन्धे पर रखकर बाबर पर पुनः लक्ष्य सन्धान किया तथा उसके लिए अन्दीजन एवं अक्शी की माँग उठायी। दुर्भाग्य से बाबर इसी समय गम्भीर रूप से रुग्ण हो गया। वह बिस्तर से भी उठने की स्थिति में नहीं था। किन्तु नानी ईसान ने उसे तुरन्त पैतृक राज्य फ़रगना लौटने का परामर्श समान आदेश प्रेषित

किया। सन्देश स्पष्ट था : "तुम जिन औज़ून हसन तथा अली दोस्त तघाई के विश्वास पर अन्दीजन छोड़ गये थे वे सुलतान अहमद तम्बाल से मिलकर षड्यन्त्ररत तुम्हारी अनुपस्थिति में अनेक दुष्प्रचार किये जा रहे हैं कि तुम तो मृत्यु-शय्या पर हो? तुम जानते हो पैतृक राज्य ही सत्ता एवं शक्ति का मूल आधार व केन्द्र होता है। अन्दीजन की शक्ति व सुदृढ़ता पर तुमने समरकन्द विजित किया था। यदि तुम्हारे हाथ में अन्दीजन रहेगा, तो समरकन्द पुन: विजित किया जा सकता है?" अर्थात् पैतृक राज्य के खोने के आसन्न ख़तरे की ओर स्पष्ट संकेत था और साथ ही परामर्श भी ऐसी परिस्थिति में समरकन्द की क्षति, कोई क्षति नहीं होगी, जितनी पैतृक राज्य को खोने का—जब आधार ही न होगा तो निर्वसन समान ही जीवन होगा? किन्तु, वास्तव में बाबर का स्वास्थ्य बहुत ही खराब था जब तक वह स्वस्थ होकर, अन्दीजन के पास (खोजन्द) पहुँचता उसे अन्दीजन के पतन का समाचार मिला था । दुर्भाग्य के चलते वह 'न घर का, न घाट का' की स्थिति में आ गया था! उधर बोख़ारा से पहुँचकर उसके चचेरे भाई सुलतान अली मिर्ज़ा ने समरकन्द पर अधिकार कर लिया। बाबर के पास बस खोजन्द ही शेष रह गया था।

एक बार वह पुन: अपने साढ़ू दोघलात की कृपा पर निर्भर हो गया। उसके साढ़ू औरातिया के शासक मोहम्मद हसन दोघलात ने उसे पाशाघर नामक क्षेत्र आवंटित कर दिया। भले ही ये अमीर बाबर के विरुद्ध हो चुके थे, किन्तु वे उस महिला का सम्मान करने में कोई चूक नहीं कर सकते थे। उन्होंने ईसान बेग़म के नेतृत्व में बाबर के परिवारजनों को खोजन्द भेज दिया था उसे तो छोटी बेटी ने काश्घर में अपने पास ही रोक लिया। इस बीच, अली दोस्त तघाई आदि को अपनी करनी पर पश्चात्ताप होने लगा और वे बाबर को आश्वस्त करने में (और यह सत्य भी था।) सफल रहे, कि मिथ्या प्रचार के कारण उन्होंने ऐसा किया। इसी का परिणाम था कि वह तम्बाल एवं औज़ून से पृथक् होनेवाले गुट का नेतृत्व करने लगा। इन दोनों के प्रशासनिक उत्पीड़न से लोग भी त्रस्त थे अत: एक छोटी-सी सैन्य टुकड़ी से ही, किन्तु आन्तरिक जन-विरोध के कारण बाबर (जून 1498 में) फ़रगना पुनर्विजित करने में सफल हो गया।

ख़ैर, अन्ततः सन्धि हुई और जहाँगीर को अक्शीवाला क्षेत्र प्रदान किया गया। उसे आश्वस्त किया गया कि यदि बाबर समरकन्द विजित करेगा तो जहाँगीर मिर्ज़ा को फ़रगना प्रदान किया जायेगा। इसी क्रम में बाबर जब पुन: समरकन्द विजित कर लेता है, तब 1500 ई. में उसकी नानी एवं माँ पुन: उसके पास आ जाती हैं—वह प्रशासनिक पुनर्गठन का कार्य आरम्भ करता है। जहाँगीर मिर्ज़ा फ़रगना में सन्तुष्ट एवं आश्वस्त हो गया। किन्तु उज़्बेग़ों ने पहली बार अपने सबसे बड़े शत्रु चग़ताइयों को

पराजित किया था और समरकन्द पर राज्य करने की महत्त्वाकांक्षा को साकार किया। वे पुन: शैबानी के अन्तर्गत होकर, निरन्तर बाबर के विरुद्ध सैन्य कार्यवाहियाँ करते रहे और अन्तत: दोबारा बाबर समरकन्द छोड़ने को विवश औरातिया के गाँव में रहने एवं अपना निर्वसन व्यतीत करने को विवश था। जब बाबर समरकन्द से भागा था, तब उसकी माँ के अतिरिक्त दो ही महिलाएँ उसके साथ थीं। उसकी बड़ी बहन शाहज़ादा बेग़म से तो शैबानी ने विवाह कर लिया एवं मध्य एशिया की सर्वाधिक सुप्रसिद्ध महिला ईसान दौलत को ससम्मान बाबर के पास भेज दिया (1502 ई.)। बाबर इस समय दिख-क़त नामक ग्राम में आवास कर रहा था। यही वह समय है, जब उसकी नानी अपने शेष रिश्तेदारों से मिलने ताशकन्द के लिए प्रस्थान करती है, जिनसे बिछुड़े उसे आठ वर्ष से अधिक हो रहे थे।

हमें बाबर की इस नानी की अन्तिम सूचना बाबर के तुज़ुक में जून 1505 ई. के विवरण में मिलती है। वह बताता है कि जब वह काबुल में अपनी माँ के चालीस दिवसों के शोक का समय व्यतीत कर रहा था और शोक-सन्तृप्त परिवार को संवेदना प्रकट करने उसके निकट के रिश्तेदारों का आगमन हुआ, तब उसे अपनी नानी के देहावसान का भी समाचार मिला, जिससे प्रतीत होता है कि उनकी मृत्यु भी थोड़ा पहले हुई होगी। इस प्रकार मध्य एशिया की सर्वाधिक प्रशंसा की पात्र और आकर्षण का केन्द्र रही इस लौह महिला की जीवन-लीला समाप्त हुई।

•

एक वृद्धा स्वप्नद्रष्टा : बाबर की मार्गदर्शिका

(भारत के लिए बाबर की प्रेरणा)

भारतवर्ष में मुग़ल साम्राज्य का संस्थापक ज़हीरूद्दीन मोहम्मद बाबर का न तो हिन्दुस्तान से कोई वास्ता था, न ही इसकी कोई ठोस जानकारी। वास्ता था भी तो बहुत अतीत का, उसके एक पूर्वज का जिसका नाम था अमीर तैमूर, जिसने चौदहवीं शताब्दी के अन्तिम वर्षों (1398 ई.) में भारत पर आक्रमण किया था। इसी प्रकार, उसके ननिहाल के एक आदि.पुरुष चंगेज़ ख़ाँ ने सिन्धु नदी तक आक्रमण कर भारत एवं भारतवासियों को भयातुर कर दिया था, किन्तु यह बात तो तेरहवीं सदी ईसवी के दो दशकों के उपरान्त की है (1220-21 ई.)। किन्तु वह मध्य-युग था जब सूचनाओं समाचारों का आदान-प्रदान धर्म-यात्रियों अथवा व्यापारियों के माध्यम से ही प्राय: होता था। इससे भी अधिक किसी का योगदान था तो वह 'क़िस्सागो' का था 'क़िस्सागोई' एक विद्या थी, एक कला थी, जिसका एक निश्चित प्रशिक्षण एवं पद्धति रही होगी, क्योंकि समाचार-पत्रों से लेकर संचार के किसी भी साधन के अभाव में भी ये परम्पराओं, इतिहास, संस्कृतियों का लेखा-जोखा न केवल रखता था अपितु उनका संवाहक एवं/ अथवा सम्प्रेषक या प्रचारक होता था। सम्भवत: इन्हीं की भूमिका रही होगी कि उसने कभी, कहीं बचपन में अमीर तैमूर का कोई क़िस्सा सुना हो, अत: जब उसने थोड़ा उम्र, परिपक्वता, स्तर प्राप्ति के उपरान्त उसे सुना तो उसका प्रभाव उसके मन-मस्तिष्क पर पड़ना ही था।

बाबर का पिता उमर शेख़ मिर्ज़ा का प्रपितामह था अमीर तैमूर अर्थात् दादा (पिता का पिता) का दादा था। इस परिवार ने शेर के जबड़ों के बीच से जैसे अपना भोजन निकाला हो। ऐसे ही अमीर तैमूर ने एक विस्तृत साम्राज्य निर्मित किया था। तुर्क़िस्तान के कोने से लेकर पूर्वी मंगोलिस्तान की सीमाओं तक पूरा मध्य एशिया उसके राजनीतिक प्रभुत्व के अधीन था। किन्तु 'क़ाख़ान' तो चंगेज़ ख़ाँ एवं उनके वंशज मंगोल ही थे अत: वे बर्लास तुर्क़ तैमूर एवं उसके वंशजों के प्रतिद्वन्द्वी थे। एक ईर्ष्या, द्वेष तथा नस्लीय भेदभाव का प्रभाव भी दोनों के मध्य अन्तरों को रेखांकित करता था। इन दो महत्त्वपूर्ण समूहों के अतिरिक्त, उस क्षेत्र में उज़्बेग़ दोघलात, हज़ारा

क़ाल्माक़ इत्यादि जनजातियाँ भी निवास करती थीं। ये तमाम समूह, क़बीले आमू (औक़सस) एवं सिर्र दरिया (इएक्सार्टस) नदियों के क्षेत्र जिसे ट्रान्सॉक्सियाना कहा जाता है उसी में रहते थे। अतः इन दोनों में सह-अस्तित्व भी था, किन्तु, साथ में रहने पर, बर्तनों का खटकना भी उतना ही स्वाभाविक है? अतः ये राज्य विस्तार से लेकर छोटी-मोटी बातों में उसी प्रकार झगड़ते रहते थे, जैसे कि सामन्ती युग के पूर्व मध्यकालीन भारत में भी यह एक सामान्य क्रम था।

बाबर का पिता शीघ्र ही अपने पूर्वज अमीर तैमूर के स्तर पर पहुँचने का आकांक्षी हो गया। अतः उसकी इच्छा अपने राज्य को विस्तृत करके, तैमूर के साम्राज्य के भू-भागों पर अपना आधिपत्य स्थापित करने की थी, जिसके परिणामस्वरूप वह अपने दो भाइयों से ही संघर्षरत हो गया। अतः वे उसे सबक सिखाने के लिए उसके विरुद्ध संयुक्त अभियान पर निकले। इसी आक्रमण के प्रतिरोध की तैयारी में संलग्न बाबर के पिता उमर शेख़ मिर्ज़ा अपने राज्य फ़रगना की राजधानी अन्दीजन से अक्शी आ गया था। यहीं अक्शी में एक भवन के ध्वंस में उसकी आकस्मिक मृत्यु हो गयी और, अभी अध्ययनरत बाबर को ग्यारह-बाहर वर्ष की अवस्था में एक राज्य अचानक ही उत्तराधिकार में मिल गया। इस तरह वह जून सन् 1494 ईसवी को फ़रगना का शासक बन गया।

बाल-सुलभ मन में पिता के जाने के उपरान्त उस रिक्तता या शून्य को भरने का प्रयास भी वह उसकी स्मृतियों, संस्मरणों से करने लगा। राजकीय कार्यों एवं प्रशासकीय दायित्वों के निर्वहन में तो उसे कोई समस्या कभी हुई ही नहीं, क्योंकि उसके पास उसकी आदर्श एवं मध्य एशिया की सुविख्यात लौह महिला ईसान दौलत ख़ानम घर में नानी के रूप में उपस्थित थीं। वह अपने-आप में अपने अदम्य साहस, पराक्रम, संयम, सच्चरित्रता एवं मर्यादित जीवन से पूरे मध्य एशिया में एक किंवदन्ती-सी हो चुकी थीं। इसी सुलझी हुई महिला के दिशा-निर्देशों के अनुरूप प्रशासनिक कार्य करते हुए बाबर ने अपनी स्थिति सुदृढ़ कर ली थी। और पिता की याद में स्वयं उसकी महत्त्वाकांक्षा को आत्मसात् कर बैठा। उसने बारह वर्ष की अवस्था में अमीर तैमूर की राजधानी समरकन्द का स्वप्न न केवल देखना प्रारम्भ किया, अपितु, उस स्वप्न को साकार रूप प्रदान करने हेतु अभियान करने का भी संकल्प कर बैठा!

वैसे बाबर की इस उत्कण्ठा और निर्णय के तुरन्त क्रियान्वयन के आन्तरिक एवं बाह्य दोनों ही कारण थे। आन्तरिक कारण तो हम ऊपर समझ ही चुके हैं कि वह फ़रगना के प्रशासनिक दायित्वों व प्रबन्धन से निश्चिन्त था। बाह्य कारणों में तो इस भू-भाग या ट्रान्सॉक्सियाना की राजनीतिक अस्थिरता ही उत्तरदायी थी। इस अस्थिरता को तैमूर के वंशजों की पारस्परिक शत्रुता, द्वेष एवं प्रतिस्पर्द्धा बढ़ा देती थी, क्योंकि इनसे जन्म लेता था निरन्तर युद्धों का क्रम। एक ऐसा दुश्चक्र जो व्यक्तिगत राजनीतिक

प्रसार की महत्त्वाकांक्षा एवं प्रतिशोध की भावना से एक दुश्चक्र में परिवर्तित हो जाते थे। ऐसी परिस्थितियों में समरकन्द के शासक व बाबर के ताऊ सुलतान अहमद मिर्ज़ा की आकस्मिक मृत्यु एवं उसके उत्तराधिकारी की क्रूरता एवं उत्पीड़क व्यवहार से जन्मी उसकी 'अलोकप्रियता' ने एक तात्कालिक कारण की भूमिका का निर्वहन किया।

फिर भी, अपनी नानी के कुशल निर्देशन एवं दूरदर्शिता का लाभ उठाते हुए, उसने अपने पिता द्वारा पैतृक राज्य के खोये (युद्ध की पराजय के परिणामस्वरूप) हुए दो प्रमुख स्थानों यथा, अस्फ़ेरा एवं खोजन्द को विजित किया। अपने राज्य को उस सीमा तक सुदृढ़ किया, जैसा कि, उसके पिता उमर शेख़ को उत्तराधिकार में प्राप्त हुआ था। इन प्रारम्भिक तैयारियों के उपरान्त वह बढ़ चला समरकन्द की ओर! इस क्षेत्र की सभी या दोनों प्रमुख शक्तियाँ—यथा, तुर्क़ एवं मंगोल, चूँकि, समरकन्द की आकांक्षा को सर्वप्रमुख रखती थी, अत: समरकन्द को विजित करना भी एक 'पंचायती संग्राम' में परिवर्तित हो गया। इस पंचायती संग्राम में, स्वाभाविक ही, सब के पारस्परिक हितों की प्रतिस्पर्द्धा थी, अत: यह निर्णायक हो ही नहीं सकता था। साथ ही आसन्न शीत-काल, निरन्तर बर्फ़बारी तथा ऐसे में प्राकृतिक प्रतिकूलता के साथ-साथ खाद्यान्न की आपूर्ति की समस्या ने भी अन्ततः समरकन्द को सुरक्षित बचा लिया था। ग्रीष्म में फिर प्रयास किया और बाबर एक बार पुन: मई 1497 ई. में समरकन्द अभियान में व्यस्त था। निरन्तर प्रयास करनेवाले एवं अडिग संकल्पवाले की ऊर्जा तो लक्ष्य सन्धान में ही लगी रहती है, अत: बाबर ने वह उपलब्धि भी नवम्बर (1497 ई.) के अन्त तक अपने नाम कर ली थी। वह समरकन्द का शासक लगभग पन्द्रह वर्ष की ही अल्पायु में बन गया!

अमीर तैमूर के पौत्र सुलतान मुहम्मद मिर्ज़ा के पौत्र सुलतान उमर शेख़ मिर्ज़ा के इस ज्येष्ठ पुत्र की इस अभूतपूर्व सफलता ने उसकी प्रतिकूलताओं को कई गुना बढ़ा दिया। वो केन्द्रस्थ हो गया। सबकी नज़रों में चढ़ गया। सबका समान शत्रु हो गया। वे सब एकजुट होने लगे इस नव अंकुरित शक्ति-पुंज के विरुद्ध! बाबर भी समझ रहा था कि यह एक अभूतपूर्व पल है। अत: उसने इसे अपना पुनीत एवं प्रथम कर्त्तव्य ही माना, कि वह सर्वप्रथम उस महाशक्ति, उस प्रभु, उस सार्वभौम सत्ता को धन्यवाद ज्ञापित करे। इसके लिए वह समरकन्द में स्थित अमीर तैमूर द्वारा निर्मित उसकी प्रिय मस्जिद में नमाज़ अदा करने गया। लौह-द्वार पर स्थित इस मस्जिद तथा समरकन्द की अन्य मस्जिदों में अन्तर था। यह जितनी भव्य थी, उतनी ही दृढ़ भी। जितनी सार्वजनिक थी, उतनी ही व्यक्तिगत। इसकी छटा ही निराली थी। इसके निर्माण में भारत से लाये गये श्रमिकों, स्थापत्यकारों एवं शिल्पकारों का न केवल अभूतपूर्व योगदान था अपितु यह योगदान स्पष्ट, प्रभावी एवं दृष्टिगोचर होता था। अत: इस प्रकार एक अप्रत्यक्ष रूप से 'भारत' से बाबर का पहला परिचय एवं सम्पर्क इसी मस्जिद

के माध्यम से हुआ और बाबर उससे इतना आकर्षित हुआ कि अपने इस अल्प-प्रवास में नमाज़ अता करने यहीं आता रहा।

वास्तव में, जब बाबर ने मई माह में समरकन्द की घेराबन्दी प्रारम्भ की थी, उस ठण्ड के मौसम के बाद ग्रीष्म में उसका जीवन कुछ-कुछ व्यवस्थित होना शुरू हो रहा था—पुनः पटरी पर आ रहा था। क्योंकि बर्फ़बारी के चलते ही कुछ पूर्व आक्रमणकारी यहाँ से हटे ही थे। अतः इतने शीघ्र इस द्वितीय चक्र के आक्रमण और उसकी छह माह से अधिक की घेरेबन्दी और बीच-बीच के धावों ने न केवल लोगों का जीवन अस्त-व्यस्त किया अपितु पूर्ण अर्थव्यवस्था ही ध्वस्त हो गयी। दुर्ग की प्रतिरोध क्षमता तो क्षीण होती चली गयी। यही नहीं, पूर्व शासक के शोषण, उत्पीड़न से वहाँ निर्धनता एवं भुखमरी के अतिरिक्त कुछ भी दृष्टिगोचर नहीं होता था।

ऐसी परिस्थितियों में प्रारम्भ हुआ था बाबर के स्वप्न का क्रियान्वयन। उस काल की क़बीलाई परम्पराओं और युद्धों के अनवरत क्रम ने 'लूट' को पुरस्कार का रूप भी प्रदान किया था। कुछ सैनिक तो युद्धों में सम्मिलित होते थे इस लूट की भागीदारी हेतु। वे न तो नियुक्त न विशेष अभियान के लिए किये गये रंगरूट थे, अपितु वे बस इसी उद्देश्य से युद्धों में भाग लेते थे। हमें स्मरण रखना चाहिए कि मध्ययुगीन राज्य या शासक को इस लूट का एक-पाँचवाँ भाग 'ख़ुम्स' के रूप में वसूला जाता था। शेष भाग सैनिकों में वितरित हो जाता था। ऐसे में बाबर के सैनिक उससे लूट की आज्ञा की प्रत्याशा में लूटने भी लगे थे। उसने समरकन्द विजय के उपरान्त लूट-पाट में लगे अपने ही सैनिकों को दण्डित करने की निश्चित भूल कर दी। सिर्फ़ डाँट-डपट के मामला शान्त कर देता तो सम्भवतः अपने ही सैनिकों में अलोकप्रिय होने से तो बच जाता। अतः अब 'कोढ़ में खाज' वाली स्थिति बन गयी, जो पहले से ही उत्पीड़ित एवं भूखे थे वे तो बाबर में कोई मुक्तिदाता देख रहे थे। उन्हें बाबर में कोई आशा की किरण भी दिखी थी जब उन्हें लूटनेवालों को उसने दण्डित किया। किन्तु समरकन्दवासियों की दयनीय स्थिति, राज्य की आर्थिक अव्यवस्था उसके अपने सैनिकों की धन-लिप्सा की पूर्ति के अभाव में उपजा असन्तोष ये सब मिलकर ऐसी परिस्थितियों का ही निर्माण कर रहीं थीं, जिसमें उसका वहाँ रहना दुष्कर ही नहीं असम्भव हो गया। इन प्रतिकूल परिस्थितियों में वह मात्र सौ दिन के शासन के उपरान्त समरकन्द छोड़ने को विवश था।

चौदह वर्ष की अवस्था और अमीर तैमूर का सिंहासन और राजधानी हर चग़ताई के इस स्वप्न का क्षणिक ही सही, अपितु, एक सुख, एक उपलब्धि होती थी! बाबर ने उसे साकार किया—उस स्वप्न को पूरे को सौ दिन जीवन्त देखा। उसकी इस अनुभूति की गूँज उसकी आत्मकथा में सजीव रूप में अभिव्यक्त हुई है। अतः वह चैन से बैठ नहीं पाया। उसके बाद वह चैन से कैसे बैठ सकता था? उसने तो बहुत कम आयु में यह अर्जित कर लिया था—थोड़ी अधिक परिपक्वता, थोड़ा और धैर्य,

सन्तुलित व्यवहार एवं सुनियोजित ढंग से क्या वह इसे पुनर्विजित नहीं कर सकता था? उसे सुसंगठित करके, सातत्य नहीं बना सकता था? उसकी रातों की नींद पूरी नहीं होने देता था समरकन्द का ख़्याल! उसके दिन के चैन में अवरोधक था समरकन्द। उसके सन्तोष में विघ्न डालता था समरकन्द। फ़रगना राज्य, नहीं, पैतृक् राज्य से अधिक आकर्षक था समरकन्द! उसे निमन्त्रित करता था समरकन्द उसे नियन्त्रित करता था समरकन्द!!

बाबर ने समरकन्द वि.जेत करने का दूसरा प्रयास सन् 1500 ईसवी के जून माह में किया और दुर्भाग्य से वह असफल रहा। किन्तु, इस असफलता ने उसकी महत्त्वाकांक्षा की अग्नि में घृत का कार्य किया और समरकन्द की आन्तरिक परिस्थितियों में भी गम्भीर परिवर्तन हुए। 1500 ई. के नवम्बर में उज़्बेग़ सरदार, शैबानी ख़ाँ के उत्पीड़न-अत्याचार से त्रस्त समरकन्दी उसे स्वयं आमन्त्रित करने को विवश थे। इन्हीं अमीरों, समृद्ध लोगों व प्रतिष्ठित परिवारों ने बाबर के आक्रमण से सुरक्षा के लिए जून में जिस शैबानी ख़ाँ को आमन्त्रण किया था अब उसी से मुक्ति के लिए बाबर के शरणागत थे। बाबर जैसे समरकन्द के "अन्धे को और क्या चाहिए था? दो आँखें?" अत: वह तो प्रफुल्लित, उत्साहित, निश्चिन्त, उन्मादित-सा नवम्बर में वापस समरकन्द जा पहुँचा! हालाँकि जून की असफलता ने उसे 'न घर का छोड़ा था न घाट का'—उसने समरकन्द की अभिलाषा में अपना पैतृक राज्य फ़रगना अपने दो वर्ष छोटे सौतेले भाई जहाँगीर मिर्ज़ा को जो सौंप दिया था। अत: एक छोटे से गाँव में समय व्यतीत कर रहे बाबर के पास, अल्प सैन्य-टुकड़ी थी—जिसमें मात्र दो सौ चालीस ही सैनिक थे और उतने ही अल्प संसाधन। ऐसे में भी समरकन्द को विजित करना और वो भी उज़्बेग़ सरदार शैबानी ख़ाँ से! असम्भव नहीं तो दुष्कर अवश्य था बाबर के लिए। उसके स्थान के लिए। उसकी महत्त्वाकांक्षा के लिए नहीं! क्यों? क्योंकि बाबर ने मात्र दो सौ चालीस सैनिकों के साथ-साथ समस्त समरकन्दी नागरिकों के पूर्ण समर्थन एवं सक्रिय सहयोग से यह कर दिखाया!

बाबर के अपने शब्दों में "जिस तरह (समरकन्द के वासियों द्वारा प्रतिशोधवश) सड़कों पर दौड़ा-दौड़ाकर उज़्बेग़ों को कुत्तों की मौत मारा—उससे अधिक सुखद आश्चर्य और सन्तोषप्रद क्या हो सकता था? अत: अपार जनसमर्थन के चलते समरकन्द के 'फिरोज़ा-द्वार' से प्रविष्ट होकर, उन्नीस वर्षीय ज़हीरुद्दीन मोहम्मद बाबर, दोबारा वहाँ का शासक बन गया था। इस बार उसको समरकन्द का शासन और प्रवास, पूर्व प्रवास से कुछ अधिक अवधि का रहा, अत: भारतीय शैली और सम्मिश्रित कला के उदाहरणों से, भारत के विषय में कुछ अधिक जान सका—उसकी संस्कृति की ओर आकर्षित हुआ, यह आकर्षण भले ही जाने-अनजाने ही क्यों न रहा हो?

उधर, उज़्बेग़ सरदार शैबानी खाँ अलोकप्रियता के चलते, समरकन्द से निष्कासित तो था, किन्तु शक्तिहीन नहीं था। उसके पास पाँच से छह हज़ार सैनिक

थे, जो सशस्त्र एवं प्रशिक्षित होने के साथ ही अपने साथ किये गये व्यवहार के प्रतिशोध की अग्नि से धधक रहे थे। इधर बाबर को भी अपनी स्थिति का सटीक आंकलन हो गया था, किन्तु उसका दृढ़-संकल्प था कि समस्त मुग़लिस्तान ही उज़्बेग़ों के शैबानी ख़ाँ के नेतृत्व में उभार से त्रस्त था। अत: उसने सभी को सैन्य सहायता के लिए पत्राचार किया। उसने अपना परिवार भी समरकन्द में बुलवा लिया, जहाँ उसकी प्रथम सन्तान के रूप में पुत्री मेहरुन्निशाँ का जन्म हुआ, हालाँकि छह सप्ताहों में ही वह काल-कवलित हो गयी। उसके मामाओं ने चार-पाँच सौ मंगोल सैनिकों की एक प्रशिक्षित टुकड़ी उसके सहायतार्थ भेजी, जबकि सौतेले भाई जहाँगीर मिर्ज़ा जिसके लिए समरकन्द विजित करने की स्थिति में वह फ़रगना का राज्य छोड़ आया था, उसने तो मात्र सौ सैनिकों को प्रेषित कर इतिश्री कर ली। अत: अब बाबर का चिन्तित होना स्वाभाविक था। उसे शैबानी की तुलना में अपनी सैन्य शक्ति व संसाधन दयनीय ही लग रहे थे। वह दीवार पर लिखी लिखावट स्पष्टत: पढ़ सकता था। उसका संकल्प कितना भी दृढ़ हो, किन्तु, वास्तविकता कुछ और ही अभिव्यक्त कर रही थी। क्या तुर्क़ एवं मंगोल, उज़्बेग़ों की बढ़ती शक्ति से भयाक्रान्त नहीं थे?

उधर समरकन्द से निष्कासित होने पर उज़्बेग़ सरदार, शैबानी बोख़ारा पहुँचा एवं अपनी सेना व संसाधनों को सुव्यवस्थित एवं सुसंगठित करने लगा। वह बाबर की गतिविधियों पर भी चौकसी बनाये रहा। उसे निश्चित सन्तोष हुआ होगा, जब बाबर के सहायतार्थ एक हज़ार से भी कम संख्या में नवीन सैनिक पूरे मंगोलिस्तान या मुग़लिस्तान से आ पाये थे। वह समझ गया कि शेष लोग अभी भी निश्चित नहीं कर पाये थे कि किससे उन्हें अधिक ख़तरा व भय था—बाबर से अथवा शैबानी से? अत: प्रसन्न शैबानी ख़ाँ ने उत्साह के साथ बाबर के विरुद्ध व्यूह-रचना प्रारम्भ कर दी। बाबर की अल्पायु उसकी सर्वाधिक नकारात्मक विशेषता रही। अत: जब अप्रैल-मई के माहों में समरकन्द से बाहर निकलकर वह 'सर्र-ए-पुल' के युद्ध का निर्णय क्रियान्वित कर रहा था, तब यह इसी विशेषता का द्योतक नहीं तो और क्या था? शैबानी तो प्रसन्न हो गया, उसके लिए समरकन्द की अभेद्य सुरक्षा भेदना तो कठिन होता, किन्तु बाबर तो स्वयं शैबानी का कार्य सरल करता हुआ, अपना सुरक्षा-कवच छोड़कर बाहर निकल आया था।

यह अल्पायु का अति-उत्साह एवं अपरिपक्वता नहीं तो, और क्या था? वह थोड़ी प्रतीक्षा तो कर सकता था? इतनी अधीरता से हानि ही मिली? जिस बक़ी तुर्क़ान को शैबानी ने समरकन्द से अपदस्थ करके पलायन करने के लिए बाध्य किया था वह बाबर की मदद को शीघ्र उपस्थित होनेवाला था। वह लगभग दो हज़ार सशस्त्र-लड़ाकू सैनिकों के साथ मात्र दो दिवस की दूरी पर था, जबकि मुहम्मद मिर्ज़ा दोघलात भी लगभग इतने ही प्रवीण, प्रशिक्षित सैन्य-टुकड़ी के साथ बाबर के शिविर

से मात्र कुछ घण्टों को दूरी पर था। अत: परिस्थितियों के अनुरूप बाबर को इनके आ मिलने की प्रतीक्षा करनी चाहिए था, किन्तु, होनी बहुत प्रबल होती है। बाबर इस ग़लत निर्णय की बात को अपनी आत्मकथा (तुर्की भाषा की कृति 'तुज़ुके बाबरी') में स्वीकार भी करता है! यदि आपको अपनी विजय से प्राप्त राज्य के सातत्य को बनाये रखना है, यदि उसे शत्रु के हाथों नहीं हारना है तो सहज है कि अच्छे योद्धा सेनापति व शासक को शत्रु पक्ष के सकारात्मक एवं नकारात्मक पक्ष भी ज्ञात हो। बाबर की एक कमी यह भी थी। उसने परम्परागत ढंग से व्यूह रचना कर अपने दायें अंग को 'कोहिक' नदी के तट पर स्थित किया था। यही उसकी दूसरी त्रुटि थी। उसने इस बात का ध्यान क्यों नहीं रखा कि उज़्बेग़ तुलुग्मा-पद्धति से युद्ध करने में निष्णात हैं? अत: जैसे ही उन्होंने इसका प्रयोग किया, सारा दबाव सेना के बायें अंग पर आ गया, किन्तु नदी होने के कारण **उसका** मार्ग अवरुद्ध हुआ और एक ही विकल्प शेष रह गया था? और वह था युद्ध-क्षेत्र से पलायन करना। बाबर की सेनाएँ 'सर्र-ए-पुल' के इस युद्ध से पूर्णतया पराजित, हतोत्साहित एवं स्तब्ध वापस समरकन्द आयीं थीं!

समरकन्द के दुर्ग में वे सुरक्षित, किन्तु इसी दुर्दशा में वापस आये थे। उधर उज़्बेग़ों की घेरेबन्दी के चलते, दुर्ग के अन्दर आपूर्ति ठप्प पड़ने के फलस्वरूप भयानक खाद्य-संकट उत्पन्न हो गया। ग़रीब वर्ग तो अन्तत: कुत्तों एवं गधों जैसे जानवरों को मार के खाने के लिए विवश हो गये। सात माह में धैर्य और आपूर्ति जब पूर्णतया समाप्त हुए, तब बाबर एवं शैबानी के मध्य्य समझौता हुआ। इस सन्धि के प्रावधान के अनुसार, बाबर को अपने व परिवार को सुरक्षित वापस जाने के लिए अपनी सगी बड़ी (बाबर से पाँच वर्ष अधिक) बहन ख़ानज़ादा बेग़म, शैबानी को ब्याह में देनी पड़ी थी। किसी तरह वह फ़रगना की ओर लौटा! किन्तु, जहाँगीर मिर्ज़ा के साथ हुई सन्धि के अनुसार तो फ़रगना अब जहाँगीर का था, अत: दोघलात की कृपा से औरातिया के ग्राम दिख़-क़त में ही उसे सन्तुष्ट रहना पड़ा था। अब अनेक वर्षों तक वह समरकन्द के पुन: दर्शन नहीं कर पाया। उसके साथ रात के अँधेरे और हड़बड़ाहट में महिलाओं में एक उसकी माँ तथा दो अन्य ही साथ आ पाये थे, उसकी नानी ईसान बेग़म भी वहीं पीछे छूट गयी थीं। जिन्हें बाद में, शैबानी ने ससम्मान दिख़-क़त के लिए रवाना कर दिया!

प्रश्न यह था कि ऐसे पराजित व राज्य-विहीन व्यक्ति को कौन शरण देता? बाबर फ़ारसियों जैसा परिष्कृत, तुर्कों जैसा निर्भीक तथा मंगोलों जैसा आक्रामक था, जो न्यूनतम संसाधनों के साथ बड़े-से-बड़े लक्ष्य को प्राप्त करने का संकल्प एवं अद्‌भुत क्षमता रखता हो? अत: मित्र व शत्रु सभी उससे कतराते, सशंकित, ईर्ष्यालु और भयाक्रान्त रहते थे। वो कुछ भी प्राप्त कर सकता था? अपनी इच्छा शक्ति-

संकल्प एवं दृढ़-निश्चय से वह शून्य से असीम तक का विस्तार करने में सक्षम था। प्रतिकूल को अनुकूल उतनी ही कुशलता एवं सरलता से बना लेता था जितना कि वह प्रतिकूल-से-प्रतिकूल परिस्थितियों में स्थितप्रज्ञ रह सकता था। जिस व्यक्ति के लिए कुछ भी असम्भव न हो, उससे अधिक और किसके प्रति लोग शंकालु रहेंगे? अत: पूरे मध्य एशिया में उसके सभी समकालीन उससे सशंकित एवं ईर्ष्यालु दोनों ही रहते थे? अत: स्वाभाविक ही था, चाहे अपने भाई रहे हों, अथवा उसकी माँ के भाई; चाहे तुर्क रहे हों या मंगोल, सभी ने इस यायावर शासक से मुँह मोड़ लिया।

समरकन्द से इस द्वितीय निष्कासन के उपरान्त उसे विवश होकर, अपने पैतृक राज्य फ़रगना के अन्तर्गत दक्षिणी प्रान्त में औरातिया के निकट की पहाड़ी पर बसे गड़ेरियों के गाँव 'दिख़-क़त' में शरण लेने के लिए बाध्य होना पड़ा था। अर्श से फ़र्श तक का सफर, एक बार पुन: उसने जिस सहजता एवं सहृदयता के साथ किया, वही उसकी शक्ति, विवेक, सहनशीलता एवं सरलता की परिचायक भी थी। अवसर आने पर यदि वह इस जीवन को सामान्य मानकर ख़ुश था तो यह उसके उदार स्वभाव और प्रतिकूल परिस्थितियों में भी शान्त व संयत रहने का प्रमाण था। वह हर हाल और हर सूरत में ख़ुश रह सकता था। उसकी जीवन्तता का रहस्य ही 'जीवन' था—उसकी असीम आस्था थी कि इससे अधिक और क्या सन्तोषदायक एवं प्रेरक हो सकता था कि वह अभी जीवित था।

वह एक सीमा तक ऊर्जावान नवयुवा था, तो एक सीमा तक विद्याव्यसनी स्वप्नद्रष्टा भी था और एक सीमा तक, प्रारब्ध में आस्था रखनेवाला भी था। नहीं तो बक़ी तुर्क़ान एवं मुहम्मद मिर्ज़ा दोघलात की प्रतीक्षा क्यों नहीं कर सका, जबकि इनमें से प्रथम दो दिन में तथा द्वितीय कुछ घण्टों के अन्तराल में शैबानी के विरुद्ध उसकी सहायता करने हेतु समरकन्द पहुँचनेवाले थे। उसकी खगोल ज्ञान एवं गणना तो पूर्णतया अचूक थी। अपनी सैन्य स्थिति तथा शैबानी ख़ाँ की सैन्य स्थिति के तुलनात्मक अध्ययन एवं गणना से वह यह तो समझ रहा था कि यदि विलम्ब होगा, तो ये अभी तो दोनों सेनाओं के मध्य में स्थित हैं, किन्तु अग्रिम तेरह-चौदह दिनों में वे निश्चित ही शैबानी ख़ाँ की सेनाओं के पीछे होंगे। यदि आज दोनों पक्षों के लिए बराबर की सम्भावना है तो एक पखवारे या दो सप्ताह उपरान्त तो ग्रह स्थिति अथवा गोचर निश्चित ही शैबानी के पक्ष में चली जायेगी। वह इन जटिल खगोलीय एवं ज्योतिष गणना में एक सीधा-सरल सिद्धान्त विस्तृत कर बैठा कि 'आनेवाली घटनाएँ अपने पूर्वाभास कराने लगती हैं?' अत: कुछ और प्रतीक्षा न करके, उसने अपना प्रारब्ध का प्रभाव प्राप्त कर लिया? सर्रे-पुल से आगे निकलकर, वह एक निर्णायक युद्ध के लिए बढ़ चला।

अन्ततः यही तो बाबर का प्रारब्ध था? यही तो उसकी नियति थी। तभी तो समरकन्द के नाम पर फ़रगना छोटे सौतेले भाई जहाँगीर को दे गया था? वो अब, क्यों फ़रगना में उसे कोई स्थान प्रदान करता? क्या वह स्वयं बाबर से फ़रगना दोबारा प्राप्त कर सकता था? क्या वह उससे लड़कर फ़रगना जीत सकता था? जो व्यक्ति दुर्दान्त मंगोलों से लेकर उज़्बेग़ों एवं अपने चग़ताई बन्धुओं तक को पराजित करने में सक्षम हो एवं उनके दाँत खट्टे करता हो, उससे सशंकित रहना ही जहाँगीर मिर्ज़ा न श्रेयस्कर समझा। उसने फ़रगना पर अपना आधिपत्य बनाकर, बाबर के प्रति सहानुभूति दिखाना भी गँवारा नहीं किया।

वाह रे बाबर और, प्रारब्ध पर उसकी आस्था! वह उसी अवस्था में प्रसन्नचित्त एवं निश्चिन्त रहने लगा। उसे लगा कि प्रकृति के निकट रहकर कुछ अधिक सीखने-समझने का अवसर बिना कारण उसके जीवन में नहीं आया है—इसमें भी कुछ उद्देश्य अवश्य निहित हैं। इस क्षेत्र में सदियों से बसे 'ईरानी सार्तों, मूल के ग्रामीण निवासियों के जीवन को निकट से देखने-समझने का भी अवसर उसे इसी बहाने मिला—वो उनसे काफ़ी कुछ सीखने में सफल रहा? उस भू-भाग के अन्य निवासियों से वे कहीं अधिक परिष्कृत, आतिथ्य स्वागत में प्रवीण, निष्ठावान्, परिश्रमी तथा शान्ति-व्यवस्था पसन्द करनेवाले लोग थे। बाबर को अपने प्रवास-स्थान का परिवेश बहुत ही प्रेरक लगा। वह पहाड़ों में घूमता-फिरता, विचरण करते-करते, पेड़ों की शाखों पर लदे ताजा फलों तथा सन्तरों, अंगूरों का सेवन करता, शिकार करता, जल-प्रपातों से प्रवाहित होता ताजा पानी पीता और गाँव (दिख़-क़त) के अपने निवास पर लौट आता था। इस गाँव के ग्राम-प्रधान के घर पर ही उसका निवास था।

नियन्ता पर सम्पूर्ण आस्था व्यक्त करनेवाले इस व्यक्ति को इस 'प्रवास' का सबसे महत्त्वपूर्ण और प्रत्यक्ष लाभ भी मिला। दिन भर जब घूमकर वह घर लौटता था तो वह अपने समय का अधिकतर भाग, एक स्नेहिल बुज़ुर्ग महिला के सामीप्य व स्नेहासिक्त छाया में व्यतीत करता था। यह झुर्रीदार चेहरेवाली वृद्धा वस्तुतः उक्त ग्राम-प्रधान की माँ थी। प्रधान की आयु के आंकलन में बाबर उसे सत्तर या अस्सी वर्ष का बताता है, अतः यह व्यक्ति सम्भवतः पचहत्तर-छिहत्तर वर्ष का रहा होगा क्योंकि 'तुजुक़' से इमें ज्ञात होता है, कि बाबर के आंकलन कितने सटीक एवं यथार्थवादी होते थे। बाबर के जीवन में दो विशेषताएँ तो हमें दिखती ही हैं—एक बाल-सुलभ उत्सुकता—प्रत्येक चीज़ जानने की, समझने की एवं सदाशयता, मानवीयता! ग्यारह-बारह वर्ष की आयु में शासक बनने के पश्चात् जिसने समस्त अवधि अपनी नानी ईसान दौलत ख़ानम की छत्रछाया में व्यतीत की हो तथा रात के अँधेरे एवं पलायन की हड़बड़ी में जो वही समरकन्द में पीछे छूट गयी थी—सम्भवतः बाबर उसकी पूर्ति, पश्चात्ताप व प्रायश्चित इस वृद्धा की वत्सल छाया में व्यतीत करके करता रहा होगा?

वो बात अलग है कि ईसान की प्रसिद्धि ने शैबानी ख़ाँ को बाध्य किया था, कि, वह उसे सादर वापस भिजवाये किन्तु प्रारब्ध को कुछ और ही स्वीकार था। उसकी कुछ और ही रचना थी? ग्राम-प्रधान की इस वृद्धा माँ की आयु मात्र एक-सौ ग्यारह वर्ष की थी। वह स्वयं में एक जीवन्त इतिहास थी। एक जीवित संस्था। इस वृद्धा के कुल दो सौ जीवित रिश्तेदारों में से छियानबे (96) तो 'दिख़-क़त' ग्राम में ही बसते थे। बाबर के मतानुसार तो उसके पौत्र के पौत्र की भी आयु पचीस या छब्बीस वर्ष की थी एवं उस ग्राम-प्रधान की पूरी काली दाढ़ी थी। इस प्रकार न केवल इस वृद्धा का लगभग अस्सी वर्षीय पुत्र जीवित एवं ग्राम-प्रधान था, अपितु उसके पौत्र-प्रपौत्र एवं पौत्र के पौत्र भी अभी जीवित थे। बाबर ही हमें तुज़ुक के माध्यम से बताता है कि वह कैसे नंगे पाँव आस-पास के दुर्गम पहाड़ों में चलता, उन पर चढ़ता और दौड़ता रहता था। सम्भवत: वह इस प्रकार का नियमित अभ्यास अपने-आपको चुस्त-दुरुस्त बनाये रखने के लिए ही करता था। वह बताता है, कि, नंगे पाँव चलते रहने के अभ्यास ने उसे भावी दिनों के लिए शारीरिक व मानसिक रूप से इतना तैयार कर दिया था, कि पत्थर की कठोरता एवं पहाड़ों की पाषाणता भी उसको कत्तई प्रभावित नहीं करती थी।

वस्तुत: यह वही वृद्धा थी जो इस उन्नीस वर्षीय पूर्व शासक को अपने पौत्र-वत् या प्रपौत्रवत् ही स्नेह करने लगी थी। स्नेहाशीष के इस आकांक्षी की आँखों में वह स्वप्नद्रष्टा का भाव पढ़ चुकी थी। उसने बाबर को जो सबसे दिलचस्प बात बतायी, वह इतनी महत्त्वपूर्ण थी, कि, बाबर की महत्त्वाकांक्षा को न केवल हवा दे गयी, अपितु उसके चेतना को झंकृत करते हुए, अवचेतन में बस गयी। एक-एक स्वप्न की भाँति एक लक्ष्य के रूप में! उस वृद्धा की बातों से ही बाबर को एक विकल्प और दिखा, अब जब कुछ भी हाथ में नहीं था?

उसकी स्मरण-शक्ति जितनी ज़बरदस्त एवं प्रशंसनीय थी, उतनी ही सुन्दर व सजीव शैली थी! पुराने क़िस्से व विवरण सुनाने की अद्‌भुत कला बाबर की आत्मकथा में दिखती है। उस वृद्धा ने अपने दीर्घकालीन जीवन में कई पीढ़ियों के 'क़िस्सागोओं' से सभी प्रकार के क़िस्से सुने होंगे। कुछ ही समय में वह मध्यकाल की इस सम्प्रेषण कला व संचार माध्यम में स्वयं निपुण हो गयी होंगी? अत: उसकी साफ़गोई और क़िस्सागोई से युवा बाबर कैसे अप्रभावित रह जाता? फिर इस उम्र में स्मृतियाँ, अनुभवों के साथ-साथ जीवन की वास्तविकताओं एवं उसके वास्तविक दर्शन से युक्त, इस वृद्धा के क़िस्सों में जीवन ही साकार होता था। जीवन ही जीवन्त होता था। प्रवहमान् होता था। अत: बाबर अपने इस निर्वसन के प्रवास काल में सर्वाधिक आकर्षित एवं प्रभावित इसी वृद्ध महिला से हुआ था। उसके स्नेह एवं ममत्व की शीतल व शान्त छाँव में घण्टों बैठकर व्यवहार-ज्ञान के रत्न बटोरता, समेटता

एवं सहेजता रहता था। वस्तुतः वह साक्षात् 'जीवन-महिला' रीति-रिवाजों, परम्पराओं, लोक-कलाओं काल के विभिन्न चरणों की स्मृतियों के साथ-साथ इस क्षेत्र के सामाजिक, सांस्कृतिक इतिहास या परिवेश की जीती-जागती विश्व-कोष थी!

यहाँ जान-बूझकर ही क़िस्सागो की पद्धति या शैली की चर्चा हुई है क्योंकि बाबर स्वयं 'सुने हुए क़िस्से'-जैसा अर्थ प्रयुक्त करता है, जब भी इस प्रकरण की बात करता है। वह तुज़ुक में लिखता है—'बरीब ईकान दूर!' अतः वह स्वयं इसे सुस्पष्ट कर देता है। इसी वृद्धा ने बाबर को अमीर तैमूर के भारत-विजय से सम्बद्ध सभी क़िस्से सुनाये थे। उसने बताया कि भारत भी फ़रगना की भाँति सम्पन्न एवं समृद्ध देश है, जो इसी प्रकार विभिन्नताओं में एकता समेटे हुए है। कैसे भारत, फ़रगना से 'सौ गुना' से भी अधिक बड़ा है! कैसे वह सभ्यता एवं संस्कृति का एक महान् केन्द्र है! कैसे वहाँ दूध की नदिया बहती हैं, कैसे वहाँ स्वर्ण, चाँदी, रत्नाभूषणों के भण्डार के भण्डार थे! कैसे वह धन-धान्य धर्म से परिपूर्ण देश है। कैसे वहाँ वन्य-संसाधन, कृषक-उत्पादन से लेकर व्यापार-व्यवसाय तक सब समुन्नत थे!

यह सत्य है, कि तैमूर के भारत आक्रमण के समय, अर्थात् हिजरी सन् 801 अथवा दिसम्बर 1398 ईसवी में यह वृद्धा मात्र पाँच वर्षीया बालिका ही थी। चूँकि, उसके अनेक रिश्तेदार अमीर तैमूर के इस महत्त्वपूर्ण रोमांचक एवं महत्त्वाकांक्षी अभियान में सेना में सम्मिलित थे, अतः उन्होंने बाद में भी अपने संस्मरण वर्षों तक सुने-सुनाये थे, आम-जन से बाँटे थे। ये संस्मरण व स्मृतियाँ मध्ययुगीन संचार एवं सम्प्रेषण के सशक्त माध्यम 'क़िस्सागोई' के लिए रोचक, प्रेरक एवं आकर्षक थे। इसलिए वे दीर्घजीवी क़िस्से प्रमाणित हुए। कई पीढ़ियों तक नवीन बने रहे। अतः अमीर तैमूर बर्लास तुर्क जनजातीय कोई व्यक्ति नहीं रह गया। वह मात्र एक व्यक्तित्व ही नहीं रह गया! वह तो विश्व विजय की अभिव्यक्ति होती हुई एक जागृत-सी अवधारणा बन गया। वह मध्य एशियाई सिकन्दर या चंगेज़ ख़ाँ हो गया था! उसने आशा और शक्ति को ऊर्जा एवं आस्था को तथा महत्त्वाकांक्षा एवं उसके व्यवहृत रूप को एक नवीन स्वरूप प्रदान किया था। वह अपने-आपमें एक अभिलाषा तथा उसके क्रियान्वयन की एक प्रक्रिया थी, एक स्वप्न था, एक साम्राज्य विस्तार था। अतः एक सुन्दर व सजीव हुई कल्पना थी! बर्लास एवं चग़ताइयों के लिए सबसे प्रिय स्मृति थी!

वास्तव में, एक-सौ ग्यारह वर्षीया यह वृद्धा भी तो स्वयं एक स्मृति ही थी, जीवन के अस्ताचल में मात्र एक कल्पना, आशा (?) या अभिलाषा थी। अतः पूरी निष्ठा, लगन, शिद्दत और उसमें सराबोर वह इस युवा निर्वासित चग़ताई शासक को अमीर तैमूर की भारत-विजय के क़िस्से-कहानी सुनाती थी। इन क़िस्सों से वह जाने-अनजाने चाहे-अनचाहे, प्रत्यक्षतः-परोक्षतः वो ही भाव अंकुरित करती रही। युवा शासक की अभिलाषाओं की उर्वरता बढ़ा रही थी। उसके मन-मस्तिष्क में एक नयी

आशा जगा रही थी। यह युवा और निर्वासित शासक भी तो अमीर तैमूर का प्रत्यक्ष वंशज था। उसकी अभिलाषा, आकांक्षा, युद्ध, विजय, राज्य-विस्तार से लेकर उसके यश, कीर्ति एवं व्यक्तित्व का उत्तराधिकारी! उसने भी तो इतनी अल्पायु में दो-दो बार प्रतिकूल परिस्थितियों में समरकन्द विजित किया था? ऐसा तारतम्य, प्रगाढ़ता, विचारों का साम्य जैसा बाबर का अपनी नानी ईसान बेग़म से स्थापित था वैसा ही इस ममतामयी वृद्धा के साथ भी स्थापित हो गया और समय के साथ प्रगाढ़ होता ही गया था, यह नेह का बन्धन तभी तो पूरी तन्मयता और अपनत्व से बाबर ने अपनी 'तुज़ुक' के माध्यम से उसे अमरत्व प्रदान कर दिया।

ऐसे में जो सबसे दिलचस्प, सुखपूर्ण तथा सकारात्मक संकेत-संयोग जो हो सकता था—वह हुआ। समरकन्द में पीछे छूट गयी चग़ताई व चंगेज़ी वंशज की इस सुविख्यात व आदर्श महिला को जब शैबानी ने उसके नवासे के पास रवाना किया तो वह अपने पुत्रों के पास सुरक्षित व सुविधाओं में न जाकर अपने नाती के पास इस छोटे से संसाधनविहीन गाँव में आ पहुँची। उस वृद्धा के क़िस्सों को साकार रूप प्रदान करने हेतु विकल्पों की योजनाओं के साथ बाबर को व्यवहारिक ज्ञान एवं कार्य-सूची को क्रियान्वित करने के मार्ग निर्धारित एवं प्रशस्त करनेवाली! बाबर की सबसे बड़ी व सशक्त सम्बल! बाबर के अन्दर अपनी नानी के इस आगमन से नयी आशा का संचार हुआ। नयी ऊर्जा उपजी! नवीन स्वप्न सजने लगे! तभी तो सम्भव हो सका, इस निर्वासित राज्य, आधार एवं संसाधनहीन शासक के लिए नयी दिशाओं में दृढ़ क़दम बढ़ाना। इस अदम्य साहसी क्षमतावान् व संयमी किन्तु निर्वासित शासक के लिए काबुल, ग़ज़नी के मार्ग से होकर भारत के एक विकल्प को जैसे पुष्टि मिल गयी। पहले भी अन्दीजन में अपने पिता के खोने का दुःख झेल रहे इस किशोर शासक को प्रतिकूलताओं से स्वतन्त्र करानेवाली ईसान बेग़म या नानी सम्बल बनी थी। एक बार पुनः वह बहु-विकल्पों पर विचार करने की आवश्यकता को रेखांकित करके उस वृद्धा के क़िस्सों द्वारा जगाये स्वप्न को साकार करने की कार्य-योजना पर कार्य करने लगी। बाबर की अग्रिम कार्य-सूची निर्धारित एवं निर्मित करने लगी!

वस्तुतः बाबर के पास हारने को अब कुछ भी शेष नहीं था, पाने को तो पूरा जहाँ पड़ा था? प्रेरणा स्रोत वह झुर्रियों से भरे चेहरेवाली, एक परि की भाँति, अपनी स्वप्निल आँखों से बाबर को नये विचार दे रही थी, महत्त्वाकांक्षा को हवा दे रही थी। रही पुरानी प्रेरणा, मार्गदर्शिका, पथ-प्रदर्शक उसकी नानी—वो ईसान बेग़म भी इस स्वप्न को हक़ीक़त में परिवर्तित करने के लिए एक सक्रिय उत्प्रेरक बन गयी! चंगेज़ ख़ाँ के रक्त को सार्थक करने की भावना उसे किन्हीं अज्ञात कारणों से अपने नाती में अधिक दिखती थी। अतः उसके माध्यम से ही चग़ताई अभिलाषाओं की प्राप्ति हेतु ही वह सदैव प्रयत्नशील रहती थी, तभी तो समरकन्द तक जा पहुँची थी। अतः

उस वृद्ध महिला के दिये गये विचार को, भावना को, जज़्बे को, न तो उसने दबाया, न दबने दिया, अपितु उसे हवा व ऊर्जा ही प्रदान की!

बाबर के जीवन में ये दो महिलाएँ ही प्रमुख हुईं। एक ने एक यायावर, संसाधनहीन शासक के जीवन में नयी आशा, नयी दिशा व नवीन स्वप्न दिया तो, दूसरी ने उसे क्रियान्वित करने का उत्साह व सम्बल दिया। एक ने अभिलाषा को जाग्रत किया, तो दूसरी ने उसे ऊर्जा व गति प्रदान की। एक ने विचार दिया तो दूसरी ने उसे व्यवहृत करने का संकल्प। एक ने उर्वर भूमि तलाशी व बीज बो दिया तो दूसरी ने निश्चित कार्य-योजना के साथ उसे अंकुरित कर दिया। एक ने मन-मस्तिष्क टटोला, दूसरी ने ऐसी मन:स्थिति ही निर्मित कर दी। भले ही दूर सही किन्तु एक नवीन ध्येय इस राज्यविहीन को प्राप्त तो हो गया? न वह निर्वासित होता? न उसे ऐसी स्थिति से गुजरना पड़ता? तो क्या वह इस वृद्ध महिला से कभी 'दिख़-क़त' जैसे ग्राम में मिल पाता? यदि, उसके भाई या मामा या दोघलात या कोई प्रश्रय, संरक्षण व सुविधा-सम्पन्न स्थान दे देते, तो क्या यह स्वप्न वह कभी देख पाता? क्या भारत-विजय जैसा कोई विचार कभी उसके दिल-दिमाग़ में कौंधता? कब? कैसे? क्यों? वह सदैव मध्य एशिया की राजनीतिक प्रतिस्पर्द्धाओं में ही फँसा रहता। पश्चिम की ओर समरकन्द को ही देखता रहता, भारत की ओर-पूर्व की ओर न तो निगाहें जाती! न ही ध्येय बदलता!!

बाबर स्वयं ही स्वीकारोक्ति करता है कि 'काबुल विजय' (1504-05 ई.) के साथ ही भारत-विजय का विचार उसके अवचेतन से चेतना-जगत् में आकर एक ठोस स्वरूप एवं एक निश्चित आकार ग्रहण करने लगा था किन्तु कभी अवज्ञाकारी अमीरों को नियन्त्रित करने में, कभी जनजातीय विद्रोहों के उन्मूलन में धन, ऊर्जा, समय व संसाधनों के अपव्यय के चलते, तो कभी सेनापतियों, सैन्य-गवर्नरों, बेगों, अमीरों एवं भाइयों के चलते उसके लिए 'भारत-विजय' का स्वप्न ही रह गया। यह अभियान सम्भव ही नहीं हो पा रहा था? किन्तु सम्भवत: जिन कारणों से यह सम्भव नहीं हो पा रहा था—उसने उसके विचारों को और सुदृढ़ किया। स्वप्न साकार की इच्छा समय के साथ शिथिल नहीं पड़ी अपितु और बलवती होती गयी। ये परिस्थितियाँ तत्कालीन परिवेश में तो हिन्दुस्तान की ओर अभियान करने से उसे हतोत्साहित कर रहे थे और कर सकते थे किन्तु इस विचार को उसके मस्तिष्क से सदैव के लिए नहीं निकाल सके। जिस काम को करने का अवसर न मिले, उसकी इच्छा-निश्चित ही उतनी ही तीव्र होती जाती है।

अत: 'काबुल विजय' (1504-05 ई.) के डेढ़ दशक के उपरान्त ही बाबर हिजरी सन् 925 एवं सन् 1519 ईसवी में कहीं जाकर इस विचार को क्रियान्वित करने की प्रक्रिया प्रारम्भ कर पाया। जब उसने बाजौर के दुर्ग पर आक्रमण करके

उसे विजित कर लिया था। अगले सात-आठ वर्षों में उसने पाँच बार भारत पर अभियानों का नेतृत्व किया और पाँचवीं बार में वह भारत-विजय का श्रीगणेश करते हुए 1526 ई. में पानीपत के प्रथम युद्ध में इब्राहीम लोदी को पराजित करके, यहाँ अपने राज्य की नींव डालने में सफल होता है! काबुल में अपने राज्य की नींव डालने के दो दशक बाद ही वह भारत में मुग़ल साम्राज्य की नींव डालने में सफल हो पाया। उसके जैसे उत्साही, साहसी, आक्रामक, रोमांचकारी योद्धा, वीर सैनिक एवं निपुण सेनापति को यदि भारत-विजय की अपनी महत्त्वाकांक्षा पूर्ति करने में बीस वर्षों तक प्रतीक्षा करनी पड़ी, तब आप सहज ही समझ सकते हैं कि वह विचार कितना स्थूल, प्रभावकारी, व्यवहारी, ठोस रूप में शिद्दत के साथ उसके दिलों-दिमाग़ पर छा गया होगा, जो एक वृद्धा ने औरातिया के नगण्य से ग्राम दिख़-क़त में दिया था। किन्तु बाबर ने वह स्वप्न साकार करके, अपने साथ-साथ इन सबको भी क्रमशः अमरत्व प्रदान कर दिया!

●

हमीदा बानो बेग़म : अकबर की माँ

(संक्रमण काल की गवाह)

मुग़ल इतिहास की निर्मिति में अगर किसी स्थान विशेष की महत्त्वपूर्ण भूमिका रही है, तो वह था 'मुग़ल हरम' या रनिवास या जनानख़ाना। वस्तुतः मुग़ल रनिवास ने न केवल मुग़ल वंश को श्रेष्ठ शासकों की शृंखला ही प्रदान की अपितु, सांस्कृतिक, सामाजिक समन्वय के परिवेश की पृष्ठभूमि को समृद्ध किया एवं आधार को सशक्त किया। यही नहीं, इसी 'हरम' ने 'महान् मुग़लों' को संवेदनशील, मानवीय एवं सुसंस्कृत बनाने में भी सर्वाधिक योगदान दिया। 'महान् मुग़लों' या 'ग्रेट मुग़ल्स' का काल 1526 ई. में मुग़लवंश के संस्थापक 'पादशाह' या बादशाह बाबर से शुरू होकर, आलमगीर प्रथम औरंगज़ेब के शासनकाल के साथ 1707 ई. में समाप्त होता है। इस पूरे काल का इतिहास महत्त्वपूर्ण होने के साथ-साथ दिलचस्प भी बहुत है।

इन महान् मुग़लों में भी सर्वश्रेष्ठ अकबर था, जिसे विन्सेण्ट स्मिथ ने न केवल 'महान्' घोषित किया; अपितु गम्भीर वैज्ञानिक एवं वस्तुपरक शोध के आधार पर 'अकबर द ग्रेट मोगल' शीर्षक पुस्तक लिखकर स्थापित एवं तार्किक व न्यायोचित प्रमाणित कर दिया था। इसी अकबर के काल में उसके पिता हुमायूँ का इतिहास लिखा गया था और अकबर की 'आत्मा' के रूप में विख्यात अबुल फ़ज़ल ने जब अकबर का इतिहास लिखा तो उसने 'इनसाने-कामिल' के रूप में बादशाह के पिता अथवा हुमायूँ को स्थापित किया। आइये इन दो पिता-पुत्र बादशाहों के बीच की कड़ी की कहानी पर नज़र दौड़ायी जाय।

अकबर का जन्म हुमायूँ की पत्नी हमीदा बानो के गर्भ से हुआ था। अकबर के जन्म से पूर्व हुमायूँ की पूर्व पत्नियों से केवल पुत्रियाँ ही उत्पन्न हुई थीं और बादशाह तथा पूरा रनिवास ही इच्छुक या लालायित था कि इस वंश की विरासत को सँभालनेवाला एक अदद 'वली अहद' या उत्तराधिकारी मिल जाय। उधर हुमायूँ अपने पिता की आकस्मिक मृत्यु से उत्पन्न परिस्थितियों में बुरी एवं पूरी तरह से फँस-सा गया था। अफ़गान तेज़ी से पुनर्गठित हो रहे थे वे सत्ताच्युत होकर, अफ़गानिस्तान या काबुल तक से मुग़लों को निर्वासित करने की योजना पर सुनियोजित-समन्वित रूप

से कार्य करने लगे। वे हुमायूँ को परास्त व निर्वासित करने के कार्यक्रम को अमली-जामा पहनाने के लिए दृढ़-संकल्प थे। अतः वे समन्वित ढंग से पूरब में शेर ख़ाँ (बाद में शेरशाह के रूप में प्रसिद्ध) एवं पश्चिम में गुजरात के शासक बहादुरशाह के अधीन संगठित होकर युद्ध करने लगे थे। कभी पूरब में शेर ख़ाँ, हुमायूँ के विरुद्ध हथियार उठाता, तो हुमायूँ उसके विरुद्ध कूच करता या सेनाएँ भेजता, ठीक उसी समय पर पश्चिम में बहादुरशाह के नेतृत्व में मुग़ल क्षेत्रों पर आक्रमण करने की योजना पर भी अमल किया जाता था। अतः हुमायूँ को चैन से न बैठने दिया गया। उसका समय, ध्यान, ऊर्जा एवं संसाधन सब विभक्त हो जाते थे।

अन्ततः अफ़गान सफल हुए और शेर ख़ाँ दिल्ली के सिंहासन पर शेरशाह के विरुद्ध के साथ आसीन होकर, भारत में द्वितीय अफ़गान साम्राज्य की नींव डाल चुका था और हुमायूँ पलायन व भटकने के लिए बाध्य हो गया था। इसी पलायन के दौरान ही उसकी नज़र अपने छोटे भाई, राजकुमार हिन्दाल के 'हरम' में रहनेवाली मात्र चौदह-वर्षीया हमीदा बानो पर पड़ी और हिन्दुस्तान का तख़्त हारा हुआ पलायन को बाध्य हुआ बादशाह, पहली नज़र में हमीदा बानो को देखकर, अपना होश खोकर, दिल हार चुका था!

कहानी आगे बढ़ाने से पूर्व आइये एक बार फिर 'हरम' या जनानख़ाने की ओर लौटें और जाने कि मुग़ल बादशाहों के जीवन में उसका क्या महत्त्व था। मुग़ल बादशाह अपनी दादी, बुआ-दादी, बुआ, माँ, सौतेली माताओं एवं बड़ी बहनों आदि के समक्ष आदर भाव प्रकट करने हेतु प्रायः रनिवास में उनके कक्षों में जाते थे तथा ये बुज़ुर्ग महिलाएँ उनको आशीर्वाद, स्नेह एवं शुभाशीष देने के साथ स्वयं भी सुरक्षित एवं आश्वस्त महसूस करती रही होंगी! वास्तव में देखें, तो मुग़ल बादशाह मुल्क में सर्वश्रेष्ठ होने के नाते, लोगों, अमीरों, स्थानीय शासकों, क्षेत्रीय सरदारों की प्रतिष्ठा एवं प्रशंसा का केन्द्रीय प्रतीक था; किन्तु उसे अपनत्व एवं आत्मीयता का अभाव महसूस होता था। वह इस अपनत्व एवं आत्मीयता की तलाश में 'रनिवास' की ओर रूख करते थे।

वे जनानख़ाने में अपने नज़दीकी रिश्तेदारों से रू-ब-रू होकर इस कमी को पूरा कर पाते थे। जहाँ एक ओर ये महिलाएँ अपने 'रिश्तेदार' से अपने दिल की बात कर सकती थीं, वही दूसरी ओर 'बादशाह' भी अपने दिल के बोझ को बेहिचक हलका कर लेते थे। यह अन्तर 'वैयक्तिक' और 'सार्वजनिक' जीवन के आयामों का है किन्तु यह जितना बारीक़ है उतना ही सुस्पष्ट एवं सरल रूप से समझने योग्य। वस्तुतः अस्थिर, अशान्त, युद्धपरक परिस्थितियों एवं राजनीतिक झंझावातों के बीच शासकों को कहीं भी शान्ति मिलती थी या यूँ कहें सुकून से सोचने का अवसर मिलता था और एक ऐसा स्थान जो राजनीतिक, प्रशासनिक हलचलों से दूर-नितान्त पारिवारिक

स्थान था—वह मुग़ल 'हरम' था। किन्तु कैसा अन्तर्निहित अन्तर्विरोधों का सिलसिला चला कि बाद में इन्हीं कारणों से रनिवास या 'हरम' मुग़लकालीन भारतीय राजनीति में 'राजनीतिक हस्तक्षेप' करने की भूमिका का भी निर्वहन करने लगा!

अब हम उस परिदृश्य को समझें, जिसमें हुमायूँ ने दिलदार बेग़म को देखा था। यह हमें उस पूरी स्थिति को समझने में मदद करेगी, जिसमें हम यह 'कहानी' स्थित कर रहे हैं। जब हुमायूँ आगरा-दिल्ली-लाहौर से निर्वासित हो गया था तब उससे छोटा (तुरन्त बाद का) भाई (सौतेला) कामरान, क़ाबुल में अपनी स्थिति सुदृढ़ करने लगा था और उसका (कामरान का) सगा छोटा भाई मिर्ज़ा अस्क़री ज़ाहिर-सी बात है, इन प्रतिकूल परिस्थितियों में सगे बड़े भाई मिर्ज़ा कामरान के यहाँ प्रश्रय लेने को बाध्य था। जबकि सबसे छोटा भाई (सौतेला) मिर्ज़ा हिन्दाल अपने सहायक मिर्ज़ा यादगार के साथ सिन्ध स्थित भक्क़र को आधार बनाकर, गुजरात विजय की महत्त्वाकांक्षी योजना बनाने लगा था।

निर्वासित बादशाह हुमायूँ को इन परिस्थितियों में सबसे छोटे भाई मिर्ज़ा हिन्दाल के साथ, सिन्ध एवं गुजरात में स्थिति सुदृढ़ करके, भारत की पुनर्विजय की योजना ही अपने अस्तित्व का एकमात्र विकल्प नज़र आया। इसी साथ के चलते, हुमायूँ को हमीदा बानो मिली और इस प्रकरण पर दोनों के मध्य भेद एवं विवाद इतने गहरा गये कि दोनों ने एक-दूसरे का साथ छोड़कर अपने-अपने पृथक् मार्ग पर चलने के लिए विवश पाया।

आगरा-दिल्ली-लाहौर से निर्वासित बादशाह हुमायूँ जब रेगिस्तान के रास्ते सिन्ध में मिर्ज़ा हिन्दाल की ओर बढ़ा और 1540 ई. के अन्त में सिन्ध के सीमावर्ती क्षेत्र तक पहुँचा, तो सिन्ध के शासक का चिन्तातुर व भयातुर होना स्वाभाविक था। अतः सिन्ध के शासक शाह हुसैन मिर्ज़ा ने उसे सहायता देने से इनकार ही नहीं किया अपितु उसकी राह में काँटे भी बोये एवं अवरोध पैदा किये। अन्ततः मिर्ज़ा द्वय हिन्दाल एवं यादगार दोनों ने गुजरात-विजय की योजना के परित्याग का निर्णय लेने में अपने आपको विवश पाया! विकल्पहीनता की स्थिति में वे बेचारे कान्धार-विजित करने के लिए सोचने लगे। हुमायूँ निर्वासित ही सही बादशाह रहा था। वो दूरदृष्टि से देख पा रहा था, कि कान्धार जीतना अत्यन्त कठिन था, यदि असम्भव नहीं तो फिर कान्धार-विजय के बाद भारत पुनर्विजय को अमली-जामा पहनाना नितान्त दुष्कर एवं दूरस्थ था, जबकि वह बादशाह रहते गुजरात विजय कर चुका था—भले ही बाद में जनाक्रोश के चलते वहाँ बहादुरशाह पुनः स्थापित हो गया था। वह यह भी जानता था कि सिन्ध से गुजरात और गुजरात से दिल्ली-आगरा विजित करना अधिक सम्भव, सरल एवं व्यावहारिक था—बावज़ूद सिन्ध शासक के अवरोधों के।

अत: इन दोनों मिर्ज़ाओं—हिन्दाल एवं उसके सहायक यादगार को समझाने की ग़रज़ से ही हुमायूँ, मिर्ज़ा हिन्दाल से मिलने भक्क़र के द्वीपीय-दुर्ग से कुछ दूरी पर स्थित उसके शिविर-निवास पर पहुँचा था। वास्तव में, उसने कान्धार-विजय योजना के सन्दर्भ में मिर्ज़ा कामरान से भी बात कर लेना बेहतर समझा था, ताकि, वहाँ कोई ग़लतफ़हमी न हो, किन्तु कामरान को भला क्या एतराज़ होता? किन्तु, उसने अपनी शंका अवश्य व्यक्त की थी कि क्या हिन्दाल अपने अल्प संसाधनों से ईरान जैसे राज्य के शासक के मुँह से 'कान्धार का निवाला' छीन सकता है क्या? अत: यह नितान्त अव्यावहारिक योजना साबित हो रही थी। अत: इस विकल्पहीनता की स्थिति में, हुमायूँ का वहाँ जाना और हिन्दाल को समझाना आवश्यक ही नहीं अपरिहार्य हो गया था।

ऐसी परिस्थिति में निर्वासित (किन्तु) बादशाह हुमायूँ हिन्दाल के शिविर में पहुँचा क़ायदे के अनुसार, अपने छोटे भाई से भेंट के पूर्व, वह अपनी सौतेली माँ (मिर्ज़ा हिन्दाल एवं गुलबदन बेग़म की सगी माँ) दिलदार बेग़म के निवास या 'रनिवास' में आदर प्रकट करने के लिए पहुँचा। और यहीं उसकी नज़र उस चौदह-वर्षीया बेहद सुन्दर, सुडौल, आकर्षक एवं संयमित आचरणवाली तमीज़दार हमीदा बानो पर बरबस पड़ी और हट ही नहीं पायी। जब वह नज़र से ओझल भी हो गयी और हुमायूँ अपने भाई से राजनीतिक सामरिक मुलाकात के बाद, जब भक्क़र के दुर्ग के सामने अपने शिविर में भी लौट आया, तब भी वह रूप-लावण्य, वह संयमित-संस्कारित उभरते यौवनवाली छरहरी काया उसके दिल-दिमाग़ पर छायी ही रही! दिन बीता, क़िन्तु, रात कब करवटों में कट गयी? वही छवि, वही चेहरा, वही नैन-नक्श, वही संयमित, चपलता सबसे अधिक असर होता ही है कमसिन, किन्तु, परिष्कृत व ख़ानदानी बाला का!

आइये, हम हुमायूँ की बहन और जीवनीकार गुलबदन बेग़म के विवरण को देखें, तो बातें और स्पष्ट हो जायेंगी, क्योंकि गुलबदन बेग़म न केवल उसकी ननद हुई, अपितु, जीवनपर्यन्त हमीदा बानो की दोस्त व हमराज़ भी रहीं। गुलबदन के वर्णन के अनुसार जैसे ही बादशाह की नज़र हमीदा पर पहली बार पड़ी, हुमायूँ का अपने दिल और जज़्बात पर कोई नियन्त्रण ही नहीं रहा! वे विवश होकर तपाक् से पूछ बैठे 'ये कौन है?' जवाब निहायत संयत, सभ्य और शालीन ढंग से सादर हमीदा बानो ने ही दिया (जैसा कि परिष्कृत, शिक्षित व संस्कारित यौवना को बादशाह की उपस्थिति में व्यवहार करना चाहिए) मीर बाबा दोस्त की बेटी। 'संवाद समाप्त', किन्तु हुमायूँ कहाँ माननेवाला था डूबते को तिनके का सहारा, वहीं हमीदा बानो का भाई मुअज़्ज़म भी खड़ा था। हुमायूँ ने उसे देखकर (हवा में) बात उछाली 'शीघ्र ही यह मेरा अपना ख़ास रिश्तेदार होगा।' और फिर साफ़ शब्दों में हमीदा को इशारा

देते हुए बोल पड़ा 'यह तो मुझसे सम्बन्धित है ही।' यानी रिश्तेदारी तो है ही, उसे और प्रगाढ़ भी किया जा सकता है।

इतनी लम्बी रात तो शायद हुमायूँ को कभी नहीं लगी जितनी ये रात साबित हुई! उसकी बेकरारी, होश-हवास खो देने का और क्या सबूत होता, कि वह पौ फटने का इन्तज़ार करता रहा कि कब पौ-फटे, सुबह हो और वो अपनी माँ (सौतेली ही सही) की शरण में जाये। कहँ तो वो हुमायूँ था, जो पास में शिविर डाले, महीनों से पड़ा हुआ था और जिसे अपनी माँ (भले ही सौतेली हो) के दर्शन करने एवं आदर प्रकट करने की इच्छा नहीं जगी थी और न ही गया वह बेचैनी से रात बीतने की प्रतीक्षा करने लगा। रात बीते अपनी माँ के पास जाय, अपने दिल की बात कहे, हमीदा बानो से विवाह के लिए 'पैग़ाम' प्रेषित करवा सके, उनसे 'निकाह' करके अपने 'हरम' में ले आये। हारा हुआ बादशाह अब अपना दिल भी हार गया था! शायद ताज और तख़्त खोने की वजह से 'यही कुछ' पाने में हुमायूँ को सन्तोष/ विजय/ हर्ष की बारीक़-सी ही सही पर एक किरण दिखी होगी? वह साम्राज्य, बादशाहत खो चुका था, सिन्ध का शासक खुली चेतावनी दे रहा था। हिन्दाल नज़दीक के लक्ष्य के स्थान पर अव्यावहारिक एवं दूरस्थ स्वप्न का पीछा करने की राह पर चलने को बेकरार, मिर्ज़ा कामरान एवं उसका सगा छोटा भाई मिर्ज़ा अस्क़री काबुल में अपनी स्थिति सुदृढ़ करे हुए थे। हारा जुआरी एक आख़िरी दाँव खेलने को आतुर था!

दूसरे दिन सबेरे जब हुमायूँ अपनी सौतेली माँ के पास पहुँचा तब लगभग याचक के भाव से उसने अर्ज किया : "मीर बाबा दोस्त या शेख़ अली अहमद जामी तो हमारे सम्बन्धी ही हैं, अत: यह ठीक ही रहेगा, यदि आप मेरी शादी उनकी बेटी से करवा ही दें?" दिलदार बेग़म को काटो तो ख़ून नहीं सारी ज़िम्मेदारी उनकी थी—एक तरफ़ उनका बेटा था सबसे बड़ा, जो भले ही निर्वासित हो, पर था तो हिन्दुस्तान का बादशाह एवं बाबर का वैध एवं विधिक उत्तराधिकारी भी था और दूसरी ओर थी हमीदा बानो जो उसके 'हरम' में रहने के कारण उसकी ज़िम्मेदारी थी। दिलदार बेग़म संरक्षिका एवं हमीदा बानो उन्हीं पर आश्रित थी। दिलदार बेग़म एक बेहद परिष्कृत, संजीदा, संयमी एवं अनुभवी महिला थीं। वे शान्त थी, क्योंकि उनका ममतामयी हृदय गवारा नहीं कर रहा था कि वो कैसे किसी की नन्हीं-सी जान (जो उसी पर पूर्णतया आश्रित हो) को एक अधेड़ से व्यक्ति के साथ रिश्ते की डोर से बाँधने का वादा कर दे, जिसका अपना कोई ठिकाना (या राज्य भी) न हो? क्या वह सिन्ध या गुजरात या कान्धार जीत भी पायेगा? और अन्तत: क्या दोबारा कभी पिता की विरासत सँभाल पायेगा? क्या फिर भारत का बादशाह हो पायेगा? और तो और, क्या वह दोबारा स्थायी राज्य एवं/अथवा जीवन जी पायेगा?

कुछ दिनों पहले तक, जब दोनों ही सिन्ध में थे तब हुमायूँ को न छोटे भाई, न माँ और न ही बहन गुलबदन बेग़म का ख़्याल आया था। कब आया था जब उसे एक मिर्ज़ा हिन्दाल में कुछ आशा की किरण दिखायी दी, तब उसने न तो गुरेज़ किया और न ही देर की कि हिन्दाल के कन्धे पर ही बन्दूक़ रखकर सिन्ध, गुजरात, कन्धार और अन्ततः भारत पर नज़र गड़ाये बैठा था। और नज़र अन्ततः इन सबसे कहीं दूर हमीदा बानो की छवि पर टिक गयी या बस गयी और इसीलिए अब भाई, बहन, माँ सभी नज़दीकी रिश्तेदार 'अपने' लगने लगे, जो येन-केन-प्रकारेण हमीदा बानो को उसकी बनाने में सहायक (मोहरे?) हो सकते थे?

मिर्ज़ा हिन्दाल जो उससे उम्र में ग्यारह वर्ष छोटा था—इस 'प्रकरण' पर अवाक् रह गया। हमें स्मरण रखना चाहिए कि यह प्रकरण 1540 ई. के अन्त का है, जब हुमायूँ की आयु 33 वर्ष एवं हिन्दाल स्वयं 22 वर्ष का था। ऊपर से हमीदा बानो मात्र 14 वर्ष की एवं मिर्ज़ा हिन्दाल के शिक्षक की पुत्री। अतः माँ की शरण में जाकर अपनी अर्ज़ या फ़रियाद करने के बाद, उसे हिन्दाल से भी तो बात करनी थी, क्योंकि, वो शिविर हिन्दाल का था—वो ही उसका संरक्षक एवं अन्तिम निर्णायक था—हुमायूँ, जिसके नाम का ही मतलब भाग्यशाली था—आज छोटे भाई के निर्णय के सहारे भाग्य का फैसला माँग रहा था? मिर्ज़ा हिन्दाल ने बड़े साफ़ और संयत शब्दों में कहा—"एक तो वह मेरे शिक्षक की पुत्री है, अतः मेरे लिये छोटी बहन या पुत्री समान है, दूसरे आप महामहिम बादशाह हैं, आपके पद एवं क़द के अनुसार 'मेहर की रकम' न तो निर्धारित हो सकती है और न ही इस राजनीतिक, आर्थिक संकट के काल में अदा हो सकती है।" वस्तुतः मुग़ल बादशाह एवं राजकुमार इस तथ्य से तो वाक़ई परिचित थे। आर्थिक संसाधनों की कमी एवं अस्थिर परिस्थितियाँ कोढ़ में खाज की स्थिति ही उत्पन्न कर रही थीं। बातों-बातों में मिर्ज़ा हिन्दाल ने हुमायूँ एवं हमीदा बानो की उम्र के अन्तर को भी रेखांकित कर दिया था!

वास्तव में माँ से प्रत्यक्ष निवेदन करनेवाला हुमायूँ फूँक-फूँक के क़दम रख रहा था। वह प्रत्यक्ष रूप से मिर्ज़ा हिन्दाल से बात करने नहीं गया था—वो उसने एक आख़िरी तीर की तरह रख छोड़ा था। इस अवसर पर तो यह सन्देश उसने अपने विशेष दूत सुभान क़ुली के माध्यम से ही मिर्ज़ा हिन्दाल को प्रेषित किया था। यहाँ एक बात और स्पष्ट करनी ज़रूरी है—वस्तुतः जब दिलदार बेग़म ने हुमायूँ के इस विवाह प्रस्ताव की बात हमीदा बानो के समक्ष उठायी थी, तब उसने दृढ़ता से स्पष्टतः इनकार कर दिया था और उससे क्या उम्मीद भी की जा सकती थी? अतः मिर्ज़ा हिन्दाल ने सुभान क़ुली को यह भी बता दिया कि, चूँकि, वह कमसिन बाला साफ़ शब्दों में इनकार कर चुकी है अतः उसके समक्ष यह प्रस्ताव दुबारा छेड़ना न केवल ग़लत होगा, अपितु, एक संरक्षक द्वारा आश्रित के साथ अन्याय भी। उसने स्वयं कोई अनुचित, अतार्किक, दुराग्रहपूर्ण एवं अव्यावहारिक कार्य को अंजाम न देते हुए हुमायूँ

के इस विशेष दूत सुभान क़ुली से प्रत्यक्ष हमीदा बानो के समक्ष यह प्रस्ताव प्रेषित करने को कहा। वाह रे हमीदा बानो! उसने बिना क्षण-भर लगाये हुए, अत्यन्त शान्त, संयत एवं शालीन भाषा में अपना दृढ़ एवं स्पष्ट इनकार अभिव्यक्त कर दिया! दिलदार बेग़म हों, गुलबदन बेग़म हों या मिर्ज़ा हिन्दाल, सभी इस उत्तर से वाकिफ़ थे—उनके लिए यह उत्तर प्रत्याशित था, शायद तभी तो पूरे विश्वास के साथ हिन्दाल ने सुभान क़ुली को प्रत्यक्षत: उत्तर दिलवाना एक दूरदर्शिता पूर्ण किन्तु कूटनीतिक क़दम समझा था।

वाक़ई जब हुमायूँ ने दूसरे दिन (हमीदा बानो को देखने के बाद) अपनी माँ दिलदार बेग़म के समक्ष अपना निवेदन प्रस्तुत किया, तो बेग़म के पास कोई और चारा न था, सिवाय इसके कि अपने इस निर्वासित पुत्र के विवाह 'पैग़ाम' को हमीदा बानो के समक्ष प्रत्यक्षत: रखे, किन्तु जैसा ऊपर वर्णन किया ही है, हमीदा बानो को क्षण-भर की देर नहीं लगी और उसने अस्वीकार कर दिया। उसकी क्या उम्र थी ही? किन्तु संस्कारोंवाली, परिष्कृत नव-यौवना के भी अपने विचार और सपने रहे होंगे। ज़ाहिर-सी बात है कि उसकी कल्पना में दूर-दूर तक या सपनों में भी कोई अधेड़ बिना तख़्त व ताज का निर्वासित बादशाह (?) तो नहीं ही रहा होगा, जिसका कोई भविष्य निश्चित ही न हो? अपने से ढाई गुने बड़े उम्र के निर्वासित व्यक्ति से सुरक्षा-संरक्षण की प्रत्याशा क्या थी? विवाह वो भी एक नव-यौवना के लिए सर्वप्रथम जीवन में सुरक्षा-संरक्षण, सामाजिक सम्मान और स्थायित्व की भावना से ओत-प्रोत ही होता था। विशेष रूप से मध्यकाल के उस वातावरण और एक नये देश में? अत: हमीदा बानो ने वही किया, जो कोई भी समझदार व संयत व्यक्ति करता।

लेकिन, सत्ता के शीर्ष पर रहा हुआ व्यक्ति; काबुल-बदख़्शाँ से हिन्दुस्तान तक फैले हुए साम्राज्य का जो स्वामी रहा हो, वो कुछ चीज़ें अपना अधिकार समझते हुए माँग बैठता है? हुमायूँ ने कल्पना भी नहीं की थी कि मीर बाबा दोस्त की चौदह-वर्षीया बेटी उसके पैग़ाम को ठुकरा देगी। ऐसे सत्ताशीर्ष पर बैठे (भले ही निर्वासित क्यों न हों?) व्यक्ति की पूर्ण सत्ता का पूर्ण मद, उसे एक दूसरी मानसिकता में कैद कर रहा था। वो कदापि 'न' सुनने का आदी नहीं था। अत: चौदह-वर्षीया हमीदा बानो के 'न' ने भी अग्नि में घृत का ही कार्य किया! उसकी अभिलाषा ने लिप्सा का रूप धारण कर लिया 'निषेध फल' की इच्छा तो मानव पतन के मूल में ही थी, अत: हुमायूँ भी 'मर्यादित आचरण' के पायदान भूलकर कई पायदानों को पारकर अपने निर्धारित लक्ष्य हमीदा बानो को पाने के लिए लालायित हो उठा!

उसका (?) 'पैग़ाम' ठुकराया गया था? फिर, विशेष दूत सुभान क़ुली को भेजने से भी दाल नहीं गली। राजनीतिक व सैन्य असफलता और हताशा झेल रहा बादशाह दिल, विवाह, सामाजिक-पारिवारिक जीवन में असफलता कैसे बर्दाश्त कर पाता?

यह एक ऐसी समस्या थी जिसके विषय में उसने सपने में भी कभी नहीं सोचा था—किन्तु उसका कौल/ईमान सब-कुछ डिगा दे रही थी—वह बादशाह की तरह नहीं अपितु, एक याचक की तरह व्यवहार कर रहा था। अत: उसने सोचा कि एक बार वह प्रत्यक्षत: इस छोकरी से बात करे—पादशाह नसीरुद्दीन मुहम्मद हुमायूँ के शादी के पैग़ाम (?) को शायद राजनीतिक व सामाजिक-प्रतिष्ठा मानते हुए सहज स्वीकार कर ले? अत: वह एक बार फ़िर मिर्ज़ा हिन्दाल के शिविर में था! बातें होनी सहज व स्वाभाविक थीं, वैसे तो न होती लेकिन जैसा कि सुस्पष्ट है, कहाँ तो महीने भर तक हुमायूँ को किसी का भी ख़्याल न रहा, अब माँ की ममता पर न्योछावर हुआ जा रहा था। सुभान क़ुली के आगमन के बाद और मिर्ज़ा हिन्दाल के व्यवहार से ये बातें सिर्फ़ 'रनिवास' तक सीमित न रहकर पूरे शिविर में फैल गयीं। अत: ज़ाहिर-सी बात है कि यह सामाजिक दबाव भी कहीं हुमायूँ के अपने व्यवहार को प्रभावित कर रहा होगा। वह अपनी माँ, बहन, भाई, मित्रों, रिश्तेदारों, अधीनस्थों सबकी नज़रों में गिर जायेगा, उपहास का पात्र हो जायेगा!! अत: वह अपने दिल के हाथों विवश था, उसका दिमाग़ जवाब दे चुका था?

हिन्दाल के शिविर में पहुँचकर उसने अपनी माँ एवं अन्य रिश्तेदारों के ऊपर दबाव बनाया, ताकि वे दबाव बनाकर हमीदा बानो को बादशाह के सम्मुख प्रस्तुत करें। बादशाह की इस माँग को नकारना कत्तई सम्भव नहीं था, किन्तु एक धर्म संकट सबके समक्ष था। साँप छछूँदरवाली स्थिति हो गयी थी, इस झंझावात में जो स्थितप्रज्ञ, संयत, शालीन एवं मर्यादा का प्रतीक बनकर उभरी वह थी स्वयं वह निरी लड़की—हमीदा बानो! उसे सुसंस्कृत एवं तहज़ीबवाली हमीदा ने 'मर्यादित-व्यवहार' एवं 'परम्परा' के आधार पर उत्तर दिया। उसने 'हरम' या रनिवास के नियमों, रस्मों, रिवाज़ों, परम्पराओं एवं मर्यादित आचार का हवाला देते हुए उत्तर दिया "रनिवास की महिलाओं के द्वारा बादशाह के समक्ष एक बार उपस्थित होकर ही रिवाज़ एवं नियम के अनुसार आदर व सम्मान प्रकट किया जाता है और किया जाना चाहिए और बार-बार (या दो बार) या दूसरी बार बादशाह जैसी हस्ती के समक्ष उपस्थित होना विधि-परम्परा एवं मर्यादित व्यवहार के प्रतिमानों द्वारा स्पष्टत: निषिद्ध है। अत: मैं यह सब जानते हुए, बादशाह सलामत के समक्ष एक बार सम्मान प्रकट करने के उपरान्त अब दोबारा जाना अनुचित एवं कुलक्षण भरा क़दम होगा?" वह एक ख़ानदानी शरीफ़ लड़की थी, कोई कुलच्छिनी नहीं! बादशाह को इबारत की लिखावट न समझ आये तो यह उसकी समस्या?

इस प्रकरण में हमीदा बानो तो केन्द्र में थी ही, किन्तु उसके अतिरिक्त हुमायूँ दिलदार बेग़म, हिन्दाल एवं गुलबदन भी केन्द्र में ही हैं! हुमायूँ की सगी माँ थी माहिम बेग़म, जो बाबर की पटरानी एवं प्रिय पत्नी थी। बाबर ने दिलदार बेग़म की दो सन्तानों

को माहिम बेग़म द्वारा गोद लिया जाना न केवल स्वीकार कर लिया था, अपितु, उसी ने इसे गोद लेने का आदेश दिया था। अत: हिन्दाल 1519 ई. में और गुलबदन 1525 ई. में हुमायूँ की माँ को गोद चले गये थे और हुमायूँ के साथ सगे भाई-बहन की तरह रहे थे। ये दोनों बच्चे या यों कहें तो इन तीन मुग़ल सन्तानों ने माहिम बेग़म एवं दिलदार बेग़म को एक कर दिया था।

अत: स्वाभाविक था कि हमीदा बानो को प्रारम्भ में कुछ न कहनेवाली दिलदार बेग़म को अपने बेटे हुमायूँ पर तरस आने लगा और अन्तत: जब संरक्षिका-रूपी माँ ही समझाये तो चौदह-वर्षीया आश्रित बिटिया कब तक न पसीजे? फिर उसका एवं गुलबदन बेग़म का तो चौबीसों घण्टों का साथ रहता था, वह हुमायूँ के लाड़-दुलार की बातें करती रही और न जाने कब उसके बादशाह और पराजय-निर्वासन तक की त्रासदी भरी कहानी सुनाकर उसकी संवेदनाओं को उकसा दिया? स्त्रियों या महिलाओं की सबसे बड़ी कमी उनकी संवेदनशीलता ही होती है, अत: वे लोगों की त्रासदपूर्ण जीवन पर तरस खाने लगती हैं और संवेदनाओं में बहकर अपने निर्णय बदलकर दिमाग़ के स्थान पर दिल की बातें सुनने एवं उन पर अमल करने पर मज़बूर हो जाती हैं। ठीक ऐसा ही हमीदा बानो के साथ भी हुआ! तख़्त-ताज़विहीन बादशाह अन्तत: कामयाब रहा, हमीदा बानो के साथ क्रूर क़िस्मत और इतिहास ने जीवन के उत्तरार्द्ध में न्याय किया। वह भारत के सबसे प्रसिद्ध मुग़ल बादशाह जलालुद्दीन मुहम्मद अकबर की माँ हुई!

ख़ैर बात को वहीं से बढ़ाया जाय। दिलदार बेग़म आख़िर थी तो माँ ही, अत: उसे स्वाभाविक रूप से हुमायूँ के 'पैग़ाम' के प्रयासों और हमीदा बानो के 'न' के चलते हुमायूँ पर तरस आया ही। ज़ाहिर-सी बात है कि उसने सोचा होगा, कि काश कुछ माह पूर्व यह सब होता, तब उन परिस्थितियों में क्या एक बादशाह से सम्बन्ध जोड़ने से वह कोई गुरेज़ करती? क्या तब भी हमीदा बानो इस प्रस्ताव से इनकार करती? कि, मारे ख़ुशी के यही लड़की फूली न समाती? बादशाह रहते भी तो इस व्यक्ति ने सबका ख़्याल ही रखा था कभी किसी की शान में गुस्ताख़ी नहीं की थी। संवेदनाओं और मानवीयता के चलते छला ही गया, ठगा ही गया। शत्रुओं को भी आदमी की तरह समझता रहा और उसी प्रकार व्यवहार करता रहा, जिसका प्रतिफल इस निर्वासन में भोग रहा था और भोग रहा था वृहद् बर्लास या चग़ताई तुर्की ख़ानदान! वो धर्म-संकट और घोर असमंजस में पड़ गयी। इस समय सिन्ध में एक ही ख़ानदान के दो लड़कों सबसे बड़े और सबसे छोटे के शिविर मौज़ूद थे। सबसे बड़ी या उम्रदराज़ सदस्य वह स्वयं थी और फिर माँ थी जिसके पास पूर्व बादशाह पूरे सम्मान, आदर किन्तु आशा से आता था— वही तो एक सहारा थी, जिससे हुमायूँ की उम्मीदें बँधी थीं।

एक बात और थी, इस 'प्रकरण' ने दोनों भाइयों के बीच भी एक गतिरोध-सा पैदा कर दिया था। वो इसको अपना नैतिक एवं मातृत्व दायित्व समझती थी कि इसका सन्तोषजनक हल निकाला जाय। उन दोनों पुत्रों के मध्य पैदा हुई दरार को यह माँ पाटना चाह रही थी—इससे पहले की बात बढ़े उसे स्मरण था कि कैसे उसके (सगे) पुत्र हिन्दाल ने बादशाह के विरुद्ध बंगाल में बग़ावत की थी। किन्तु, जिस काल में बग़ावत की एक ही सजा थी, हुमायूँ ने उदारता, मान्वता और हृदय की विशालता का परिचय देकर अपने भाई के कृत्य को नादानी समझकर न केवल माफ किया था अपितु उस घटना से दिल में कभी कोई दरार, कोई दूरी नहीं आने दी थी। और, इसीलिए, भी आज दुर्दिन में उसे किसी का सहारा था, भरोसा था, तो यही छोटा भाई था, तब वह बदख़्शाँ या ईरान के शाह के पास तुरन्त न जाकर, पहले सिन्ध आया था।

क्यों? क्योंकि, इस मोड़ पर मिर्ज़ा हिन्दाल को अपने बड़े भाई एवं (पूर्व?) बादशाह का आचरण अशोभनीय और एक सीमा तक ज़बरदस्ती 'मान न मान, मैं तेरा मेहमान' वाला लग रहा था। वो तो यहाँ तक सोचने को विवश था कि 'रस्सी जल गयी मगर ऐंठन न गयी।' न राज्य, न साम्राज्य, न बादशाहत और जिस मिर्ज़ा हिन्दाल के सहारे सिन्ध गुजरात या कान्धार की विजय की कल्पना कर रहा है। उसे इस संकट की घड़ी में हुमायूँ की ऐहसान फ़रामोशी से अधिक यह प्रस्ताव और कुछ नहीं जान पड़ा। वो दबाव महसूस कर रहा था, ग्यारह वर्ष बड़े भाई का मुग़ल राज्य (साम्राज्य?) के वास्तविक एवं विधिक उत्तराधिकारी का और एक ऐसे व्यक्ति का जिसने उदारता, मानवता और संवेदनशीलता का प्रतिरूप बन उसके विद्रोह को क्षमा कर दिया था, जिसकी एक ही सज़ा थी—'मृत्यु-दण्ड'। अत: मिर्ज़ा हिन्दाल किंकर्त्तव्यविमूढ़ था! एक तरफ़ बादशाह और बड़ा भाई तो दूसरी ओर उसकी संरक्षक की भूमिका एवं नाबालिग आश्रित हमीदा बानों का दृढ़ इनकार!!

इस 'प्रकरण' को शुरू हुए एक माह से ऊपर बीत गया, तब रास्ता निकालने की ग़रज़ से दिलदार बेग़म ने पाँसा फेंका। शाम का वक़्त था, सभी महिलाएँ बैठीं इधर-उधर की बातें कर रही थीं, कि, दिलदार बेग़म ने सामने बैठी हमीदा बानो पर नज़र टिकाते हुए कहा—देखो बेटा, एक माह से ऊपर हो गया है बादशाह का तुमसे 'निकाह' के वास्ते 'पैग़ाम' आये हुए और तुम्हारे इनकार करते हुए? हमीदा की जैसे हिम्मत बढ़ती गयी हो, उसका विश्वास पहले से कई गुना बढ़ चुका था, जैसे उसे हुमायूँ कोई हताश व्यक्ति लगने लगा था; तभी तो उसके मुँह से बिना एक क्षण रुके, फूट पड़ा "ज़ाहिर है, तभी तो बादशाह होकर अपनी शान के खिलाफ़ उन्हें ऐसी बेजा हरक़त नहीं करनी चाहिए?"

आख़िरी दाँव मारते हुए, दिलदार बेग़म ने कहा "बेटा, देर-सबेर शादी तो तुम किसी-न-किसी से तो करोगी ही, तो बेहतर हो कि किसी शासक से हो जाय?" हमीदा तो जैसे सीमेण्ट-सी पक्की हो गयी थी। वो भी तो माँ समान संरक्षिका से दिल की बात कर सकती थी? निहायत संयत, किन्तु अडिग अन्दाज़ में उसने अपनी बात फिर रखी, "सही फ़रमाया, निक़ाह तो मेरा ज़रूर होगा, किन्तु मैं सदैव एक ऐसे आदमी से करना चाहूँगी जिसके कुर्ते या अचकन-जैसे कोट के 'कॉलर' तक तो मेरा हाथ पहुँचता हो! न कि ऐसे आदमी से जिसके 'कुर्ते' का नीचेवाले हिस्से तक ही मेरा हाथ पहुँचे।" यानी दोनों की उम्र के फासले की ओर अपनी संरक्षिका का ध्यान खींचते हुए इशारे-इशारे में यह भी कह दिया कि यह एक नितान्त बेमेल विवाह होगा।

समय तेज़ी से करवट बदल रहा था! हुमायूँ सिन्ध में भाग्य आजमाने से पूर्णतया हताश हो गया था, वो अब ख़ुद नये गन्तव्य या आधार (प्लेटफार्म) की तलाश में था। वह हिन्दाल के पास घोर हताशा-निराशा के दौर में आशा देखकर आया था। वह सहारा भी हाथ खींचता दिख रहा था? इधर हमीदा बानो 'हरम' की महिलाओं द्वारा इस प्रकरण पर की गयी टिप्पणियों, सवालिया निगाहों से परेशान भी हो चली थी और विवश भी। एक तो ख़ुद उसकी छोटी उम्र और ख़ून के रिश्तेदारों में एक भाई मुअज़्ज़म के अलावा और कौन था ही उसका? लगभग बेसहारा, सामाजिक-सुरक्षा एवं स्थायित्व का नितान्त अभाव? एक सहारा संरक्षक मिर्ज़ा हिन्दाल था, उसके ऊपर भी वह संकट के बादल तो नहीं ले आयेगी।' हुमायूँ के इस पैग़ाम के प्रकरण पर वो पूरी तरह हमीदा का पक्षधर एवं समर्थक था। इसीलिए बड़े भाई से असहमत, असन्तुष्ट एवं रूष्ट होने लगा था। हुमायूँ के शेष दोनों (सौतेले) भाई मिर्ज़ा कामरान और मिर्ज़ा अस्क़री पहले ही उसका साथ छोड़ चुके थे। तो क्या इस 'प्रकरण' से दोनों भाइयों के सम्बन्धों में इतना तनाव आ गया था, इतनी दरार पड़ गयी थी, कि वह भी अपने दो अन्य बड़े भाइयों का अनुसरण करते हुए सबसे बड़े भाई हुमायूँ का साथ छोड़ने को विवश था? एक नितान्त संकट की घड़ी आन खड़ी हुई थी। क्या वह अपने निर्णय पर अडिग रह पायेगी या फिर उसे दोबारा सोचना पड़ेगा? या सोचना चाहिए समझदारी भरा क़दम क्या होगा? क्या सही? क्या ग़लत? क्या समय बीतने पर सही निर्णय भी ग़लत हो सकता है? हर काल, हर परिस्थिति में कोई एक निर्णय सर्वमान्य नहीं होता है क्या? कितनी दूर तक 'अपनों' का साथ होता है? औरतों का नज़रिया एक-सा ही होता है क्या? क्या शादी या निक़ाह में ही सामाजिक-सुरक्षा या अस्तित्व ही आश्वस्त होती है? क्या कन्या के रूप में जंग एक अभिशाप ही होता है? जहाँ आप अपना एक नितान्त 'निजी' निर्णय भी नहीं ले सकते/सकतीं। तभी न यह अधिकार देकर न देते हुए बात ख़तम करते हुए ठण्डी साँस भरते हुए ख़ीझ, हताशा, 'अनजानी-अनहोनी' की शंका से पूर्ण आँसुओं को पीते हुए

दिलदार बेग़म ने बस इतना भर कहा "बेटा जैसी तेरी क़िस्मत जो कुछ भी एक बुज़ुर्ग तज़ुर्बेकार महिला और माँ के नाते ठीक समझा वह कह दिया, समझा दिया, अब आगे जैसा भी हो...।" ज़ाहिर-सी बात है, हमीदा बानो को एक बारगी सब-कुछ फिसलता-सा दिखा उसे दिलदार बेग़म की इस हताशा में एक विकल्पहीनता की स्थिति साफ़ दिखायी दी।

अब एक कशमकश की स्थिति पैदा हो गयी बेचारी हमीदा बानों के समक्ष। मिर्ज़ा हिन्दाल ने मन बना लिया था—वो कान्धार अभियान पर जा रहा था। हुमायूँ से पृथक् होकर क्या वह कान्धार ईरानियों से जीत पायेगा? क्या उसके पास उतने संसाधन हैं? क्या उनके सुनियोजित समन्वित उपयोग की सामरिक-राजनीतिक समझ है? क्या उसे जीवन-भर एक स्थान से दूसरे स्थान अपने संरक्षक मिर्ज़ा हिन्दाल के शिविर में ऐसे ही भटकते रहना पड़ेगा? क्या संरक्षक उसे बोझ मानकर खीझ तो न उठेगा? कब तक? कहीं कामरान और अस्क़री के हाथों पड़ गयी? अरघूनों, उज़्बेग़ों, मुग़लों या अन्य क़बीलाई शक्तियों और उनकी सेनाओं या सेनापतियों या दुर्दान्त सैनिकों के हाथ कभी पड़ गयी तब? शेरशाह निरन्तर सत्ता और साम्राज्य का विस्तार करता जा रहा था। अत: अफ़ग़ानों से तो ख़तरा वास्तविक और बहुत क़रीब था? अब असली और आख़िरी सवाल क्या मिर्ज़ा हिन्दाल पराजित होने के बाद पलायन को बाध्य हुआ किसी के भी विरुद्ध युद्ध में तो क्या अपने 'हरम' को सुरक्षा-संरक्षण प्रदान कर पायेगा? पलायन किये हुए मुग़ल उत्तराधिकारी एवं बादशाह को तो ईरान से लेकर मध्य एशिया में कहीं भी शरण मिल सकती है किन्तु उन्हीं परिस्थितियों में फँसे सबसे छोटे मुग़ल राजकुमार को?

ऐसी परिस्थितियों में मरता क्या न करतावाली स्थिति में फँसी हमीदा बानो को शायद यही समझ में आया या आने लगा कि यदि जीवन में कष्ट भोगना ही लिखा है, तो बेहतर है कि एक मल्लिका (राज्यविहीन ही सही?) के रूप में भोगे? और यदि 'हुमायूँ' अपने नाम को सच और सही साबित करते हुए वाक़ई भाग्यशाली या क़िस्मतवाला हुआ, तब तो अन्तत: कभी-न-कभी ख़ुदा-न-ख़ास्ता अपना राज्य/साम्राज्य दोबारा हासिल करने में कामयाब हो गया, तब तो वाक़ई वो 'मल्लिका' और पटरानी ही होगी? साम्राज्य में एक अहम् स्थान रौब, रुतबा सब-कुछ तो पा जायेगी? अपने भाग्य से कोई कब तक लड़े? सिर्फ़ अबला ही नहीं, एक चौदह-वर्षीया किशोरी?

कहीं ज़ेहन में एक बात और असर कर रही होगी हुमायूँ का धैर्य और संयत व्यवहार ही तो था कि वह बादशाह होकर भी निरन्तर प्रणय-निवेदन मात्र ही तो कर रहा था? कोई ज़ोर-ज़बरदस्ती तो नहीं की, न करने का कोई प्रयास अपनी वाणी से ही किया? घोर हताशा में, एक पराजित और पलायन किये हुए बादशाह को तो इतना

चिड़चिड़ा हो जाना चाहिए था कि कभी यह प्रश्न दोबारा उठाना तो दूर उसे रास्ते से हटवाने तक के विषय में सोच लेना चाहिए था? किन्तु क्या हुमायूँ ने अपने शान्त, संयत, शालीन व्यवहार से कभी भूल के भी ऐसे संकेत मात्र भी दिये? इन प्रश्नों का एक ही उत्तर था—नहीं! उसने कभी हमीदा बानो को अपने समक्ष उपस्थिति होने का कोई आदेश नहीं दिया—वह तो सदैव उससे याचना ही करता रहा। उसके प्रत्येक व्यवहार में हर क़दम में, अभिव्यक्ति में, सिर्फ़ प्रेम और प्रेम था। हठ तो बिल्कुल और कभी नहीं। सदैव एक निवेदन और आग्रह दिखा न कि आदेश और दुराग्रह कोई बादशाही फ़रमान या दबाव भी नहीं। अन्ततः वह चौदह-वर्षीया नादान, कमसिन, किशोरी अपने-आपको कितना, कब तक और कैसे रोक पाती? बादशाह हुमायूँ के पैग़ाम के ठीक चालीसवें दिन यानी 1541 ई. की सितम्बर की 21 तारीख को इतिहास में दर्ज़ हुआ हमीदा बानो का 'इकरार'!

हुमायूँ की तो जैसे ख़ुशी का ठिकाना न रहा! उसे मन माँगी मुराद मिल गयी हो। वो ख़ुशी से झूम उठा—उसका रोम-रोम पुलकित! खगोल और ज्योतिष के अध्ययन में पूरी निष्ठा रखनेवाला वह विद्वान् शासक, इन दोनों विषयों का एक गम्भीर अध्येता भी था। हो सकता है, उसने गणना के आधार पर ही हमीदा बानो से विवाह करने का मन बनाया हो? हो सकता है, इन विषयों के अध्ययन पर ही वह विवाह का दबाव बना रहा हो? शायद उसे ज्ञात हो या संवाद के बाद ज्योतिषियों ने उसे सलाह दी हो कि विवाहोपरान्त शनैः-शनैः संकट के बादल छँटने लगेंगे और इस विवाह के बाद अनेक कष्टों को झेलने के बाद वह अन्ततः अपना राज्य साम्राज्य वापस पा सकेगा।

हुमायूँ की ज्योतिष एवं खगोलीय ज्ञान एवं गणना पर आस्था से तो हम सब ही वाकिफ़ हैं, अतः समझ सकते हैं या अन्दाज़ लगा सकते हैं कि क्या हुआ होगा? उसकी मनःस्थिति में वाक़ई डूबते को हर तिनके का सहारा था। फिर वो तो बादशाह के रूप में भी इसी आधार पर अपनी प्रशासनिक-व्यवस्था, अमीरों, अधिकारियों एवं विद्वानों तक के बैठने की व्यवस्था तक करता था एवं अपना व्यवहार, वेश-भूषा सब-कुछ ज्योतिष के अनुरूप ही करता था, तब ऐसे समय में तो हारे हुए जुआरी का यही आख़िरी दाँव रहा होगा? अतः वह तुरन्त फिर गया ज्योतिर्विदों से, खगोलशास्त्रियों से ताकि, यथाशीघ्र कोई अच्छा-सा मुहूर्त्त निकलवाकर वह तुरन्त दाम्पत्य सूत्र में बँध सके! चालीस दिन तक संयत, धीरजवाला बादशाह अब एक पल का भी विलम्ब नहीं चाह रहा था। वह बाँध ख़ुशी के प्रवाह में आनन-फानन में बह गया!!

हमीदा बानो के साथ अपने निकाह के तीन दिन बाद ही हुमायूँ पाट नामक जगह से जहाँ वह शिविर डाले पड़ा हुआ था—चलकर भक्कर पहुँचा। उसके पास अब और कोई विकल्प न था—इस विवाह के निश्चित होते ही हिन्दाल और उसके बड़े भाई के रास्ते अलग हो गये। नाराज़ मिर्ज़ा हिन्दाल कान्धार की ओर चला गया! इधर सिन्ध के अरघून शासक ने हुमायूँ की दुश्वारियाँ और बढ़ा दीं। उसने मुग़ल पोतों पर ज़बरदस्त आक्रमण किया। 1542 ई. की फरवरी के अन्त में हुए इस भीषण हमले में मुग़ल शिविर में ऐसी भगदड़ मची थी कि स्वयं हुमायूँ घोड़े से गिर पड़ा था उसके हाथ पैरों में गम्भीर चोटें आयी थीं। नयी दुल्हन, नये स्वप्न, नयी आशाएँ सब धूल-धूसरित होते दिखे और उस बेचारी को जान बचाने के लिए पैदल भागना पड़ा, जैसे अन्य शिविरवासी भागे थे। ख़ैर इस संकट के उपरान्त लगता था कि आशा की किरण क्षितिज पर फिर आ गयी है, क्योंकि ऐसे प्रतिकूल समय पर मण्डौर (जोधपुर) के शासक मालदेव ने हुमायूँ को सादर शरण देने का एक ठोस प्रस्ताव प्रेषित किया! कहाँ फरवरी के महीने का अन्त हो रहा था—गर्मी बढ़ने से बेचैनी और रेगिस्तानी यात्रा अधिक कष्टप्रद होनी थी, किन्तु मरता क्या न करता। पूरी गर्मी, गरम हवाओं, आँधियों, संसाधनों की कमी झेल रही इस मुग़ल यात्री-टुकड़ी की दुश्वारियाँ बढ़ाती जा रही थीं और वे सिन्ध के रेगिस्तान में लगभग रेंगते हुए, वर्षा के आगमन पर ही जुलाई 1542 ई. में मण्डौर (जोधपुर) के राज्य की सीमा में प्रविष्ट हो पाये!

ख़ैर, मण्डौर राज्य के फालौदी पहुँचने पर हुमायूँ को शरण प्रदान करने का आश्वासन देनेवाले मण्डौर के शासक मालदेव ने सबूत और दरियादिली के रूप में एक खच्चर भर के स्वर्ण मुद्रा या अशर्फ़ी भेजी तथा बीकानेर देने का वादा किया, ताकि, हुमायूँ अपने निर्वासन-काल में एक आधार, पर्याप्त संसाधन और शान्ति, स्थायित्व, सुरक्षित समय गुज़ार सके। नाम का सौभाग्यशाली 'हुमायूँ' अब कुछ राहत महसूस कर सकता था—मगर 'आँख के अन्धे, नाम के नयनसुख' की भाँति सब-कुछ षड्यन्त्र की शक्ल अख़्तियार कर गया। मुग़लों की सत्ता को जड़ से उखाड़ फेंकने तथा द्वितीय अफ़गान साम्राज्य की स्थापना करनेवाला शेर ख़ाँ जो शेरशाह के विरुद के साथ सूरवंश की जड़ें मज़बूत कर रहा था, प्रशासनिक व्यवस्था व साम्राज्य सुदृढ़ीकरण करते हुए, स्थानीय शासकों को स्पष्ट चेतावनी भी देता जा रहा था कि 'दुश्मन का दोस्त भी दुश्मन ही होता है।' मण्डौर जैसे न्यूनतम संसाधन (शेरशाह के अपने शब्दों में जहाँ का कुल भारत के राजस्व की तुलना में मात्र 'एक मुट्ठी बाजरा' के समान हो।) वाले राज्य के लिए तो यह चुनौती थी। अस्तित्व को बचाये रखने के लिए चेतावनी थी। ख़ैर शेरशाह ने बाद में मण्डौर राज्य पर आक्रमण करके यह साबित भी किया था कि यह कोरी धमकी भर नहीं थी, लेकिन तब तक तो हुमायूँ बहुत पहले यह राज्य छोड़कर जा चुका था। फिर, क्यों शेरशाह ने धावा बोला? क्या

वह सभी स्थानीय शासकों को स्पष्ट सन्देश दे रहा था? मुग़लों को भी बता रहा था कि उनके लौटने के समस्त द्वार एवं मार्ग वह अवरुद्ध करके मानेगा?

ऐसे में राज्यों का माहौल कैसा रहा होगा—समझा जा सकता है। तरह-तरह की ख़बरों के अलावा अफ़वाहों का बाज़ार भी गर्म रहता था। इन परिस्थितियों में हुमायूँ भी पूर्णतया आ त्रस्त न रहा होगा बावज़ूद मण्डौर शासक मा नदेव के सकारात्मक रुख़ एवं व्यवहार के। राजकीय पुस्तकालय हुमायूँ का प्रिय स्थल हो गया था—अध्ययनशील मुग़ल बादशाह को मानो मन माँगी मुराद मिल गयी हो—वह किताबों और पढ़े-लिखों की संगत में डूबा रहता था। ज़ाहिर-सी बात है, पुस्तकों के लिए उसका सम्पर्क पुस्तकालयाध्यक्ष से ज़्यादा ही होता था। पुस्तकालय का यह प्रभारी भी तो राज्य-भर में फैल रही ख़बरों, अफ़वाहों से वाक़िफ़ था और जब इस प्रभारी, मुल्ला सुर्ख़ ने हुमायूँ का विश्वास अर्जित कर लिया तब उसने इससे हुमायूँ को भी अवगत करा दिया और चेतावनी देते हुए कहा कि 'उसका (बादशाह हुमायूँ) यहाँ रहना सुरक्षित नहीं है।' मालदेव पर अतिविश्वास तो क्या, विश्वास भी न करने की सलाह दे डाली। ऐसी परिस्थितियों में घिरे हुए व्यक्ति की मानसिकता भी ऐसी ही हो जाती है—वह समझ ही नहीं पाता की किस पर यकीन करे और किस पर भरोसा न करे। अत: प्रथम सकारात्मक या प्रथम नकारात्मक संकेत को ही तो आधार बनाकर अपना निर्णय करता है। अत: हुमायूँ ने तुरन्त मण्डौर छोड़कर मालदेव का आतिथ्य त्यागना तय कर लिया। कहीं वह विश्वासघाती की चिकनी-चुपड़ी बातों में तो नहीं फँस गया? कितने पापड़ बेले थे फरवरी से लेकर जून तक के सबसे ख़राब मौसम में सिन्ध, राजस्थान के बीच का दुर्दान्त रेगिस्तान पार किया था। वह यात्रा तो थी ही नहीं साक्षात् यातना थी। और इससे अर्जित क्या हुआ? एक बेवफ़ा राजपूत शासक? क्या पुस्तकालय प्रभारी मुल्ला सुर्ख़ सही कह रहा था? क्या वह ग़लतबयानी कर रहा था? सिर्फ़ बाज़ार की अफ़वाहें उस तक प्रेषित कर रहा था? वह मुल्ला सुर्ख़ पर एतबार न करे तो? बेमौत मारा जायेगा?

अत: चौसा और कन्नौज के युद्धों के पूर्व एवं पश्चात् की अनिर्णय की घड़ी फिर मुँह बाये खड़ी थी और जैसा उन दो युद्धों के उपरान्त हुमायूँ ने किया, वही यहाँ भी करना उचित, तार्किक एवं श्रेयस्कर माना। वह मण्डौर से पलायन कर गया। यह यात्रा भी उतनी ही यातना थी, जितनी सिन्ध से मण्डौर की—अपितु और भी अधिक, उसका शिविर बेहद सामान्य और छोटा था—मात्र सात घुड़सवार उसके साथ इस यात्रा में चल रहे थे और उसकी युवा पत्नी हमीदा बानो जिसको प्रसिद्ध इतिहासकार डॉ. ईश्वरीप्रसाद 'गर्ल वाइफ़' कहते हैं वह प्रसव पीड़ा से बेहाल थी! ऐसे में आप यात्रा की यातना की कल्पना से ही सिहर सकते हैं! एक-एक पल, एक-एक जीवन

के समान लग रहा होगा, हमीदा को? उसने सोचा था कि मण्डौर राज्य में शान्ति, स्थायित्व, सुरक्षा प्राप्त हो जायेगी? यहाँ तो इतनी हड़बड़ में भागना पड़ा, बिना किसी पूर्व सूचना व तैयारी के कि लोगों को कानोंकान ख़बर न होने पाये कि मुग़ल बादशाह मण्डौर छोड़कर अमरकोट के लिए रवाना हो रहा है, जहाँ का शासक राणा प्रसाद की ओर से 'सम्राट्' विश्वासघात के सन्दर्भ में तो निश्चिन्त था। ऐसे में यात्रा स्वयं नन्हीं-सी जान हमीदा बानो अपने पेट में पल रही उस नन्हीं-सी जान के लिए अधिक चिन्तित और व्याकुल थी। कहाँ तो ऐसे में खाने-पीने से लेकर आराम—सब का ख़्याल रखना था और कहाँ काहे का आराम? कैसी भूख, प्यास? कहीं वाक़ई मालदेव छलिया तो नहीं था? कहीं वाक़ई बादशाह को बन्दी बनाकर शेरशाह से अपना राज्य सुरक्षित रखना चाह रहा था? या आगे बढ़कर उससे मैत्री करके अपनी स्थिति सुदृढ़ एवं बेहतर करना चाह रहा था? क्या उसे उन लोगों के पलायन की ख़बर तुरन्त मिल गयी होगी? क्या उसने मुग़ल शिविर का पीछा करने के लिए कुमुक भेज दी? क्या वे कभी भी बन्दी बना लिये जायेंगे? क्या भविष्य होगा? क्या शेरशाह या किसी अफ़गान सेनापति के 'हरम' में उसे रहना होगा? क्या सन्तानोत्पत्ति सम्भव हो सकेगी? या यह जो नन्हीं-सी जान अभी पेट में पल रही है, आने से पूर्व अपनी जान गँवा बैठेगी? क्या वह स्वयं मार-काट, लूट-पाट, भगदड़ में बच पायेगी? एक-साथ एक शरीर के प्राणान्त के साथ दो-दो जानें जायेंगी।

ख़ैर, अल्लाह-अल्लाह करते, कराहते, रोते, तड़पते, कसमसाते, करवट बदलते हुए यह न समाप्त-सी यात्रा और पल-पल की यातना अन्तत: अगस्त की 22 तारीख को ख़तम हुई। लगभग दो-पौने दो महीने हुमायूँ ने अमरकोट के राणा प्रसाद का आतिथ्य स्वीकारा भोगा। उसके द्वारा प्रदत्त संसाधनों के बल पर प्रसव-शय्या पर पड़ी गर्ल-वाइफ़ या 'सुकन्या-पत्नी' को छोड़कर 11 अक्टूबर, 1542 को जून के विजय अभियान पर कूच कर गया। हमीदा को विश्वासी राजपूत शासक के घर में महफ़ूज जानकर हुमायूँ को विदा करने के चार दिन बाद 15 अक्टूबर, 1542 रविवार के दिन हमीदा बानो ने एक बालक को जन्म दिया, जो बाद में अकबर के नाम से भारतीय इतिहास में अमर हो गया।

हुमायूँ का विश्वास था या ज्योतिष की सही गणना, कहा नहीं जा सकता लेकिन यह ऐतिहासिक सत्य एवं स्थापित तथ्य है कि इधर अकबर का जन्म और उधर हुमायूँ की सफलता। वह जून विजित करने में कामयाब रहा! चौसा और कन्नौज के युद्धों में पराजय एवं पलायन के उपरान्त हुमायूँ यह प्रथम युद्ध जीता था। अन्तत: दिसम्बर माह के शुरुआत में हमीदा बानो अपने नवजात शिशु के साथ, जून नामक स्थान में हुमायूँ से आ मिली। परिवार फिर एक साथ हुआ। अकबर का जन्मोत्सव छोटे स्तर पर ही सही, पर मनाया गया और कम-से-कम छह माह तक परिवार शान्ति, सुरक्षा,

स्थायित्व व अपनत्व के साथ रहा। लेकिन भारतीय साम्राज्य के पुनर्विजय का स्वप्न साकार करने के लिए ही तो वह अमरकोट से जून के अभियान के लिए निकला था और 'जून' के इस ख़ाँचे में फँसे रहकर तो वह अपने सपने को सच साबित नहीं कर सकता था? अगले क़दम के रूप में वह थट्टा को आधार बनाना चाहता था। जून से थट्टा का सफ़र छह दिन का था इस अभियान की सफलता लगभग सुनिश्चित थी लेकिन जैसे 'जून' वैसे ही 'थट्टा'—'आसमान से टपके खजूर पर अटके।' अत: तय था कि ख़ाँचों में फँसना नहीं था!

हुमायूँ के पास एक ही रास्ता था जो राजमार्ग की ओर, सत्ता के शीर्ष तक जाता था वही मार्ग जिस पर चलकर, मिर्ज़ा हिन्दाल पहले सफल, फिर असफल हो गया—एक निश्चित स्तर पर पहुँचकर फिसल गया था? हुमायूँ ने हिन्दाल में मौज़ूद उस क़मज़ोरी को बंगाल में उसकी असफलता के दौरान ही समझ लिया था। मिर्ज़ा हिन्दाल इसी तथ्य से बेख़बर, बड़े भाई हुमायूँ के साथ को छोड़कर आ तो गया था और कान्धार विजित करने में कामयाब हो गया था, किन्तु जब हुमायूँ थट्टा तक जा पहुँचा था—उस समय तक वह कान्धार हार गया था। लेकिन चार माह की घेरेबन्दी के बाद ही मिर्ज़ा कामरान अपने इस छोटे (सौतेले) भाई से कान्धार पुनर्विजित कर पाया था—मिर्ज़ा हिन्दाल अपने सौतेले भाइयों मिर्ज़ा कामरान और मिर्ज़ा अस्क़री के (वर्तमान) अफ़गानिस्तान के राज्य की राजधानी काबुल में बन्दी-जीवन व्यतीत कर रहा था। शायद हमीदा बानो ने आश्वस्त होकर साँस ली होगी—जून और थट्टा के उपरान्त कम-से-कम कान्धार की तैयारी मुग़ल सैनिक पूरे जोश-ख़रोश के साथ कर रहे थे। हुमायूँ की स्थिति पहले से काफ़ी मज़बूत थी? वो स्वयं एक सुन्दर से बालक की माँ बन चुकी थी—सम्भावित 'वली-अहद' या विधिक उत्तराधिकारी की माँ? अत: उसकी स्थिति भी काफ़ी मज़बूत थी।

इधर, जैसे ही मिर्ज़ा कामरान को खुफ़िया सूत्रों से जानकारी मिली कि बादशाह हुमायूँ थट्टा से कान्धार की ओर अभियान हेतु निकल चुका है, उसने तत्काल कार्यवाही हेतु अपने छोटे भाई मिर्ज़ा अस्क़री को आवश्यक प्रतिरोधात्मक क़दम उठाने को कहा, ताकि हुमायूँ के समक्ष अवरोध खड़े किये जा सकें और उसे इस क्षेत्र में पाँव जमाने का कोई अवसर न दिया जाये। कहीं उसे एक छोटा अवसर भी मिल गया तो क्या हुमायूँ को फिर उखाड़ना सम्भव हो पायेगा? क्या हुमायूँ को इस इलाके में जन-समर्थन या जन-सहयोग या सहानुभूति मिलने से कोई रोक सकता था? अत: सैन्य से अधिक इस शक्ति से उसके दोनों भाई अधिक भयभीत थे—उनकी तुलना में बाबर के इस पुराने राज्य में हुमायूँ का पड़ला भारी स्वत: हो जायेगा। अत: पूरे एहतियात के साथ और पूरी सैन्य शक्ति से हुमायूँ के शिविर पर प्रति-आक्रमण करना ही बेहतर विकल्प माना गया?

कान्धार के मार्ग पर हुए इस पूरे वेग व पूर्ण सैन्य शक्ति के आक्रमण से हुमायूँ का शिविर पूर्णतया बिखर गया। ऐसी अफरा-तफरी तो अरघून शासक द्वारा किये गये आक्रमण में भी नहीं मची थी, जब नव-विवाहिता ने पैदल भागते हुए प्राणों की रक्षा की थी—उससे भी बदतर स्थिति हो गयी—पैदल भागने पर भी जान बचने-बचाने का मार्ग नहीं सूझता था। ख़ैर किसी तरह हुमायूँ और पीछे-पीछे हमीदा निकली! बस निकल ही पाये थे, कि, आक्रमणकारियों का एक और वेगपूर्ण धावा हुआ—नवजात पुत्र अकबर शाही दम्पती से बिछुड़ गया! विरोधी शिविर में सैनिक इस शिशु मुग़ल राजकुमार को बन्दी के रूप में इनाम के हक़दार मान रहे थे, कि, मिर्ज़ा अस्क़री स्वयं वहाँ उपस्थित हुआ और अकबर को पाकर वाक़ई प्रसन्न हुआ—उसने उस बच्चे पर पर्याप्त रूप से स्नेह वर्षा की। वो वाक़ई भतीजे को देखकर हर्षित हुआ था और उसे अपनी पत्नी सुलतानम के संरक्षण में दे दिया और उसने भी इस शिशु पर अपार स्नेह वर्षा की।

ऐसे में अब हुमायूँ के विकल्प सीमित होते जा रहे थे। काबुल (या आधुनिक अफ़गानिस्तान) राज्य पर चढ़ाई इस प्रति-आक्रमण से असम्भव हो गयी थी—उनकी स्थिति यहाँ काफ़ी सुदृढ़ हो चुकी थी! उत्तर भारत में शेरशाह दिन-रात की निरन्तर मेहनत से अपनी स्थिति भी ऐसे ही मज़बूत कर चुका था। मिर्ज़ा हिन्दाल एवं उसके प्रमुख सरदार सेनापति सहयोगी काबुल में बन्दी थे। अत: अब एक ही मार्ग था कि वह ख़ुरासान चला जाये और वहाँ अपने पैतृक राज्य/क्षेत्र में भाग्य आजमाये? ख़ुरासान में हुमायूँ की उपस्थिति से ईरान के शाह को अपना तात्कालिक लाभ दिखायी दिया, अत: इस मुग़ल बादशाह को ससम्मान सहयोग देने का सन्देश भिजवाया। इतना ही नहीं ईरान के तत्कालीन शाह तहमास्प ने हलमन्द पहुँचने पर अपने तीनों भाइयों को बादशाह के स्वागत हेतु भेजकर उसे एक सम्बल, विश्वास व अपनत्व का पूर्ण एहसास करवा दिया। हुमायूँ को (पूर्व) प्रतिष्ठा-अनुरूप व्यवहार करके न केवल कूटनीति को नया आयाम प्रदान कर दिया, अपितु मानवता और मानवीय संवेदनाओं को भी एक सशक्त अभिव्यक्ति प्रदान कर डाली।

ख़ुरासान में हुमायूँ को शाह तहमास्प से आश्रय, सहानुभूति, भ्रातृत्व-स्नेह, सहयोग एवं संसाधनों के रूप में पूर्ण सहायता भी प्राप्त हुई। शाह की बहन शाहज़ादा सुलतानम स्वयं ही हमीदा बानो का पूरा और व्यक्तिगत ख़्याल रखा। अमरकोट एवं ख़ुरासान के प्रवास में यों तो हमीदा बानो को अनेक नयी बातें सीखने का अवसर मिला, किन्तु यह महत्त्वपूर्ण है कि इन बातों ने न केवल उसके व्यक्तित्व के सर्वांगीण विकास में योगदान दिया, अपितु कुछ ऐसे पाठ भी सिखाये, जिसका सकारात्मक प्रभाव हमने भारतीय इतिहास की अनेक महत्त्वपूर्ण घटनाओं पर पड़ते देखा, अपितु, अकबर के व्यक्तित्व के विकास को भी इन चीज़ों ने अत्यधिक प्रभावित किया तथा

एक ख़ास बात/ सलाह ने तो भारतीय इतिहास को न केवल बदल दिया, बल्कि एक स्वर्णिम अध्याय ही जोड़ दिया। सबका उल्लेख उचित स्थान पर करना ही ठीक व प्रासंगिक होगा।

ईरान के शाह तहमास्प की सहायता से हुमायूँ ने साधन-सम्पन्न सैन्य-संगठन के साथ सितम्बर 1545 ई. शुरू होते ही कान्धार पर चढ़ाई कर दी तथा अस्क़री ने 4 सितम्बर को ही यह अभेद्य दुर्ग हुमायूँ को सौंप दिया। इसी के बाद मिर्ज़ा हिन्दाल एवं मिर्ज़ा यादगार नासिर भी बादशाह से आ मिले। बादशाही शिविर में लोगों का आगमन एक शुभ संकेत था और सकारात्मक चिह्न, लोग जुड़ते गये और ख़ुरासान से शुरू हुआ यह शाही कारवाँ जब काबुल के सन्निकट अक्टूबर माह में पहुँचा, तो कामरान—अस्क़री के शिविरों से वापस हुमायूँ की ओर पूर्व मुग़ल सेनापतियों, अधिकारियों, सैनिकों व सेवकों की आमद बढ़ती ही चली गयी। उसकी सैन्य-सामरिक व राजनीतिक स्थिति बाला-हिसार इलाके में स्थिर एवं सुदृढ़ होती गयी। सम्पूर्ण काबुल (या अफ़गानिस्तान) अब उसके अधीन था। अन्ततः नवम्बर 1545 ई. में ही पुनः दिलदार बेग़म, गुल चिहरा बेग़म एवं गुलबदन बेग़म हुमायूँ से पाँच साल बाद आ मिले।

कैसे काबुल का शासक, उसका पिता ज़हीरूद्दीन मुहम्मद बाबर भारत में प्रविष्ट हुआ था—हुमायूँ से बेहतर कौन जानता था? 1526 ई. के प्रसिद्ध पानीपत के प्रथम युद्धोपरान्त, उसी ने तो लोदी शासकों की राजधानी आगरा पर अपने पिता के आदेश पर आधिपत्य स्थापित करते हुए, खजाना भी सँभाला था। सम्भल के जागीरदार से लेकर काबुल तक के प्रशासनिक दायित्वों का सफलतापूर्वक निर्वहन कर चुके हुमायूँ के लिए न केवल आगे का मार्ग जाना पहचाना था, अपितु, सूरवंश की पतनशील अवस्था में विशेष प्रतिरोध-विहीन भी।

अतः वह ईरान के शाह तहमास्प को धन्यवाद ज्ञापन करके, उससे विदा लेकर चला, तो शाह ने सहायता जारी रखते हुए उसे भारतीय अभियान हेतु 12,000 (बारह हज़ार) घुड़सवार प्रदान किये। किन्तु यह यात्रा भी हमीदा बानो के लिए अत्यधिक कष्ट साध्य थी, क्योंकि, एक बार पुनः वह प्रसव-पीड़ा झेल रही थी, किन्तु अब की स्थिति बहुत फ़र्क़ थी। हुमायूँ को कोई जल्दी नहीं थी, कोई हड़बड़ी नहीं थी, अतः लगभग आश्वस्त-सा हुमायूँ धीरे-धीरे भारत की ओर बढ़ रहा था, ताकि हमीदा को कम-से-कम तक़लीफ़ हो। अपने हिस्से से अधिक तक़लीफ़ तो वह बेचारी 'सुकन्या पत्नी' कई बार झेल चुकी थी। अभी वह अपने सैन्य-शिविर को ईरान के सब्ज़वार क्षेत्र तक ले जा पाया था कि हमीदा बानो ने एक पुत्री को जन्म दे दिया।

अब हुमायूँ तेज़ी से भारत की ओर बढ़ा, दीपालपुर की विजय के बाद हरियाणा क्षेत्र में उसने आक्रमण किया, तब वहाँ का अफ़गान सैन्याधिकारी हलके प्रतिरोध के बाद ही पलायन करने को बाध्य हो गया। उसे समझ में आ गया था कि वह इस सेना और सुदृढ़ प्रणकर्ता का सामना ज़्यादा देर नहीं कर पायेगा—वह तो भारत-विजय या पुनर्विजय के लिए दृढ़ संकल्प के साथ लड़ रहा था, भला हरियाणा के इस क्षेत्रीय अधिकारी की क्या बिसात कि वह उसकी राह में रोड़ा बन सके। हुमायूँ ने पलायन कर रहे इस अफ़गान अधिकारी नसीब ख़ाँ अफ़गान के शिविर की लूट की इजाज़त तो अपने सैनिकों को दे दी, किन्तु हमीदा बानो की सलाह पर और उससे किये गये वादे का अनुपालन करते हुए, नसीब ख़ाँ अफ़गान के शिविर में पाये गये, बच्चों एवं महिलाओं को ससम्मान वापस नसीब के शिविर में भिजवा दिया। हमीदा ने मध्यकालीन भारत में हो रहे युद्धों में बेगुनाहों को न्याय दिलवाने की पहल की! अन्यथा उससे पूर्व वे दास बाज़ार में बेच दिये जाते अथवा महिलाओं को इनाम-स्वरूप रखकर सैन्याधिकारी एवं सैनिक अपने पौरुष का पारितोषक प्रात करते थे?

पराजितों-प्रताड़ितों के साथ उदारता और सहृदयता ने न केवल उसके चरित्र में चार चाँद लगाये अपितु, अकबर को वैसा ही बनने की शिक्षा-संस्कार एवं आदर्श के रूप में माँ हमीदा मिली। मण्डौर से लेकर अमरकोट और वहाँ से लेकर ख़ुरासान और यहाँ के शासकों ने उसे प्रतिकूल परिस्थितियों में घिरे इन्सानों के साथ भी इन्सानियत का व्यवहार करने का सुन्दर पाठ सिखा दिया था। ताज़िन्दगी उसने इसका अनुसरण किया और यही पाठ अपने प्रथम सन्तान अकबर की भी घुट्टी में मिला दिया। यही नहीं, भारत पुनर्विजय के दौरान ही हुमायूँ की शेरमण्डल की सीढ़ियों से लुढ़ककर मृत्यु हो गयी थी, फिर भी प्रतिकूल परिस्थितियों में वह साहस, धैर्य, संयम, शान्त-भाव से व्यवहार करके अकबर में ऐसे ही संस्कार अंकुरित कर रही थी। और, दूसरी ओर, अपने व्यवहार से सबको अपना मुरीद और प्रशंसक बना रही थी। वह एक सकारात्मक सोचवाले व्यक्तित्व की महिला और मल्लिका साबित हुई थी।

एक बात और जिसकी ओर इशारा करे बिना न तो यह लेख/ कहानी/क़िस्सा समाप्त किया जा सकता है और, न ही पूर्ण होगा। यह तथ्य था शाह तहमास्प और हुमायूँ की पारस्परिक वार्त्ता—एक मैत्रीपूर्ण संवाद जिसमें नीति, कूटनीति एवं राजनीति के मूल तत्त्व छुपे थे। ईरान के शाह ने भारत के निर्वासित बादशाह से पूछा था, कि, क्या वजह थी कि वह हिन्दुस्तान में पराजित हुआ था और पलायन के लिए बाध्य हुआ था? हुमायूँ के उत्तरों से कहीं सन्तुष्ट एवं सहमत शायद वह नहीं हुआ था? तभी तो तफ़सील से विस्तार से, विवरण और विश्लेषण की बात कही। और, तभी वो बात उभरकर आयी। हुमायूँ के पतन का कारण था, कि, मुग़लों ने भारत में अपनी जड़ें

सशक्त करने का ठोस प्रयास नहीं किया था। वह क्या था? स्थानीय शासक-वर्ग या देशज शासकों या क्षेत्रीय राजाओं के साथ पारिवारिक सम्बन्ध स्थापित करना। इससे अपने-आप मुग़ल शासकों की स्थिति मज़बूत हो जाती। किन्तु इस महत्त्वपूर्ण बात को अकबर तक सम्प्रेषित करनेवाला समझानेवाला पिता तो इस दुनिया में उसे बहुत छोटा और नादान, नासमझ छोड़कर स्वर्गारोहण कर गया था। अत: इस पूरी वार्त्ता की गवाह, समझदार 'सुकन्या पत्नी' एक समझदार, विदुषी माँ साबित हुई और उसी के निर्देश, सलाह, मशविरा पर अकबर ने उस 'राजपूत नीति' का सूत्रपात किया, जिसने न केवल भारत में मुग़ल साम्राज्य की नींव मज़बूत की अपितु, भारतीय इतिहास के मध्य-युग में एक स्वर्णिम-युग का आधार भी पुष्ट कर दिया।

•

हर्रम बेग़म : बदख़्शाँ की साहसी मलिका

(मध्य एशिया-भारत सम्बन्ध का सम्बल)

बाबर ने भारत-विजय करके, जब यहाँ बर्लास चग़ताई तुर्क़ या आम बोल-चाल की भाषा में मुग़लवंश की स्थापना की, तो मध्य एशिया व भारत के इतिहास के अन्तर्सम्बन्ध कुछ अधिक प्रगाढ़ व निकट हो गये। अतः फ़रगना ही नहीं, बल्ख़-बदख़्शाँ भी भारतीय राजनीति को तथा भारतीय राजनीति उनके राजनीतिक आयामों को किसी-न-किसी प्रकार से प्रभावित करने लगे। इन अन्तर्सम्बन्धों ने इन दोनों भू-भागों के राजनीतिक प्रवाह-क्रम एवं प्रक्रियाओं को समय-समय पर अस्थिर भी किया। इनमें से एक परिवार का उल्लेख तो आवश्यक ही नहीं अपरिहार्य हो जाता है—मात्र इसलिए नहीं कि यह बाबर के साथ सम्बद्ध होकर, भारतीय राजनीति एवं प्रशासन से भी सम्बद्ध हो गया, अपितु, इसलिए कि इसकी अपनी भूमिका एवं आन्तरिक घटनाक्रम कम रोमांचक व दिलचस्प नहीं था।

बाबर के पिता उमर शेख़ मिर्ज़ा के तीन बड़े एवं छोटे भाई थे। बाबर के दादा अबू सईद मिर्ज़ा के दस पुत्रों में उमर शेख़ से ठीक बड़े पुत्र का नाम था सैय्यद महमूद मिर्ज़ा। इस सुलतान महमूद के चार पुत्र थे। इनमें से तृतीय पुत्र का नाम ख़ान मिर्ज़ा था। उसे वईस या वाईस मिर्ज़ा भी सम्बोधित किया गया है। इसी वईस का पुत्र था मिर्ज़ा सुलेमान, जो इस प्रकार से बाबर के चचेरे भाई का पुत्र अर्थात् बाबर का भतीजा था। वह साहसी, योग्य तो था ही किन्तु उसके यश में चार चाँद लगानेवाली उसकी पत्नी थी जिसका नाम था हर्रम या ख़ुर्रम बेग़म—वह साहसी व योग्य तो अपने पति के समान थी, किन्तु उससे कहीं अधिक मर्यादित एवं सच्चरित्र! अतः अधिक प्रशंसनीय एवं यशस्वी!

बाबर के पिता उमर शेख़ मिर्ज़ा एवं उसके ताऊ सैय्यद महमूद मिर्ज़ा दोनों सगे साढ़ू भी थे। मंगोल के 'क़ाख़ान' या चंगेज़ के सिंहासन के वंशज महान् ख़ाँ, यूनुस

ख़ाँ के दोनों दामाद थे। अतः इन दोनों भाइयों के परिवार पिता एवं माता की ओर से भी, समान पूर्वजों से व्युत्पत्ति के चलते वे नितान्त प्रगाढ़ थे। किन्तु फ़रगना एवं बदख़्शाँ दोनों राज्यों में अति-निकट होने (फ़रगना के दक्षिण ही बादशाह का राज्य था) के कारण राज्य-विस्तार के लिए पारस्परिक विवाद एवं संघर्ष भी अपरिहार्य था। अतः बाबर तथा उसका उत्तराधिकारी हुमायूँ इनको विशेष रिश्तेदारों के रूप में ही मानते और प्रतिष्ठा प्रदान करते रहे। वे दोनों ही मिर्ज़ा सुलेमान को उसके पैतृक राज्य बदख़्शाँ में बनाये रखने में दिलचस्पी लेते थे तथा सक्रिय सहयोग प्रदान करके, इस कार्य के लिए प्रयासरत भी रहते थे। इससे उन्हें भी एक विश्वसनीय व क़रीबी रिश्तेदार का समर्थन व सहयोग सुनिश्चित हो जाता था। अनेक आपातकालीन परिस्थितियों एवं प्रतिकूल अवसरों पर मिर्ज़ा सुलेमान, इन दोनों शासकों के साथ खड़े होकर संघर्षरत या युद्धरत दिखता है। हुमायूँ-कामरान द्वन्द्व में तो यह सत्य है कि, यदि, हर्रम बेग़म की सक्रिय भूमिका व हुमायूँ को सक्रिय सैन्य सहयोग न होता, तो हुमायूँ का भारत पुनर्विजय का स्वप्न कभी पूर्ण नहीं हो पाता। शायद भारत से उसका निर्वासन कभी ख़त्म ही न होता?

जहाँ तक बाबर तथा ख़ान मिर्ज़ा का प्रश्न है, उनके मध्य एक और कड़ी है—उसी प्रकार, एक से दोनों परिवारों से सम्बन्धित—एक ओर चग़ताई तो दूसरी ओर यूनुस ख़ाँ अर्थात् मिर्ज़ा हैदर दोघलात, जिसने मध्य एशिया का अधिकारिक इतिहास 'तारीखे-रशीदी' शीर्षक से फ़ारसी में लिखा था। यूनुस ख़ाँ की सबसे छोटी पुत्री का यह पुत्र किसी प्रकार से शैबानी द्वारा दिये गये मृत्युदण्ड से बचा लिया गया था। उसे सबसे पहले बदख़्शाँ में ख़ान मिर्ज़ा के पास भेजा गया, किन्तु, शीघ्र ही, काबुल को अधिक सुरक्षित मानते हुए, बाबर के पास भेज दिया गया। बाबर को अपना बीता कल याद आ गया होगा, जब वह भी इसी ग्यारह वर्ष की आयु में बिखर गया होता, यदि उसकी नानी ईसान बेग़म उसे न सँभालती-सँवारती। उसी नानी का तो यह भी नाती था, अतः बाबर ने उऋण होने तथा उन स्मृतियों को नवीन करने में कोई चूक नहीं की तथा मिर्ज़ा हैदर को बाबर के नवीन राज्य काबुल में पूर्ण सुख, सुरक्षा व संरक्षण प्राप्त हुआ।

यही नहीं, इसी चचेरे भाई ने 1510 ई. की ठण्ड में ऐसी सूचना व समाचार दिया था, कि, बाबर के रक्त में एक नया उबाल आया था और वह नये उत्साह के संचार से पुनः सक्रिय हो उठा! वस्तुतः ख़ाँ मिर्ज़ा ने उसे तैमूरी वंश के सबसे भयंकर शत्रु की ईरान के शाह ईस्माईल द्वारा मर्व के युद्ध में पराजित होने तथा बाद में मौत के घाट उतारे (2 दिसम्बर, 1520 ई.) जाने का समाचार दिया था! इतना ही नहीं, उज़्बेग़ शासक व वीर सेनानी शैबानी की मृत्यु का लाभ उठाते हुए, उसने बाबर से सभी तैमूरी वंशजों के साथ मिलकर पैतृक शत्रु उज़्बेग़ों को निष्कासित करके परिवार

के राज्य को पुनर्स्थापित करने हेतु आह्वान भी किया! अत: शीतकाल तथा बर्फ़बारी की बिना परवाह करते हुए, बाबर ने पुन: मध्य एशिया विजित करने हेतु कूच कर दिया। बाबर ने सम्भवत: अपने ननिहाल का ऋण उतारते हुए, सैय्यद ख़ाँ को मई 1511 ई. में मंगोलों का 'क़ाख़ान' नियुक्त कर दिया, जैसे उसके पूर्वज या दादा अबू सईद मिर्ज़ा ने उसके नाना यूनुस ख़ाँ को पद प्रदान किया था। वस्तुत: यह सिलसिला प्रतापी अमीर तैमूर के समय से शुरू हुआ था। अब बर्लास तुर्क़ अपने ससुरालवाले चग़ताई मंगोल से अधिक शक्तिशाली हो चुके थे!

यही नहीं, अक्टूबर 1511 ई. में बाबर पुन: समरकन्द में एक विजेता के रूप में तृतीय बार प्रविष्ट हुआ! उज़्बेग़ों का सबसे दुर्दान्त नेता एवं उनको एकीकृत करके, एक राष्ट्रीय शक्ति के रूप में परिवर्तित करनेवाला नेता पराजित एवं काल-कवलित हुआ था। उससे उज़्बेग़ों का न तो अन्त ही हुआ था और न ही शक्ति व संगठन अचानक क्षीण हुआ था। अन्तत: वह मई 1512 ई. में समरकन्द छोड़ने को बाध्य हुआ था। तैमूर की राजधानी तीन बार उसकी होकर भी न हो पायी। हालाँकि, वह ख़ान मिर्ज़ा से बदख़्शाँ विजित करके, मध्य एशियाई अभियान एवं अभिलाषा को जीवित रख सकता था, किन्तु वह उदार था और ईमानदार भी। नैसर्गिक न्याय का विशेष आग्रही! अत: हम उसे 1513-14 ई. में वापस काबुल में पाते हैं।

जब 1520 ई. में ख़ान मिर्ज़ा की मृत्यु की सूचना पादशाह बाबर के पास पहुँची—वो न केवल दु:खी हुआ, अपितु, चिन्तित भी। क्योंकि उज़्बेग़ों का तो भय बना ही हुआ था, मंगोल नेता सैय्यद ख़ाँ भी बदख़्शाँ पर दबाव बना रहा था, अत: बाबर ने हुमायूँ को बदख़्शाँ तुरन्त रवाना किया। वह स्वयं कान्धार की घेरेबन्दी में व्यस्त, गर्मशीर विजित करने की अग्रिम योजना पर कार्य कर रहा था। बाबर की सौतेली बहन सुलतान निगार ख़ानम अपने छह वर्षीय अल्प आयु पुत्र मिर्ज़ा सुलेमान को लेकर सुरक्षा एवं संरक्षण के लिए काबुल आ चुकी थी। मिर्ज़ा सुलेमान का प्रथम उल्लेख तो पानीपत के प्रथम युद्ध में (1526 ई.) भी मिलता है, किन्तु खानवा के युद्ध के समय (1527 ई.) बाबर तुज़ुक में उसकी आयु (तेरह वर्षीय) का भी उल्लेख करता है, जिससे स्पष्ट है कि मिर्ज़ा सुलेमान का जन्म 1514 ई. में हुआ था। सुलेमान, चूँकि, बाबर के संरक्षण में रह रहा था, अत: स्वाभाविक ही है, कि राजपरिवार का सदस्य एवं सम्राट का भतीजा तथा भाँजा दोनों ही होने के कारण उसका उल्लेख बाबर के पुत्र (पुत्र-तुल्य) के रूप में ही हुआ है।

पानीपत की विजय (1526 ई.) और भारत में पाँव जमाने के उपरान्त प्रशासनिक पुनर्व्यवस्था के अन्तर्गत बाबर ने ख़ान मिर्ज़ा के मृत्यूपरान्त बदख़्शाँ का

राजनीतिक व सामरिक महत्त्व समझते हुए, अपने ज्येष्ठ पुत्र हुमायूँ को वहाँ नियुक्त कर दिया था किन्तु, अनेकानेक कारणों से हुमायूँ अन्ततः 1529 ई. में आगरा लौट आता है। बाबर का प्रधानमन्त्री मीर ख़लीफ़ा भी सुदूर एवं दुर्गम क्षेत्र का यह उत्तरदायित्व निभाने को तत्पर नहीं है। हालाँकि, बाबर का सबसे छोटा पुत्र हिन्दाल किला ज़फ़र में बदख़्शाँ का प्रशासन सँभाले हुआ था। बाबर ने बदख़्शाँ के स्थायी समाधान हेतु उसके वास्तविक व वंशीय शासक मिर्ज़ा सुलेमान को वहाँ अपने संरक्षणत्व में नियुक्त करने का निर्णय लिया। मिर्ज़ा सुलेमान भी अब पन्द्रह वर्षीय युवा हो चुका था तथा पानीपत (1526 ई.) एवं ख़ानवा (1527 ई.) के युद्धों का भी वह अनुभव कर चुका था।

बाबर को भली-भाँति ज्ञात था, कि, बदख़्शाँ की वास्तविक स्थिति कितनी भयावह थी—मंगोल ख़ाँ, सैय्यद ख़ाँ के साथ ही उज़्बेग़ों का भी पूर्ण दबाव वहाँ पर बना हुआ था। तभी तो, हुमायूँ वहाँ से येन-केन-प्रकारेण भागने में सफल रहा था एवं अनुभवी मीर ख़लीफ़ा वहाँ जाने से कतरा रहा था। अतः बाबर ने एक और निर्णय लिया। पैतृक राज्य गँवा चुके शासक की चिन्ताएँ एवं शंकाएँ निर्मूल नहीं थीं। वह स्वयं मिर्ज़ा सुलेमान को विदा करने के लिए लाहौर तक गया! एक तो मार्ग में वह निरन्तर इस युवा शासक को निर्देश-परामर्श एवं व्यावहारिक ज्ञान के साथ-साथ राजनीतिक व कूटनयिक दिशा-निर्देश देता हुआ गया। दूसरे, इससे यह सन्देश सब ओर स्पष्ट पहुँच गया कि बाबर सुलेमान मिर्ज़ा को वस्तुतः संरक्षणत्व प्रदान कर रहा है और आवश्यकता पड़ने पर वह उसकी सहायता के लिए सदैव उपस्थित होगा। अतः उसने शत्रुओं को भी यह स्पष्ट चेतावनी दी थी।

इस पूरे प्रकरण में एक बात बहुत दिलचस्प है। काबुल के उपरान्त, भारत-विजय ने बाबर का आत्मविश्वास कितना अधिक बढ़ा दिया था, वह इस बात से स्पष्ट होता है कि वह एक पत्र में सुलतान मिर्ज़ा के लिए 'सुलतान शाह मिर्ज़ा' सम्बोधन का प्रयोग करता है। वास्तव में, जब बाबर 'पादशाह' या बादशाह था, तो उसका भतीजा तो 'शाह' था ही। दूसरे, वह यह भी संकेत दे रहा था कि वे समस्त परिवारवाले वस्तुतः मध्य एशिया के परम्परागत शासक थे एवं वे पैतृक राज्य में शासन के उत्तराधिकारी थे। 'पादशाह' एवं 'शाह'-जैसे विरुदों के प्रयोग से वह अपने एवं परिवारजनों की नस्लीय श्रेष्ठता भी दर्शाना चाहता था। वैसे यह भाव तो 'तुज़ुक' के हर पाठक को स्पष्ट हो जाता है, क्योंकि वह मंगोलों और उज़्बेग़ों को विशेषरूप से उनकी उद्दण्डता, आक्रामकता एवं अपरिष्कृत रुचियों, व्यवहारों के लिए निन्दनीय घोषित करता है।

वह उस मंगोल नेता सैय्यद ख़ाँ को, जिसे उसी ने ख़ाँ का पद व प्रतिष्ठा प्रदान की थी, चेतावनी देते हुए पत्र लिखता है कि 'मैंने सोच-विचारकर पहुँचे हुए निर्णय

को क्रियान्वित किया है। अपने कनिष्ठतम पुत्र मिर्ज़ा हिन्दाल को वापस हिन्दुस्तान बुला लिया है एवं सुलेमान को बदख़्शाँ में नियुक्त कर दिया है। तुम्हें पैतृक 'राज्याधिकार के सिद्धान्त' में आस्था हो तो तुम 'सुलेमान शाह मिर्ज़ा' को कदापि परेशान न करोगे। वह युवा तो वैसे भी हम दोनों के लिए ही पुत्रवत् है। अत: उसका पूर्ण उत्तरदायित्व मेरा है। यदि उसे कष्ट का सामना करना पड़ा, तो तुम समझते ही हो, कि मैं क्या करूँगा? (अर्थात् चुप नहीं बैठूँगा!)'

यह पत्र बहुत महत्त्वपूर्ण था। इसमें सबसे पहले बाबर इसी बात को रेखांकित कर रहा है, कि वह जो कुछ कर रहा है वह न्यायोचित है, क्योंकि, मिर्ज़ा सुलेमान को उसके पैतृक राज्य में शासन करना ही चाहिए। दूसरे, वह 'राज्याधिकार के सिद्धान्त' या 'वैधता के सिद्धान्त' का स्मरण कराके, सैय्यद ख़ाँ को भी स्मरण दिला रहा है कि कैसे सैय्यद को भी बाबर ने ही मंगोल राज्य के अर्द्ध-भाग का स्वामी तथा 'ख़ाँ' का पद व प्रतिष्ठा प्रदान किया था? अत: यदि वह अपने प्रकरण में इसे न्यायोचित कार्यवाही मान रहा था, तो सुलेमान के प्रकरण में क्यों नहीं? तीसरे, वह यह भी रेखांकित करने से नहीं चूका कि सुलेमान भी तो 'शाह' मिर्ज़ा है। इसी शाह बेग़म का वंशज जैसे सैय्यद था? जहाँ सैय्यद शाह बेग़म के पुत्र अहमद का पुत्र होने के कारण उसका पौत्र है, उसी प्रकार शाह बेग़म की पुत्री के माध्यम से वह 'पर-नाती' है—एक पीढ़ी और नीचे अथवा बाद में। अन्त में बाबर पुन: स्मरण कराना चाहता है, सैय्यद ख़ाँ को, कि उसको पद-प्रतिष्ठा बाबर ने ही अपने बलबूते प्रदान की थी। अत: आवश्यकता पड़ने पर वह पीछे नहीं हटेगा, अपितु, उसे (सैय्यद को) बल द्वारा परास्त कर दण्डित भी करेगा। अत: बाबर लाहौर तक जाकर पत्र के माध्यम से सैय्यद ख़ाँ और उसके माध्यम से सबको आगाह कर दे रहा है, कि सुलेमान बदख़्शाँ में बाबर के प्रतिनिधि के रूप में शासन-प्रशासन कर रहा है। अत: उसके कार्य में व्यवधान उत्पन्न करनेवाले का बाबर के रोष का सामना करना पड़ेगा!

इस पूरे प्रकरण के सफलतापूर्वक निस्तारण के उपरान्त, हुमायूँ के व्यवहार एवं कर्त्तव्यनिष्ठा में कमी की ओर बाबर का ध्यान जाना अपरिहार्य था। अत: उसने हुमायूँ को भावी शासक की भाँति कर्म एवं व्यवहार करने का परामर्श देते हुए, दो विशेष व्यक्तियों से अच्छे सम्बन्ध बनाये रखने के लिए कहा। इनमें से एक था ख़्वाजा किलाँ, जो पानीपत के युद्ध में भी हुमायूँ के साथ कन्धे-से-कन्धे मिलाकर लड़ रहा था एवं उसके उपरान्त इन्हीं दोनों को आगरा पर अधिकार करने का संयुक्त दायित्व सौंपा था। इनमें से दूसरा व्यक्ति था कुलब का शासक, सुलतान वाईस। बाबर की मृत्यु के उपरान्त ख़्वाजा किलाँ ने तो मिर्ज़ा कामरान के साथ रहने का निर्णय ले लिया था। सुलतान वाईस अथवा किबलाक़ मुग़ल से उसने अपने सम्बन्धों को पिता के परामर्श के अनुरूप अच्छे रखे। इसी सुलतान वाईस की पुत्री का वह आगे चलकर सर्वाधिक

आभारी भी होता है। सुलतान वाईस की जिस पुत्री का हम उल्लेख कर रहे हैं, उसका नाम हर्रम था, जो वीर, सक्षम एवं साहसी महिला थी, जिसने इतिहास में अपना नाम, अपने सद्‌गुणों, सच्चरित्रता, प्रतिभा एवं अक्खड़पन से निर्मित किया! उसकी बड़ी बहन का नाम माह बेग़म था, जो मिर्ज़ा कामरान की पत्नी थी। उसके दो भाई चक्र अली तथा हैदर बेग थे।

जब हुमायूँ शेरशाह सूर से पूर्णतया पराजित होकर, अन्ततः निराश होकर, ईरान पहुँच गया था। उसकी अनुपस्थिति का लाभ उठाते हुए, मिर्ज़ा कामरान ने अपनी स्थिति सुदृढ़ करनी शुरू कर दी थी। इसी क्रम में, उसने ग़ज़नी के कुशल प्रबन्धन हेतु अपने सगे छोटे भाई मिर्ज़ा अस्क़री को वहाँ नियुक्त कर दिया। तत्पश्चात् उसने ख़्वाजा ख़ावन्द महमूद को विशेष दूत के रूप में सुलेमान मिर्ज़ा के पास भेजा, ताकि, वह भी कामरान की अधीनता स्वीकार कर ले। मिर्ज़ा सुलेमान कामरान का सगा साढ़ू था और वह अपने पैतृक राज्य का स्वामी था, अतः उसे मात्र एक अधीनस्थ गवर्नर के रूप में स्वीकार करनेवाला कामरान का यह प्रस्ताव अपमानजनक प्रतीत हुआ अतः उसने इनकार कर दिया! हालाँकि, उसे इसका अर्थ ज्ञात था—कामरान मिर्ज़ा को युद्ध का आमन्त्रण! अतः वह स्वयं इस अवश्यम्भावी युद्ध की तैयारी में जुट गया, किन्तु बारी या मारी नामक स्थान में हुए युद्ध में उसे पराजय का सामना करना पड़ा तथा, कामरान की सम्प्रभुता भी स्वीकार कर, उसके अधीन एक शासक के भाँति, कार्य करने को तैयार होना पड़ा। यही नहीं, दण्ड स्वरूप युद्ध के हर्जाने के रूप में कामरान ने बदख़्शाँ के कुछ महाल या परगना भी लेकर अपने अनुयायियों में वितरित कर दिये। अब इन महालों में नियुक्त उसके समर्थक न केवल सुलेमान को निरन्तर स्मरण कराते रहेंगे, कि, वह एक अधीनस्थ अधिकारी मात्र है। साथ ही वे उसकी गतिविधियों पर नज़र भी रख सकेंगे।

मिर्ज़ा सुलेमान की पत्नी हर्रम बेग़म भी नितान्त स्वतन्त्र व निर्भीक महिला थी। अतः उसे यह अधीन स्तर स्वीकार नहीं हुआ! कामरान तो तब भी अपने वंश में हुमायूँ के उपरान्त के क्रम में आता था किन्तु वाईस मिर्ज़ा का यह पुत्र तो अपने पैतृक राज्य का वैध एवं एकमात्र उत्तराधिकारी था। तत्कालीन परिस्थिति में वह इन अपमानजनक शर्तों को मान गया था, किन्तु अब ग्लानि-बोध उसे जीने नहीं दे रही थी, अतः इसने अपमानजनक जीवन की तुलना में युद्ध के विकल्प को चुना और बदख़्शाँ के उन महालों से कामरान के अनुयायियों को खदेड़कर, एक बार पुनः युद्ध-क्षेत्र में भाग्य निर्धारण का निर्णय ले डाला। युद्ध अपरिहार्य था! बदख़्शाँ के दक्षिण-पश्चिम में स्थित अन्दरख़ के क्षेत्र में यह निर्णायक युद्ध लड़ा गया। इस युद्ध में पराजित सुलेमान किला ज़फ़र को सुदृढ़ व सुरक्षित मानकर वहीं जा पहुँचा। मिर्ज़ा कामरान ने किले की आपूर्ति अवरुद्ध करके, सुलेमान को पुनः समर्पण करने के लिए विवश कर दिया।

अत: 8 अक्टूबर, 1541 ई. को बदख़्शाँ पर मिर्ज़ा कामरान का प्रत्यक्ष अधिकार व शासन स्थापित हो गया। मिर्ज़ा सुलेमान, उसकी निडर पत्नी हर्रम बेग़म एवं उनका साहसी पुत्र इब्राहीम सभी को बन्दी बनाकर, वो अपने साथ काबुल ले आया। वह ऐसे निर्भीक, युद्ध-प्रेमी लोगों से कब तक युद्ध करता? उन्हें स्वतन्त्र रखने का अर्थ अपनी समस्या को जीवित रखना था, अत: बन्दी रूप में वे उसे कम-से-कम, बदख़्शाँ के प्रति तो निश्चिन्त रहने देंगे। अत: अगले कुछ वर्ष उसके शान्ति में बीते!

मिर्ज़ा सुलेमान, उसकी पत्नी हर्रम बेग़म एवं उनका पुत्र बन्दी-सा जीवन गत चार वर्षों से व्यतीत कर रहे थे, तभी उन्हें हुमायूँ के वापस आगमन की सूचना मिली। ईरान के शाह तहमास्प के सैन्य सहयोग से वह भारत-पुनर्विजय का अभियान प्रारम्भ कर चुका था। 21 मार्च, 1545 ई. को कान्धार की घेरेबन्दी के दौरान उसने बैरम ख़ाँ को अपना विशेष दूत बनाकर कामरान मिर्ज़ा के पास, भारत-विजय में सहयोग के सन्देश के साथ भेजा। साथ ही, बैरम ख़ाँ को यह कार्य भी सौंपा गया था कि, वह शिशु अकबर के साथ अन्य लोगों (जो बन्दी थे अथवा, कामरान द्वारा विशेष निगरानी में रखे गये थे) से मिलकर सबके हाल-चाल अवश्य लेकर आये। उसने सभी के लिए भेंट आदि भी प्रेषित की, ताकि, उनमें आशा एवं विश्वास का संचार हो सके। चूँकि, बैरम ख़ाँ के साथ बयाज़िद बयात भी इस उद्देश्य से भेजा गया था, अत: वह अपने महत्त्वपूर्ण ग्रन्थ 'तज़किरये हुमायूँ व अकबर' में इन घटनाओं से हमें अवगत कराता है। बयात हमें बताता है कि कैसे वे सबसे मिलकर, हुमायूँ की भेंट देकर, उन्हें आसन्न स्वतन्त्रता का आश्वासन भी प्रदान करते हैं। वस्तुत: हुमायूँ ने अपने भाई के साथ संयुक्त रूप से भारत-विजय के अभियान की परिकल्पना की थी, अत: इन कार्यवाहियों को उसी पृष्ठभूमि में समझा जा सकता है।

किन्तु, यदि मिर्ज़ा कामरान अब भी अपने पुराने विरोध एवं अवज्ञाकारिता के मार्ग को छोड़ने को तत्पर न हो, तो भी उसके एवं उसके समर्थकों-अनुयायियों के लिए ही नहीं, उसके विरोधियों के लिए भी यह सन्देश सुस्पष्ट था! परिवर्तन का प्रवाह-क्रम प्रारम्भ हो चुका था! उसे देर-सबेर वहाँ (काबुल) तक पहुँचना ही था। अत: यदि, सभी को पुरस्कार, भेंट, सरोपा प्रदान करके, वह उन्हें आशान्वित कर रहा था तो, दूसरी ओर स्वयं भी आश्वस्त हो रहा था कि वे सब स्वस्थ एवं उसके समर्थक बने हुए हैं तथा बने भी रहें। यही नहीं, जिन लोगों को भी यह भेंट एवं बादशाही फ़रमान एवं सन्देश प्राप्त हुए, उनमें एक फुसफुसाहट शुरू हो गयी। वार्त्ताओं का दौर थमने का नाम नहीं ले रहा था। जितने मुँह उतनी ही बातें, उतनी ही व्याख्याएँ और उतनी ही अफ़वाहें। अन्तत: एक ऐसा परिवेश निर्मित होता गया, जो हुमायूँ के लिए लाभप्रद किन्तु, कामरान के मनोबल को तोड़नेवाला, उसे हतोत्साहित करनेवाला ही साबित हुआ। क्या हुमायूँ अपने निर्वसन काल में कूटनयिक कला में इतना दक्ष हो

चुका था कि वह शत्रु से युद्ध से पूर्व मनोवैज्ञानिक रूप से उसे परास्त कर सके? तभी तो, एक ऐसा वातावरण बना चुका था, जिसमें 'हरम' जैसे विशेष निवासों में जहाँ विशिष्ट बन्दियों को रखा गया था तथा उन बाग़ों-उद्यानों से, जहाँ इन लोगों से बैरम ख़ाँ एवं बयाज़िद बयात मिल रहे थे, बादशाह हुमायूँ द्वारा प्रेषित भेंट सरोपा सन्देश प्राप्त कर रहे थे—वहाँ से समाचार समस्त काबुल शहर में फैल चुका था। बादशाह हुमायूँ, ईरान के शाह तहमास्प की सहायता से वापस आ रहा है! जिस शाह की सेनाओं ने तैमूरों को विनष्ट करनेवाले उज़्बेग़ों का विनाश किया है, उसकी सेनाएँ काबुल पहुँचने ही वाली हैं? कान्धार की घेरेबन्दी से घबड़ाकर लोग व अमीर धीरे-धीरे हुमायूँ के प्रति समर्पण भाव से उपस्थित होने लगे थे!

अत: हुमायूँ के आगमन से और ईरान के शाह की मदद से भारत के पुनर्विजय के उसके उत्साह व योजना के चलते, कामरान भी इधर कई विकल्पों के विषय में सोचने को विवश था! युद्धों, घेरेबन्दियों की क्या-क्या तैयारी की जाय? मुग़ल बादशाह हुमायूँ के समर्थन में जन-भावना को नियन्त्रित करने के लिए क्या किया जाय? यदि, कान्धार के बाद, काबुल भी हुमायूँ के हाथों में चला गया, तब वह कहाँ जाय? किस स्थान को आधार बनाये? कैसे अपने संसाधनों को पुन: संगठित व व्यवस्थित करे? कैसे प्रतिरोध करे? कहाँ से उसके मार्ग को अवरुद्ध करे? कैसे उसे प्रगति-पथ पर रोका जाय? जितना वह सोच रहा था, उतना ही विचार—मन्थन विरोधी-शिविरों में प्रारम्भ हो चुका था। कैसे अफवाहें प्रचारित करके काबुल के आमजन में भी हुमायूँ के प्रति सहानुभूति को और अधिक घनीभूत किया जा सके? उसके समर्थन में लोगों की संख्या बढ़ायी जाती रहे? हर व्यक्ति अपने-अपने स्तर पर अपनी स्वतन्त्रता, अपने निज हित को हुमायूँ एवं मुग़ल सत्ता के व्यापक हित के साथ सम्बद्ध करके देखने लगा। इससे हुमायूँ का ही नाम दिग-दिगन्त में गूँज उठा। लोगों को लगने लगा कि अब बस समय की बात है, हुमायूँ की सेना एक आँधी की भाँति, अवरोध को उड़ाकर, अपना मार्ग प्रशस्त करते हुए, अपने लक्ष्य को प्राप्त कर लेगी? भारत का प्रवेश मार्ग ही काबुल होकर था, अत: काबुल-विजय हुमायूँ के लिए अपरिहार्य थी!

इसी क्रम में, हर्रम बेग़म की व्युत्पन्न-मति, संकल्प-शक्ति, स्वतन्त्रता के प्रति समर्पण, शाश्वत मानवीय मूल्यों में अगाध आस्था के साथ सन्तुलित व्यवहार को अवसर मिलता है। उसकी प्राथमिकताएँ स्पष्ट हैं। वरीयता क्रम पूर्व निर्धारित है, एक निश्चित कार्य-सूची है। वह जानती थी, काबुल में राज्य भले ही कामरान मिर्ज़ा का हो, परन्तु वह अन्तिम निर्णय लेने में किसके ऊपर निर्भर करता था? वह इतने वर्षों में यही देख रही थी, समझ रही थी एवं अनेक छोटी-छोटी सुविधाएँ, उन लोगों तक कुछ उपहार भेंट इत्यादि पहुँचाकर प्राप्त करती रही थी। कामरान दो ही लोग के

परामर्श को पूर्ण विश्वास से मानता था। इनमें से प्रथम था मुल्ला अब्दुल ख़ालिक, जो मिर्ज़ा कामरान का गुरु था। उसकी बांत मिर्ज़ा के लिए पत्थर की लकीर होती थी। दूसरा व्यक्ति कामरान का सर्वाधिक विश्वसनीय अधिकारी था—बाबूस जिसकी प्रशासनिक-दक्षता ही व्यवस्था बनाये रखने के लिए उत्तरदायी थी। कामरान ने बदलती हवा का रुख़ भाँपा और मुल्ला तथा बाबूस से परामर्श किया कि ऐसी प्रतिकूल परिस्थितियों के परिवेश में बन्दी मिर्ज़ाओं का विशेष रूप से अकबर, हिन्दाल एवं सुलेमान, हर्रम, इब्राहीम आदि के साथ कैसा व्यवहार किया जाय?

हर्रम बेग़म ने पूर्वानुमान एवं दूरदृष्टि से कार्य करते हुए धन, स्वर्ण एवं जवाहरात-जैसी भेंट व घूस देकर, मुल्ला एवं बाबूस को अपनी ओर कर लिया था! वे भी आसन्न संकट में, सम्भवत: किसी विकल्प पर भी कार्य कर रहे होंगे? कि यदि हुमायूँ की अपरिहार्य-सी जीत एवं मिर्ज़ा कामरान की आसन्न पराजय की स्थिति में बचने व रहने के लिए कोई स्थान न रह जाय, तो सिर के ऊपर छत की कोई व्यवस्था होनी चाहिए? मुँह छिपाने को कोई स्थान होना चाहिए? अत: वे बदख़्शाँ की इस वास्तविक रानी के अनुरूप कार्य करने को सहर्ष तत्पर भी थे और धन-लोलुपता ने तो उन्हें पूर्णरूपेण हर्रम बेग़म का पक्षधर बना दिया था। बयाज़िद बयात तो स्पष्टत: एवं प्रत्यक्षत: लिखता है कि मिर्ज़ा सुलेमान की पत्नी हर्रम बेग़म ने 'घूस द्वारा सबको अपना सहायक बना लिया। इन लोगों ने मिलकर एकमत होकर निवेदन किया, कि मिर्ज़ा सुलेमान को मुक्त करके, बदख़्शाँ की ओर विदा कर दिया जाय। यदि कभी कोई दुर्घटना पड़ गयी, तो बदख़्शाँ पहुँचकर, मिर्ज़ा से कुमुक एवं सेना लेकर काबुल पहुँचा जा सकेगा।' कामरान को अपने प्रमुख सलाहकारों एवं विश्वसनीय अधिकारियों के परामर्श पर क्या एतराज़ हो सकता था? उसने अपनी सहमति प्रकट कर दी किन्तु उसको आज्ञाकारी बनाये रखने की नियत से हर्रम बेग़म एवं उसके पुत्र इब्राहीम को जमानत के तौर पर काबुल में ही रखने का स्वतन्त्र प्रबन्ध कर दिया।

अभी मिर्ज़ा कामरान ने सुलेमान को विदा ही किया था, तब उसका विवेक जागा और उसे लगा कि उसने कहीं जल्दबाजी में कोई ग़लत निर्णय तो नहीं ले लिया? अत: सुलेमान, जब काबुल से मात्र दो मील पर स्थित पायेमीनार नाम के एक प्रसिद्ध एवं समृद्ध गाँव में पहुँचा, तब उसे मिर्ज़ा कामरान का एक विशेष दूत उसके लिए सन्देश लेकर पहुँचा। सन्देश मात्र इतना था, कि 'कुछ बातें मुझे स्वयं कहनी थीं वह रह गयी हैं, अत: उन्हें कहना आवश्यक है।' उसे लगा कि हर्रम बेग़म और इब्राहीम पर अब निगरानी से क्या लाभ होनेवाला है, जब बदख़्शाँ के शासक को ही स्वतन्त्र कर दिया हो? किन्तु 'अब पछताये होत क्या जब चिड़िया चुग गयी खेत?' सुलेमान यह चाल समझ रहा था, किन्तु उसने कोई प्रतिवाद नहीं किया। उसने अपने उत्तर में कूटनयिक दक्षता, व्यवहार कुशलता और मानसिक सन्तुलन का परिचय देते हुए

लिखा, "क्योंकि, मैं एक बहुत ही शुभ मुहूर्त्त में निकला हूँ, अत: मेरा वापस आना उचित व श्रेयस्कर नहीं होगा। यदि मौखिक बातों का पूर्ण वर्णन लिखकर अपनी राजकीय मुहर लगाकर प्रेषित कर दें, तो मैं आदेश का अक्षरश: पालन करने का आश्वासन देता हूँ।" मिर्ज़ा कामरान को सब-कुछ जब सुस्पष्ट हो गया तब उसे लगा होगा कि वास्तव में यदि बदख़्शाँ में शरण लेनी पड़े तो क्या हर्रम बेग़म व उसके पुत्र को अपने सर्वेक्षण में रखना उचित होगा? क्या वे इस मत से असन्तुष्ट एवं रुष्ट नहीं होंगे? वैसे ही गत चार वर्षों से वे बन्दी-सा जीवन ही तो व्यतीत कर रहे थे? राज्य से च्युत? अधिकारों और व्यक्तिगत स्वतन्त्रता से वंचित? अत: बहुत माथापच्ची के बाद, एक बार पुन: उसने अपने सर्वाधिक विश्वसनीय सलाहकारों मुल्ला तथा बाबूस से परामर्श किया। इन दोनों ने भी कहा कि थोड़े बहुत सुधार की स्थिति तो यही हो सकती है कि इन दोनों को भी स्वतन्त्र करके बदख़्शा जाने की आज्ञा प्रदान कर दी जाये—"जब हाथी निकल गया, तब पूँछ को क्या रोकना?" वैसे भी मुल्ला एवं बाबूस दोनों ही हर्रम बेग़म के दिये गये धन से भ्रष्ट थे ही, अत: उनसे और क्या आशा की जा सकती थी? वे तो हर्रम बेग़म के पूरे परिवार की स्वतन्त्रता के पक्ष में प्रारम्भ से ही थे।

इस बीच, कामरान के सहयोगी शेर अफ़गान ने भी उसका साथ छोड़कर, अपने साथियों के साथ हुमायूँ की सेवा में जाना स्वीकार किया। शेर अफ़गान के साथ ही, उलुग मिर्ज़ा एवं फ़ज़ायल बेग भी इस पलायन में सम्मिलित थे। यही नहीं पायेमीनार की सैर के बहाने, यादगार नासिर मिर्ज़ा भी बदख़्शाँ की ओर भाग गया, जब मिर्ज़ा हिन्दाल को उसका मार्ग अवरुद्ध करके बन्दी बनाने को भेजा, तो दोनों ही मिर्ज़ाओं ने कान्धार की ओर जाकर, हुमायूँ की अधीनता स्वीकार करने का निर्णय लिया। अत: एक-एक करके, समस्त अमीर, हुमायूँ की ओर वापस पलायन करने लगे। इसी बीच बृहस्पतिवार के दिन 3 सितम्बर, 1545 ई. को मिर्ज़ा अस्क़री ने भी हुमायूँ के समक्ष समर्पण किया। इस प्रकार हुमायूँ ने विजयोपरान्त, कान्धार में प्रवेश किया। कुछ दिन उपरान्त इस दुर्ग का प्रशासन एवं प्रबन्धन हुमायूँ ने बैरम ख़ाँ भारलू को प्रदान कर दिया। हुमायूँ अब काबुल की ओर बढ़ा। काबुल से कुछ पूर्व ही मिर्ज़ा कामरान के सर्वाधिक विश्वसनीय एवं सर्वोच्च अधिकारी बाबूस ने भी उसका साथ त्यागकर हुमायूँ की संघ में उपस्थित होना श्रेयस्कर समझा! अब कामरान के पास कोई विकल्प था ही नहीं—सिवाय सन्धि के? अत: ख़्वाजा एवं सूफी सन्तों जिनमें हजरत महमूद, ख़्वाजा अब्दुल हक़, ख़्वाजा दोस्त खावन्द आदि विद्वान् एवं लोकप्रिय सन्त सम्मिलित थे कामरान-हुमायूँ-कामरान से वार्त्ता करते रहे। अन्तत: जब सन्धि असम्भव प्रतीत हुई, तब कामरान ने काबुल का परित्याग कर बक्खर की ओर पलायन करने का ही निर्णय लिया। अत: 17/18 नवम्बर, 1545 ई. को हुमायूँ ने काबुल में प्रवेश कर अपने बेटे अकबर को देखा!

हुमायूँ ने काबुल-विजय के उपरान्त ग़ज़नी, ज़मीं, दावार, तीरी एवं शाल-मश्तुँग का प्रशासनिक पुनर्गठन करते-करते, बदख़्शाँ के मिर्ज़ा सुलेमान को भी अनेक फ़रमान प्रेषित किये, किन्तु वह किसी-न-किसी बहाने से इन्हें टालता रहा और हुमायूँ के समक्ष काबुल में नहीं उपस्थित हुआ। हुमायूँ को बुरा लगना स्वाभाविक था, क्योंकि उसने कान्धार से जब बैरम ख़ाँ तथा बयाज़िद बयात को विशेष दूत के रूप में भेजा था तो वे इससे भी विशेष रूप से मिले थे एवं भेंट-सरोपा आदि भेंट किये थे। सम्भवत: सुलेमान व हर्रम बेग़म को लगता होगा, कि एक बार साथ देने का मूल्य वे चार-पाँच वर्षों के बन्दी जीवन में व्यतीत कर चुके हैं। अत: उन्होंने सोचा होगा कि उमर शेख़ मिर्ज़ा के पारिवारिक विवाद में पृथक् रहना ही नीति के अनुसार उचित व श्रेयस्कर होगा? हुमायूँ का व्यवहार बन्धुत्व एवं आत्मीय-सा रहा है, सदैव! किन्तु कामरान से भी तो वो ही रिश्ता था, जो हुमायूँ से था। इसके अतिरिक्त कामरान एवं उसकी पत्नियाँ सगी बहनें थीं। इसका काफ़ी ख़्याल कामरान ने काबुल-प्रवास के समय रखा था। उन्हें आवागमन एवं रिश्तेदारों से मिलने-जुलने की पर्याप्त स्वतन्त्रता थी। उनकी सुविधाओं का भी ध्यान रखा गया था? अत: मिर्ज़ा सुलेमान की तटस्थता का भाव समझ में आ रहा था। किन्तु वह हुमायूँ के 'फ़रमानों' का अनुपालन न करके, अन्तत: उसके क्रोध का भाजन हो सकता था?

वस्तुत: मिर्ज़ा सुलेमान के पास भी कान्धार व काबुल के पतन के उपरान्त अनेक मुग़ल अमीर शरणागत हुए थे। वे उसकी सेवा में आ चुके थे। इनमें से एक मिर्ज़ा अस्क़री का कोका रहा था, इसका नाम मुजफ़्फर था। उसने मिर्ज़ा सुलेमान को सतर्क रहने को कहा। इसकी पुष्टि उसके अपने तगाई शाह कासिम ने भी की। इन दोनों ने उसे भयाक्रान्त कर दिया था कि यदि 'वह काबुल गया तो हुमायूँ उसे बन्दी बनाकर बदख़्शाँ अधिकृत कर लेगा?' अत: मिर्ज़ा सुलेमान की दुविधा बनी रही, अपितु और पुष्ट होती गयी, क्योंकि, हुमायूँ लगातार सुलेमान को फ़रमान व सन्देश भेज रहा था और, इन सबके अनुपालन के अभाव में वह स्वयं सुलेमान पर अविश्वास एवं सन्देह करने के अतिरिक्त क्या कर सकता था? जब मिर्ज़ा अस्क़री एवं मिर्ज़ा हिन्दाल समर्पण कर चुके हों, तो स्वाभाविक रूप से वह सुलेमान से ही आशा करता था कि वह भी सम्मान प्रकट करने हेतु प्रत्यक्षत: उपस्थित होगा। यदि किसी कारण से न भी आ पाया हो, तो अब वो 'फ़रमान' भी नहीं 'फ़रमानों' के अनदेखा करने को क्या माना जाय? वस्तुत: निरन्तर अनदेखी अवज्ञाकारिता का ही प्रमाण था? वह कामरान की भाँति सुलेमान को भी विरोधी मानने लगा!

मिर्ज़ा सुलेमान—हर्रम बेग़म, बाबर के ऋणी रहे थे, किन्तु थे तो वे भी स्वतन्त्र शासक। फिर जहाँ हुमायूँ अपने पैतृक राज्य फ़रगना से निर्वासित था वे तो अपने पैतृक राज्य में शासन कर रहे थे और तैमूरी परम्परा व प्रतिष्ठा किसी-न-किसी रूप में सीमित अर्थों में ही सही—बनाये तो हुए थे? वे अपने को हुमायूँ के अधीन कैसे मान

सकते थे? वे अपने राज्य में सन्तुष्ट थे? हुमायूँ को बाबर से उत्तराधिकारवाले काबुल राज्य की पुनर्प्राप्ति में क्या सन्तुष्ट नहीं होना चाहिए? हुमायूँ के फ़रमानों की भाषा से एक ही संकेत निकलता था : वह मिर्ज़ा सुलेमान के साथ एक अधीन शासक की भाँति व्यवहार कर रहा था? मिर्ज़ा सुलेमान की अभिलाषा थी कि हुमायूँ उसके साथ वैसा ही व्यवहार करे, जैसा कि एक स्वतन्त्र शासक, दूसरे स्वतन्त्र शासक से अपेक्षा करता है? वह सम-स्तरीय, समकक्षता एवं बन्धुत्व के दृष्टिकोण व व्यवहार का आकांक्षी था? वह अपनी सम्प्रभुता एवं स्वतन्त्र स्तर के साथ समझौते के लिए कदापि तत्पर नहीं था। उसके प्रत्येक उत्तर से यह ध्वनि स्पष्टत: आ रही थी।

यही नहीं, हुमायूँ को उसने दो कारण और भी स्पष्ट किये जिसके कारण उसका समर्पण करना सम्भव नहीं था। एक तो कारण, उसने 'जन-समर्थन' व 'जनाकांक्षा' का दिया। उसके अनुसार बदख़्शाँ के आम लोग मुग़ल बादशाह के समक्ष समर्पण के लिए कदापि तैयार नहीं थे। अर्थात् स्पष्ट था कि यदि वह उनकी इच्छाओं के विरुद्ध कोई निर्णय ले अथवा कार्य करे तो वहाँ विद्रोह की स्थिति उत्पन्न हो सकती है? वह अपदस्थ भी हो सकता है? हर्रम बेग़म ने इस आशय का पत्र लिखाकर प्रेषित करने का भी आदेश दे दिया। तब उसे लगा होगा कि हुमायूँ सैन्य-बल द्वारा विद्रोह-उन्मूलन एवं न्याय-व्यवस्था बनाये रखने का आश्वासन दे सकता है। अत: उसने एक दूसरा पत्र तत्काल बोलकर लिखवाया। इस पत्र में उसकी दूरदृष्टि स्पष्टत: झलकती है। उसने सुलेमान की ओर से लिखवाया "कामरान ने मुझे मुक्त करने से पूर्व शपथ ले ली थी कि मैं हुमायूँ के समक्ष व्यक्तिगत रूप से तब तक उपस्थित न होऊँ जब तक युद्ध न कर लूँ और युद्धोपरान्त ऐसी परिस्थिति न उत्पन्न हो जाय?"

ये दोनों पत्र हुमायूँ को साथ-ही-साथ मिले थे। दूसरे पत्र के तीन निहितार्थ तो पूर्णतया स्पष्ट थे। एक, कि सुलेमान तथा उसके परिवार ने कामरान से जो स्वतन्त्रता अर्जित की है, वह सशर्त है। क्या कोई तैमूरी, अपनी शर्तों का उल्लंघन जैसा निम्नस्तरीय आचरण कर सकता है? क्या सन्धि की शर्तों का उल्लंघन होना चाहिए? इस उल्लंघन का अभिप्राय है कि जिस पक्ष से सन्धि की है, उससे शत्रुता का आमन्त्रण? दूसरा, सन्देश भी स्पष्ट है। सुलेमान व्यक्तिगत रूप से उपस्थित न होने का तार्किक व न्यायोचित कारण तो बता रहा है? फ़रमानों की अनदेखी नहीं, अपितु सन्धि की शर्तों की विवशता ने उसके क़दमों को काबुल की ओर प्रस्थान करने से रोका हुआ था? तीसरा, निहितार्थ था कि बिना युद्ध लड़े और उसमें पराजित हुए मिर्ज़ा सुलेमान की तैमूरी परम्परा के यह कत्तई अनुकूल नहीं था कि वह समर्पण कर देता? हर्रम बेग़म ने दोनों पिता-पुत्रों को न केवल उनका वंशीय गौरव, प्रतिष्ठा व परम्परा का स्मरण ही कराया था अपितु लगभग ललकारते हुए चेतावनी दी थी कि समर्पण कायर करते हैं? हुमायूँ के दरबार में व्यक्तिगत उपस्थिति का अभिप्राय भीरूपन के अतिरिक्त और कुछ न होगा? सन्देश व पत्रोत्तर स्पष्ट करते थे कि यदि हुमायूँ को

बदख़्शाँ चाहिए तो वह भेंट की आशा क्यों कर रहा है? याचक क्यों बन रहा है? चग़ताई ढंग से युद्ध में उसे विजित क्यों नहीं करता? कम-से-कम अपने लोगों के बीच शत्रुओं (कामरान से लेकर उज़्बेगों तक) के समक्ष एवं अपनी आत्मा के समक्ष स्वाभिमान से खड़ा तो हो सके कि अपना राजा भयभीत होकर नहीं एक योद्धा की भाँति सुरक्षा के लिए अन्तिम हिम्मत तक लड़कर पराजित हुआ था।

हरम बेगम के दृढ़-संकल्प एवं कूटनीतिक समझ का ही परिणाम था कि हुमायूँ के लिए तत्काल बदख़्शाँ हस्तगत करने के समस्त द्वार अवरुद्ध हो गये थे? सभी विकल्प समाप्त थे? अब एक ही मार्ग था। एक ही राह! युद्ध! इससे दोनों बातें स्थापित हो जातीं। एक बदख़्शाँवाले युद्ध से नहीं डरते हैं। और न ही उससे कतराते हैं? वे वीर, साहसी व योद्धा है, जो युद्ध को वरण करते हैं? यही नहीं दूसरे इस कृत्य से हुमायूँ ही 'आक्रमणकारी' (दोषी?) प्रमाणित होगा? 'प्रत्यक्षं किं प्रमाणं? अत: परिस्थितियाँ युद्धपरक हो गयीं! अत: 1546 ईसवी सन् में जब सूर्य मिथुन राशि में प्रविष्ट हुआ अर्थात् मार्च चौदह अथवा पन्द्रह को हुमायूँ ने बदख़्शाँ अभियान हेतु प्रस्थान किया। ख़्वाजा रीवास, क़र्रा बाग़ एवं कूरबन्द (या गूरबन्द, काबुल के उत्तर में) नदी तट पर पड़ाव डाले रहे तथा शत्रु को दिग्भ्रमित करने हेतु हिन्दू कोह के दर्रे से पुराना मार्ग त्यागकर 'राहे-नव' (नयी राह या नवीन मार्ग) होकर अन्दराब के प्रसिद्ध चारबाग़ में पड़ाव डाल दिया।

थोड़ा आगे ही तीरे गिराँ नामक स्थान था, जहाँ मिर्ज़ा सुलेमान व मिर्ज़ा इब्राहीम अपनी सेनाओं के साथ तैयार थे। हुमायूँ की सेनाओं में ग़ज़ब का उत्साह था। उसके अग्र भाग की टुकड़ी ने ही बदख़्शाँ की सेना को परास्त कर दिया। अब मिर्ज़ा सुलेमान ने बदख़्शाँ के पहाड़ों में शरण लेना ही उचित समझा। उसने समर्पण नहीं किया। वह नारीन, इश्किमीश तथा तालीक़ान होते हुए पहाड़ी घाटी एवं दर्रों में शरणागत हो गया। हुमायूँ ने उसका पीछा किया, किन्तु वह ख़ोश्त होते हुए क़ोलब पहुँच गया! सर्दी शुरू हो जाने के कारण हुमायूँ को पीछा करने का अभियान क़िश्म पहुँचकर ही त्यागना पड़ा। उसने तीन-चार माह प्रवास करके बदख़्शाँ का प्रशासनिक पुनर्गठन किया। क़िला ज़फ़र को ही राजधानी बनाये रखा गया। छोटे-छोटे खण्डों में उसने सैन्य-प्रशासकों/ गवर्नरों की नियुक्ति की यथा मिर्ज़ा हिन्दाल को कुन्दुज़ में, मुनीम ख़ाँ को ख़ोश्त में, बाबूस बेग को तालिक़ान में। इस बीच क़िश्म से किला ज़फ़र लौटते समय, वह शख़दान पहुँचते-पहुँचते गम्भीर रूप से रुग्ण हो गया। वह दो माह के उपरान्त ही क़िला ज़फ़र पहुँच पाया। हिन्दाल एवं बाबूस ख़ाँ भी अवज्ञाकारिता करने लगे थे, मात्र क़र्राचा ख़ाँ तथा हुसैन क़ुली मुहरदार पूर्णतया स्वामीनिष्ठ बने रहे एवं कुशलता से राज्य प्रशासन के दायित्वों का निर्वहन करते रहे।

दो माह की अस्वस्थता में भले ही बदख़्शाँ में कुछ प्रतिकूल न हुआ किन्तु काबुल में हवा अपना रुख़ बदल चुकी थी। मिर्ज़ा कामरान तो असन्तुष्ट था ही, वह तो उपर्युक्त समय की प्रतीक्षा में ही था। अत: वह यह सुनहरा अवसर कैसे हाथ से जाने देता? उसने तत्काल कार्यवाही करते हुए गज़नी एवं काबुल पर आधिपत्य स्थापित कर लिया। वह पुन: काबुल का शासक बन गया! हुमायूँ को अपनी दयनीय स्थिति का भी आभास होने लगा था। वह पुन: एक बार 'न घर का रहा था न घाट का?' उसकी रुग्णता का लाभ उठाते हुए बदख़्शाँ के अमीरों ने उसकी सत्ता के बोझ को उतार फेंकने के प्रयास प्रारम्भ कर दिये थे। उसके अपने गवर्नर भी अवज्ञाकारी हो रहे थे? इस क्षेत्र के दो महत्त्वपूर्ण मिर्ज़ा—एक सौतेला भाई और दूसरा चचेरा भाई यथा मिर्ज़ा क़ामरान तथा मिर्ज़ा सुलेमान दोनों ही उसके शत्रु थे। भारत-पुनर्विजय के अभियान का एक आधार (काबुल) वह खो चुका था दूसरा (बदख़्शाँ) खोने की कगार पर था। ऐसे में, उसने कुछ बचाने की प्रक्रिया प्रारम्भ की? हालाँकि पर्याप्त विलम्ब हो चुका था? और मिर्ज़ा क़ामरान तथा मिर्ज़ा सुलेमान के मध्य भी तो पारस्परिक शत्रुता का ही भाव था? किन्तु कहीं समान शत्रु हुमायूँ के विरुद्ध दोनों के मध्य कोई समझौता हो गया तब? वह तो कहीं का नहीं रह जायेगा। अत: इस संकट के समाधान हेतु तथा अपनी क्षति को न्यूनतम करने की प्रक्रिया में वह संलग्न हो गया।

उसने तत्काल मीर असगर मुन्शी को बुलवाकर मिर्ज़ा सुलेमान को एक फ़रमान लिखवाया कि ''कुन्दुज़ के अतिरिक्त जो मिर्ज़ा हिन्दाल की (वर्तमान) जागीर है, बदख़्शाँ की समस्त विलायत तुझे प्रदान करता हूँ। क्योंकि इस समय तुम्हें संकोच है अत: जब सन्तुष्ट हो जाना तो काबुल में पहुँचकर (मेरी/बादशाह की) सेवा में उपस्थित होना।'' अत: उसने सुलेमान के घाव पर कुछ चिकित्सीय लेप लगाने का प्रयास किया? उसने उसे कुछ मित्रता का आश्वासन देने का प्रयास किया? किन्तु इसमें भी संरक्षणत्व एवं स्वामित्व का भाव रेखांकित था, जिसे सुलेमान तो क्या कोई भी समझ सकता था। क्या सुलेमान अधीनता के लिए तत्पर होता? क्या वह सेवा में उपस्थित हो सकता था? क्या यह समर्पण नहीं होता? तो वह युद्ध करके, क्यों भटक रहा था? हुमायूँ के फ़रमान में ही 'सम्प्रभुता' का भाव नहीं था अपितु उसने अपने कार्य-व्यवहार से उसकी पुष्टि भी कर दी। उसने बात मात्र 'कुन्दुज़ की जागीर' (मिर्ज़ा हिन्दाल की जागीर) की करी थी, किन्तु इस जागीर में कुन्दुज़ के अतिरिक्त ख़ोश्त, काहमर्क एवं गोरी के क्षेत्र भी सम्मिलित थे।

मरता क्या न करता? अब हुमायूँ बदख़्शाँ, मिर्ज़ा सुलेमान के लिए छोड़ने को बाध्य था? वह तालीक़ान होते हुए कुन्दुज़ पहुँचा, जहाँ मिर्ज़ा हिन्दाल ने उसका स्वागत किया एवं वे संयुक्त रूप से काबुल अभियान के लिए तैयार हुए। ईद-ए-क़ुरबान (1 फरवरी, 1547) के उपरान्त वे शईबर्तू, रेगक़, शेहयारन, चहरदार व चहरकर्न होते हुए काबुल के निकट ज़मज़माँ जा पहुँचे। काबुल पर पुन: आधिपत्य स्थापित

करने के बाद कामरान ने तमाम लोगों से अपना साथ छोड़ने का प्रतिशोध लेना शुरू किया। वह न केवल दण्ड दे रहा था, अपितु, अमानवीय दण्ड देने लगा था! घेरेबन्दी और कामरान के जघन्य अपराधों एवं प्रतिशोधपूर्ण कार्यवाहियों के चलते, पूरा परिवेश ही उसके विरुद्ध होता जा रहा था, अतः अप्रैल के अन्त में वह काबुल से पलायन करने को बाध्य गया। उस पूरे क्षेत्र में तीन ही शक्तियाँ (मुग़लों के अतिरिक्त) शेष थीं। ईरान का शाह, जिसका हुमायूँ के साथ पहले से ही समझौता था, तुर्कों का आटोमन सुलतान, किन्तु वह दूरस्थ स्थित था, एवं तृतीय मुग़लों के कट्टर वंशीय शत्रु उज़्बेग़। अतः यही तृतीय विकल्प शेष था और मिर्ज़ा कामरान जैसे 'डूबते व्यक्ति को इसी तिनके का सहारा था।' वह बल्ख़ की ओर गया। उज़्बेग़ नेता पीर मुहम्मद ख़ाँ के साथ सन्धि की, कि, काबुल विजय में उज़्बेग़ी सहायता प्राप्त होने पर वह बदख़्शाँ, पीर मुहम्मद के लिए छोड़ देगा। तदुपरान्त, उसने तालीक़ान पर अभियान केन्द्रित कर दिया। मिर्ज़ा सुलेमान एवं मिर्ज़ा इब्राहीम उसका प्रतिरोध न कर सके एवं एक बार पुनः बदख़्शाँ के दर्रों में शरणागत हो गये बदख़्शाँ का दुर्ग भी कामरान के आधिपत्य में आ गया।

मिर्ज़ा सुलेमान को स्पष्टतः समझ में आने लगा कि अब उसकी भी विकल्पहीनता की स्थिति थी। वह कामरान एवं उज़्बेग़ों के संयुक्त अभियानों का सामना बिना बाह्य सैन्य सहायता के नहीं कर सकता था और यह सहायता उसे मात्र हुमायूँ से मिलने की ही आशा थी। दोनों के हित समान न हों, परन्तु शत्रु तो समान थे ही। अतः उचित परिवेश एवं परिस्थितियाँ मानकर हर्रम बेग़म की सलाह कर क़रजा ख़ाँ (कामरान का पक्षधर हो गया था) का पीछा कर रहे, हुमायूँ के सहायतार्थ मिर्ज़ा इब्राहीम को भेजकर, इस गठबन्धन को सशक्त करने का क़दम उठाया गया। क़रजा ख़ाँ ने अपने सहायक (आग़ूलक़) तिमुर क़ुली शिगाली को पंजहीर में छोड़ा और वह कामरान के पास बदख़्शाँ जा पहुँचा। इस बीच इब्राहीम ने परियान दुर्ग पर आक्रमण करके, तिमुर क़ुली को पराजित किया। उसकी हत्या करके, वह उसके कटे हुए सिर के साथ हुमायूँ की सेवा में उपस्थित हुआ। हुमायूँ इस समय क़राबाग़ के जलके में शिविर लगाये हुए था। एक महत्त्वपूर्ण शत्रु एवं दुर्ग पर विजय से वह प्रफुल्लित हुआ। उसने तत्काल ही मिर्ज़ा इब्राहीम को अपना 'फ़र्ज़न्द' या पुत्र घोषित किया तथा उसे अपना दामाद बनाने की घोषणा कर दी। ताकि, दोनों परिवारों के सम्बन्ध प्रगाढ़ एवं सुपरिभाषित हो सकें। उसे पुरस्कार-स्वरूप शाही अस्तबल से एक घोड़ा एवं सरोपा आदि भी भेंट की गयी। उसे सम्मानित किया गया।

वस्तुतः हर्रम बेग़म बार-बार के इस पलायन का अर्थ समझ रही थी। इस क्षेत्र में हुमायूँ और दूसरी ओर कामरान मिर्ज़ा तथा उज़्बेग़ सेनाओं की उपस्थिति से भी अस्थिरता की स्थिति समझ रही थी। वह जानती थी कि इन सबके रहते, यहाँ का क्षेत्रीय शक्ति समीकरण सदैव परिवर्तित होता रहेगा। वह अस्थायी ही रहेगा। क्योंकि

अस्थायी रखने में ही विभिन्न पक्षों को लाभ के अवसर प्राप्त हो सकते हैं? वह हर हाल में अपने राज्य को गँवाने की इच्छुक नहीं थी? वह प्रत्येक परिस्थिति में ही अपने सम्प्रभुता की रक्षा के लिए सचेत थी? वह सतर्क होकर, प्रत्येक विकल्प का मूल्यांकन कर रही थी? ताकि उसे कुछ लाभ तो अर्जित हो सके? यह पूर्ण क्षेत्र इन तमाम शक्तियों के साथ-साथ, बदख़्शाँ राज्य की सेनाओं के मध्य एक प्रज्वलनशील रणक्षेत्र में परिवर्तित हो गया था। किसी भी पक्ष की विजय एवं पराजय हो, क्षति तो बदख़्शाँ राज्य को ही उठानी पड़ेगी? अत: वह हाथ-पर-हाथ धरे तो नहीं बैठी रह सकती थी? अत: इब्राहीम को भेजकर उस दोस्ती के हाथ को पकड़ने का प्रयास कर रही थी, जो हुमायूँ ने बदख़्शाँ छोड़ते समय फ़रमान के माध्यम से बढ़ाया था। उसके लाभ भी अर्जित हुए अब वह हुमायूँ के किसी चचेरे छोटे भाई की पत्नी मात्र नहीं थी। अब वह उसकी समधिन थी। हिन्दुस्तान के निर्वासित पादशाह की समधिन! हुमायूँ काबुल का वैध शासक था, तो वह भी बदख़्शाँ की वैध शासक की पत्नी थी। अत: जन-समर्थन भी बाह्य शक्तियों एवं अवज्ञाकारी तत्त्वों से अधिक इन्हें ही मानते थे। वे तो विवशता में बाह्य शक्तियों की अधीनता स्वीकार करते थे, जब उनके वैध शासक अपने-अपने पैतृक राज्यों से पलायन करते थे। आमजन, अपने-आपको अपने स्थानीय सरदारों-सरकारों से ही सम्बद्ध हो पाते थे, भले ही वे विवशता में कुछ भी करें। हालाँकि सर्वाधिक क्षति इन्हीं निर्दोषों को भी उठानी पड़ती थी। प्रत्येक उत्पीड़न, अत्याचार, शोषण, प्रतिशोध के वे ही प्रथम शिकार होते थे?

इस पहल से उत्साहित होकर हुमायूँ ने बदख़्शाँ अभियान की तैयारी प्रारम्भ की। उसने मिर्ज़ा सुलेमान को फ़रमान प्रेषित किया। इस आदेश का अभिप्राय था कि "वह (सुलेमान) लश्कर एवं क़बीलों ('ईमाक़ो') को तैयार व एकत्र रखे। जब हज़रत पादशाह तालीक़ान के समीप पहुँचे तो मिर्ज़ा सुलेमान भी उपस्थित होकर लश्कर में सम्मिलित हो जाय।" इसी का परिण।म था कि अन्ततोगत्वा मिर्ज़ा कामरान को संयुक्त सेनाओं के समक्ष समर्पण करके मात्र कोलाब की जागीर से सन्तुष्ट रहना पड़ा? अन्तत: हुमायूँ सावन (तीर) के महीने में (1548-49 ई.) वापस विजयी एवं सन्तुष्ट रूप से काबुल लौटा। शीत ऋतु व्यतीत करते ही, बसन्त के आगमन पर वह बल्ख़ के अभियान पर निकल पड़ा। (1 फरवरी, 1949 ई.) इस अभियान में सभी मिर्ज़ा यथा कामरान, अस्क़री, हिन्दाल, सुलेमान एवं इब्राहीम को सम्मिलित होना था। किन्तु, कामरान ने पुन: विद्रोह कर दिया। उज़्बेगों ने ग़लती से हुमायूँ की सेना समझकर उसे काफ़ी क्षति पहुँचा दी। समस्त सेना के साथ हुमायूँ ने उसके विरुद्ध तालीक़ान के लिए कूच किया। उसके बल्ख़ अभियान और तदुपरान्त फ़रगना के पैतृक राज्य को विजित करने की महत्त्वाकांक्षी योजना कामरान के कारण ध्वस्त हो गयी। उसका सपना चूर-चूर हो गया। हुमायूँ के लिए यह अपूर्णीय क्षति थी। अत: वह तब तक सन्तुष्ट नहीं हुआ, जब तक वह अन्त तक कामरान का पीछा कर सकता था? कामरान हज़ारा होते हुए बक्खर की ओर भाग गया!

अचानक ऐसा क्या हुआ कि कामरान ने विद्रोह किया? उसके समस्त विकल्प समाप्तप्राय थे क्या? वस्तुत: इसकी पृष्ठभूमि कुलब (कोलब) की जागीरदारी के समय निर्मित हुई थी। इतिहासकार उसको विश्लेषित करने में या तो असफल रहे अथवा वे अपने लिंग-भेदी आग्रह के कारण ऐसा लिख ही नहीं सके? वस्तुत: वह इतनी छोटी जागीर से अप्रसन्न तो था ही? उज़्बेग़ों से भी सन्धि करके, उसे कुछ प्राप्त नहीं हो सका था? वस्तुत: कुलब का यह क्षेत्र हर्रम बेग़म के पिता का पैतृक स्वामित्व का क्षेत्र था! यहाँ की जनता सुलेमान को नहीं, अपितु हर्रम को ही मानती थी। उसी के प्रति निष्ठावान् थी। गुलबदन बेग़म ने इस प्रकरण का रहस्योद्‌घाटन न किया होता, तो सम्भवत: इसके विषय में कोई जानकारी कभी न होती!

कामरान अपनी दयनीय स्थिति से निकलने की छटपटाहट में कुछ भी कर गुजरने को तत्पर था। वैसे भी, ऐसी स्थिति में प्राय: लोग कुछ भी करते हैं—विकल्पहीनता उन्हें विवेकहीन बना देती है! वे येन-केन-प्रकारेण अपने लक्ष्य की प्राप्ति के लिए प्रयत्नशील होते हैं? उस मार्ग के अनुसरण से भी इनकार नहीं करते, जो अनदेखा और अनजान हो? वे अपरिचित मार्गों पर चलने को उद्विग्न होते हैं? वे अविश्वसनीय लोगों के परामर्श को हृदय से लगा लेते हैं? स्वप्नों में जीने लगते हैं? वास्तविकता से कटते चले जाते हैं। अत: वही करते, कहते एवं सुनते हैं, जो उन्हें प्रिय हो, न कि जो सत्य हो? वे 'काल्पनिक परिवेश' में ही यथार्थ के मार्ग तलाशने की भूल करते हैं? वे भ्रामक बातों में ही अधिक फँस जाते हैं? अपितु, अधिक सरलता व सहजता से? ऐसा ही कुछ कामरान मिर्ज़ा के साथ भी हुआ। 'विनाश काले विपरीत बुद्धि?'

कुलब के प्रवास के दौरान वह एक ख़ानदानी वृद्धा के सम्पर्क में आया। इसका नाम 'तरख़ाँ बेगा' था तथा यह सुलतान अहमद मिर्ज़ा की एक पत्नी थी। अर्थात् बाबर की सबसे बड़ी ताई या उसके अपने दादा उमर शेख़ मिर्ज़ा की सबसे बड़ी भाभी। वह अपनी इस दादी की बात क्यों न सुनता? जब उसे कष्टों के निवारण के प्रति वह चिन्तित दिखती थी? वह सदैव उससे बात करती? समस्या की विवेचना करती? कई विकल्प सुझाती? वस्तुत: उसके कपटपूर्ण व्यवहार, मिथ्याभाषण के कारण ही उसके अपने रिश्तेदार भी उससे दूरी बनाये रखते थे। ऐसे में लोगों के अविश्वास के पात्र—दो ऐसे लोग जो अपने व्यवहार से ही लोगों की दृष्टि में पतित हो गये थे—स्वत: ही एक-दूसरे के निकट आ गये!

इन्हीं 'तरख़ाँ बेगा' या तरख़ाँ बेग़म ने कामरान मिर्ज़ा को समझाया। ईरान का सफ़वी शासक तहमास्प तो हुमायूँ के साथ सन्धि में आबद्ध है। उज़्बेग़ सरदार पीर मोहम्मद से सन्धि के बावजूद उसे अपने लक्ष्य प्राप्ति में सफलता नहीं मिल सकी थी? उसने स्वयं उस समय सैन्य सहायता नहीं भेजी जब हुमायूँ की सेनाओं से वह तालीक़ान में घिरा हुआ था? अत: अब कौन साथ दे सकता था? इस भू-

भाग में दो ही ध्रुव अपनी सम्प्रभुता के कारण किसी की भी सहायता की स्थिति में थे। एक उज़्बेग़ जिनसे कामरान निराश हो चुका था? अत: एक ही शक्ति व स्थानीय शासक शेष था और वह था बदख़्शाँ का शासक मिर्ज़ा सुलेमान? किन्तु मिर्ज़ा सुलेमान वीर, साहसी व योग्य होने के बावज़ूद विलासी भी था। परिष्कृत मुग़लों का यह दुर्व्यसन उसमें भी था? अत: वास्तविक शासन-प्रशासन एवं नीति-निर्धारण के दायित्व का सकुशल निर्वहन करती थी हर्रम बेग़म? होता वही था, जो वह चाहती थी? तभी तो हुमायूँ फ़रमान भेजते समय इस बात को विशेष रेखांकित करता था? फ़रमान दोनों के संयुक्त नाम से सम्बोधित करता था? यहाँ कुलब में क्या हो रहा था? हुमायूँ ने यहाँ के पैतृक शासक चक्र अली को उस पर नियन्त्रण रखने हेतु उसको कामरान के अमीर-उल-उमरा के रूप में सम्बद्ध किया था? चक्र अली भी कोई कार्य, अपनी सगी बड़ी बहन हर्रम बेग़म के परामर्श के बिना नहीं करता था? अत: बदख़्शाँ के सम्पूर्ण राज्य में तथा कुलब की इस स्वतन्त्र सम्प्रभु इकाई में भी हर्रम बेग़म का ही शासन-प्रशासन स्थापित था!

उस वृद्धा दादी ने पूरी मासूमियत, किन्तु चतुराई से प्रश्न किया : "ऐसे में समझदारी क्या कहती है?" उत्तर स्पष्ट था : 'हर्रम बेग़म से कूटनयिक सम्बन्ध' वह वृद्धा क्यों कुटिल थी? तथा कामरान की आमजन में स्वीकृति क्यों नहीं थी? ये दोनों तथ्य इस प्रकरण से ही उजागर होते हैं। वृद्धा इस वय में भी वासनाओं से ऊपर न उठ सकी थी। इन्द्रियाँ शिथिल होने के साथ ही उसका मन-मस्तिष्क कुछ अतृप्त आकांक्षाओं के चलते विकृत हो गया था। मध्य-युग तक यह सहज ढंग रहा था कि लोग कूटनयिक सम्बन्धों की स्थापना के लिए वैवाहिक गठबन्धनों का सहारा लेते थे किन्तु इसकी भी अपनी मर्यादाएँ थीं। मान्यताओं का आदर किया जाता था? समाज व्यवस्था एवं सम्बन्ध बने रहें एवं चलते रहें? किन्तु कामान्ध और सत्ताच्युत कामरान को वही सूझा जो उस बुढ़िया को सूझा? कामरान को लगा होगा कि वह अपने 'पौरुष' से ही इस वीर व साहसी महिला को अपनी ओर आकर्षित कर सकता था? उसने तो इसके पति को तीन बार युद्ध में पराजित किया है? एक अवसर पर तो चार-पाँच वर्ष इन्हें बन्दी-सा जीवन उसके संरक्षणत्व में काबुल में व्यतीत भी करना पड़ा था? क्या वह मिर्ज़ा कामरान को मिर्ज़ा सुलेमान की तुलना में श्रेष्ठ व अधिक शक्तिशाली नहीं मानती होगी? वैसे भी वो उसकी छोटी साली ही तो थी?

सम्भवत: उसके मन में सुषुप्तावस्था में पड़ा, कोई विचार, कोई संकेत भी सक्रिय हो गया हो? काबुल के संरक्षणत्व-काल में अपने साथ-साथ अपने पति व पुत्र की युक्ति के लिए सतत प्रयत्नशील रहनेवाली हर्रम बेग़म के सद्व्यवहार ने कामरान को किसी और दिशा में सोचने का अवसर तो नहीं दे दिया था? वह साधारण-सी बातों में तो अब कोई अन्य निहितार्थ नहीं ढूँढ़ रहा था? वह निष्क्रियता के इन पलों में उन पलों के विश्लेषण में कोई व्यक्तिपरक व्याख्या तो नहीं कर रहा

था? क्या इस वृद्धा की बातों ने उसके ऊपर किसी ऐसे प्रभाव को प्रवाहित किया था कि वह कुछ सीमित दिशा में ही सोच-विचार कर पा रहा था? ये विचार निष्पक्ष हैं कि नहीं, वे सत्यपरक हैं अथवा नहीं? वे तथ्यात्मक हैं कि नहीं? उसका उक्त विचार व व्याख्या वस्तुपरक है या नहीं? वह कुछ भी नहीं समझ पा रहा था? बस उसे तो उस मार्ग की तलाश थी, जो उसे वर्तमान परिस्थिति से मुक्त कराके, पुनः एक क्षेत्रीय शक्ति के रूप में स्थापित कर दे। तब ईरान का शाह भी हुमायूँ के स्थान पर उससे सन्धि करने को आतुर होगा? उज़्बेग़ नेता पीर मोहम्मद 'बल्ख़ की सन्धि' की शर्तों के अनुपालन में स्वयं उत्सुक व तत्पर होगा? अतः इस दृढ़-संकल्प, वीर व साहसी महिला से सम्बन्ध प्रगाढ़ करने का उसने स्वयं एक दृढ़ संकल्प ले लिया।

कूटनयिक सम्बन्ध सुदृढ़ करने के लिए उसके पास दो रिश्ते थे। हर्रम बेग़म का पति मिर्ज़ा सुलेमान उसका चचेरा छोटा भाई था। अतः वह तो उसकी रिश्तेदार थी ही ऊपर से हर्रम की बड़ी बहन उसकी पत्नी थी अतः परिवार एवं ससुराल पक्ष दोनों ही ओर वह रिश्तेदार थी। उसे बस सकारात्मक क़दम उठाने थे। "जाको प्रभु दारुण दुख देही, ताकी मति पहले हर लेहीं?" अतः मिर्ज़ा क़ामरान को सीधा, सरल, सहज, सच्चरित्रता का मार्ग समझ में ही नहीं आया। एक तो उसका अपना स्वार्थी स्वभाव उसमें प्रतिकूल परिस्थितियों और उसके साथ इस वृद्धा की कुटिल बुद्धि के नकारात्मक विचार-तरंग! इन सबने कामरान को कामान्ध कर दिया? उसे लगा कि यदि वह हर्रम को पत्नी/उप-पत्नी का स्तर प्रदान कर देगा, तो उसे एक सशक्त 'क्षेत्रीय बल' का सहयोग समर्थन एवं सैन्य-सहायता मिल जायेगी, जो उसे लक्ष्य-प्राप्ति की सर्वाधिक योग्यता प्रदान कर देगी? वह अजेय हो जायेगा? वैसे भी मिर्ज़ा सुलेमान से वह रुष्ट भी तो रहती थी? उसी की निष्क्रियता व भोग-विलास के कारण बदख़्शाँ उसके शत्रुओं को एक आसान-सा राज्य दिखता था? बाबर एवं उसके पुत्र इसको अपना संरक्षणत्व-क्षेत्र ही मानते थे? स्वतन्त्रता व सम्प्रभुता के साथ वे कभी भी छेड़-छाड़ कर लेते थे? कभी अपनी इस कार्यवाही को आक्रामकता अथवा, अतिक्रमण की कार्यवाही वे नहीं मान पाते थे? वे इसे अपना अधिकार तथा बदख़्शाँ को अधिकार-क्षेत्र मान बैठे थे? किन्तु कामरान ने यहीं पर थोड़ी चूक कर दी? वह वृद्धा के बहकावे में बह चला? उक्त वृद्धा को हर्रम बेग़म से क्या असन्तोष था? वह उसके विरुद्ध क्यों बोलती थी? तथा क्यों कामरान के कान भरती थी? क्या उसके स्वार्थों, निहितार्थों की पूर्ति हर्रम के कारण नहीं हो पा रही थी? क्या उसके उद्देश्यों की पूर्ति में हर्रम कहीं अवरोधक तो नहीं थी? वस्तुतः इन प्रश्नों को वो ही उठा सकता था, जो उद्विग्न नहीं होता? या कामान्ध न होता? असन्तुलित एवं अमर्यादित नहीं होता? किन्तु मिर्ज़ा कामरान को सुलेमान के दोष तो दिख रहे थे, अपने दोषों, त्रुटियों व कमियों को वह नहीं पढ़ पा रहा था? क्या हर्रम बेग़म की निगाह से ये बचे थे? क्या वह कामरान को नहीं जानती थी? उसकी प्रवृत्तियों, मनोवृत्तियों एवं विकृतियों से नहीं

परिचित थी क्या? बस, इसी मूल्यांकन में मिर्ज़ा कामरान से भयंकर भूल हुई? वह हर्रम बेग़म के विषय में तो मूल्यांकन कर ही नहीं सका, उसके अपने विषय में हर्रम बेग़म का मूल्यांकन भी नहीं समझ सका? न ही विश्लेषित कर सका? काम व स्वार्थ की लालसा व लिप्सा ऐसी ही होती है? आदमी दृष्टिबाधित ही नहीं, मानसिक रुग्णता से भी पीड़ित हो जाता है? वह अपने तंग नज़रिये के चलते, अपने प्रति हर्रम बेग़म का नज़रिया समझ ही नहीं सका!

अतः उस कुटिल तरख़ाँ बेगा ने उसे मर्यादा, सच्चरित्रता एवं संयम की सीमा पार करने की कुत्सित सलाह दे डाली? ख़ैर, कामरान ने सुना ही नहीं, उसको माना एवं क्रियान्वित करने को लालायित हो उठा! "अन्धे, अन्धा ठेलिया, दोनों कूप पड़न्त?" अन्ततः यही हुआ। तरख़ाँ बेगा ने विवाह की मर्यादा भी ताक़ पर रखकर उससे अति शीघ्र हर्रम को प्राप्त करने के लिए उससे शारीरिक सम्बन्ध स्थापित करने की न केवल सलाह देने का दुस्साहस किया, अपितु, इस दुस्साहस के लिए ऐसा उत्साहित किया कि मिर्ज़ा कामरान भी संयम, सन्तुलन व मर्यादा को बलाये ताक़ पर रखकर इसको प्रस्ताव का रूप देने का दुस्साहस कर बैठा! उस काल में सम्प्रेषण के अपने ही निर्धारित रूप एवं ढंग थे। उसी की सहायता एवं माध्यम से यह सन्देश भी मिर्ज़ा कामरान ने हर्रम तक पहुँचाने का निर्णय लिया। उसने एक बढ़िया कढ़ाईवाला रूमाल, जो इस काल में इस प्रकार के प्रेमियों के प्रस्ताव का प्रतीक था—हर्रम बेग़म को प्रेषित करने का निर्णय लिया। किन्तु कहीं हर्रम को समझने में कोई चूक न हो, अतः पूर्णतया सुनिश्चित करने हेतु इसके साथ एक प्रेम-पत्र भी लिखा। रूमाल एवं प्रेम-पत्र एक दुष्ट दूतिका बेगी आघा के हाथ भेजने का निर्णय ले डाला! षड्यन्त्र में सम्मिलित लोगों की संख्या जैसे-जैसे बढ़ी, वैसे-वैसे विकृतियों में भी वृद्धि होनी थी? अतः अशिष्टता ने अश्लीलता का रूप धारण कर लिया? जो दुष्ट वृद्धा एवं कामान्ध कामरान से भी बच रहा था वह बेगी आघा ने अपने हाव-भाव, व्यवहार, इशारों एवं बातों से भी कह डाला! उसने तो मिर्ज़ा कामरान की शान में कसीदें पढ़ने के साथ ही उसके बेग़म के प्रति आकर्षण और दिवानेपन की कसमें भी खानी शुरू कर दीं?

सम्भवतः वह हर्रम बेग़म के मौन को पढ़ न सकी? जैसे-जैसे बेग़म के कानों में ये बातें पड़ रही थीं, वह ज्वालामुखी-सी धधकने लगी थी? उसके रूप-लावण्य की प्रशंसा जब बेगी आघा यह कहकर करने लगी कि कामरान तो बेग़म को ऐसी ही निगाहों से देखता है एवं ऐसी ही सहचर्या की कामना करता है, तब उसका धैर्य जवाब देने लगा था? किन्तु वह तो समस्त बातें सुनकर ही निष्कर्ष पर पहुँचनेवाली धैर्यवान् एवं संयमित महिला थी, अतः उसने वह भी सुना जो किसी भी प्रतिष्ठित महिला को अशोभनीय एवं अश्लील प्रतीत होता? प्रणय का इतना घिनौना निवेदन शारीरिक या भौतिक सुख एवं सन्तृप्ति का ऐसा प्रस्ताव, जो महिला के ही स्वाभिमान

को विनष्ट करता हो? उक्त महिला की प्रतिष्ठा, साहस, धैर्य, दूरदृष्टि एवं 'पौरुष' की भी अनदेखी करते हुए, उसे एक भोग्या के स्तर पर उतारनेवाला यह वार्त्तालाप? ग्लानि, धिक्कार एवं क्रोध के लावा को पीते हुए, उसने अपने साक्ष्यों को सुरक्षित रखने का कठोर एवं स्तुत्य निर्णय लिया। उसने बेगी आघा को पूरे सत्कार के साथ ठहरवा दिया। उसके रहने, खाने की समुचित व्यवस्था कर दी। बेगी आश्वस्त हो गयी थी। मिर्ज़ा कामरान अपनी उपलब्धि पर प्रसन्न हो रहा होगा? उसकी बाँछें खिल आयी होंगी? वह दिवा-स्वप्न में बेग़म को अपने बाहों में देख रहा होगा? और वो कुटिल तरख़ाँ बेगा तो एक-साथ कई निशाने साध रही थी? हर्रम को अपमानित कर रही थी? अगले बादशाह को अपना शिष्य बना रही थी? पर्दे के पीछे से महारानी की भूमिका की अतृप्त चाह या आकांक्षा पूरा करना चाह रही थी?

न कामरान को ज्ञात था, कि, वह ज्वालामुखी के मुख पर स्वयं आमन्त्रण लेकर आ बैठा है? न ही बेगी को आभास था कि वह तूफ़ान के पूर्व की शान्ति को स्वीकृति का लक्षण मान बैठी थी? वह तो सोच रही होगी, कि रूमाल व प्रेम-पत्र तो बेग़म ने ठुकराये नहीं हैं? वह तो मात्र अनिर्णय के क्षणों से उबरना चाहती होगी? उसके सत्कार में कोई कमी नहीं? उसके ठहरने की भी समुचित व्यवस्था? उसकी भी चाँदी होनेवाली है? मिर्ज़ा कामरान ने तो क्या-क्या पुरस्कारों, अनुदानों के वादे किये हैं? अब तो वह मिर्ज़ा के साथ-साथ, उस काल की सबसे प्रचण्ड क्षेत्रीय शक्ति के प्रेम रहस्य की न केवल ज्ञाता होगी, अपितु दूती होने के कारण, हर्रम की निगाहों में भी उसका अतिविशिष्ट एवं विश्वसनीय स्थान रहेगा? उसे क्या ज्ञात था कि जो दावानल वो सुलगा आयी है, उसमें वह स्वयं भस्म होनेवाली है? जिस ज्वालामुखी को भड़का के आयी है, वह उसे अपने धधकते 'लावा' से बहा ले जायेगी। बलि का बकरा, बकरे की माँ और उनके भविष्य के विषय में क्या कुछ निश्चित हो भी सकता है?

दूती को ठहराने के उपरान्त हर्रम बेग़म ने तुरन्त विशेष दूतों को रवाना किया तथा मिर्ज़ा सुलेमान एवं पुत्र मिर्ज़ा इब्राहीम को तत्काल 'आपात-स्थिति' में उपस्थित होने को कहा। शाम ढलते-ढलते कई लोगों की आशाओं, तृष्णाओं, आकांक्षाओं, अरमानों एव दुश्चक्रों का भी दिन लद गया? उसने दोनों मिर्ज़ाओं को सुरक्षित स्थान में व्यवस्थित करके, दुष्ट दूतिका बेगी आघा को वार्त्ता के लिए बुला भेजा। उसे रूमाल प्रणय-निवेदनवाले पत्र के साथ अब आने को कहा गया, क्योंकि तब वह प्रशासनिक कार्यों में व्यस्त होने के कारण न तो कुछ सुन सकी थी? न ही समझ सकी थी? अतः उत्तर कैसे देती? अब वह दिन-भर के कार्यों व दायित्वों के निर्वहन से मुक्त होकर निश्चिन्त है? बेगी आघा ने जो कुछ सुबह नहीं कहा था वह भी कह डाला? सुबह की शान्त बेग़म की और त्योरियाँ चढ़ने लगी थीं! उसका शरीर तमतमाने लगा था! बाहु फड़कने लगी थीं? तभी बेगी ने प्रणय-निवेदन के उस कढ़ाईवाले रूमाल के

प्रतीक को प्रस्तुत किया अब साथ में प्रेम पत्र भी। अब तो बेग़म क्रोध से काँपने लगी थीं! बेगी घबड़ा गयी? उसे साक्षात् मृत्यु की कपकपी का आभास होने लगा? वह सुबह के शान्त-स्वरूप एवं शाम के वार्त्ता आमन्त्रण का आशय स्पष्टत: समझ गयी? वह गिड़गिड़ाने लगी? रोने लगी, रो-रोकर कहती जा रही थी कि उसकी क्या ग़लती थी? वह तो मात्र एक दूतिका या सन्देश-वाहिका थी? कामरान तो उसके प्यार में पागल हुआ जा रहा था अत: हताश होकर वह सन्देश देने को तैयार हो गयी? उसे तो लगा था कि कोई-न-कोई संकेत बेग़म ने अवश्य दिया होगा, तभी तो वह कामान्ध हो रहा है? किन्तु बस इतना भर कह देने से वह समस्त दोष की भागी हो जायेगी? वह अपराधी हो जायेगी? वह तो प्रेमी जोड़े को मिलाने का पुण्य कमाने का विचार करके निकली थी? वह तो मध्ययुगीन जीवन के अनुरूप ही कार्य कर रही थी? ऐसे सम्पर्क सम्बन्ध तो बन ही जाते थे? इसमें 'नैतिकता' कहाँ से संम्पृक्त हो गयी? 'वीरभोग्या वसुन्धरा'! तो जब दोनों ओर वीर हों तो फिर मिलन में क्या दोष? क्या अवरोध? क्या अपराध? क्या संकोच? उसके भय ने उसकी जिह्वा के नियन्त्रण को पूर्णतया समाप्त कर दिया?

हर्रम बेग़म तो क्या, उसके पति मिर्ज़ा सुलेमान तथा पुत्र को भी अपने पर कोई नियन्त्रण नहीं रह गया। वे अपने-अपने गुप्त स्थानों से प्रकट होकर, बेगी आघा को घेर चुके थे! साक्ष्य उसके हाथ में थे। उसकी जिह्वा प्रलाप कर ही रही थी। उनके प्रत्यक्ष आते ही, हर्रम बेग़म ने बेगी की ओर से दृष्टि हटाते हुए अपने पति व पुत्र की आँखों में झाँककर उन्हें ललकारा! क्या तुम लोग इतने कापुरुष हो गये हो कि कामरान इस तरह अपमानजनक व्यवहार करने का दुस्साहस कर सकता है? क्या मैं इस अपवित्रता की पात्रा हूँ? क्या मैं इस अपमान के योग्य हूँ? तुम लोगों की पराजयों ने उसे ऐसा करने का अवसर नहीं दिया है क्या? वह अपने-आपको तुम लोगों से श्रेष्ठ एवं शक्तिवान् समझ रहा है—अन्यथा, क्या वह ऐसा करने की कल्पना भी करता क्या? ख़ैर, अब तुम लोगों को आगे की कार्यवाही का जो निर्णय लेना हो, लेना? मैं इस दूती बेगी आघा के टुकड़े-टुकड़े करवाकर अपना उत्तर उसे तत्काल सम्प्रेषित कर रही हूँ। उसके आदेश पर उसके रक्षक प्रहरी तुरन्त बेगी के टुकड़े-टुकड़े कर चुके थे। पलक झपकते ही निर्णय और उस कठोर निर्णय का तात्कालिक क्रियान्वयन हो गया! इस एक सम्बन्ध के माध्यम से अपने लाभ-मार्ग को प्रशस्त करने के आकांक्षी पर क्या बीती होगी? जब बदख़्शाँ उसका सैन्य आधार नहीं बन पायेगा तो भाग्योन्नति का क्या परिणाम होगा? वो आधार वहाँ के संसाधन एवं सैन्य-शक्ति का सम्बल तो दूर, उसके तो सम्बन्ध ही समाप्तप्राय हो गये? पूरी योजना ध्वस्त हो गयी? सपनों का महल बनने से पूर्व ही ढह गया? बेगी आघा को नहीं भेजना था? तो फिर कौन जाता? तरख़ाँ की बातों में वह क्यों कर आया? कहीं हर्रम के चरित्र को समझने में त्रुटि हो गयी? उसके पूर्वाग्रहों ने उसे यह दिन दिखाया? उसकी आशाओं पर ऐसा

तुषाराघात होगा? यह एक प्रकरण एक फाँस या काँटे के समान हो गया, जो सदैव हर्रम को बेचैन करे रहा? इस घाव की टीस ने उसे द्रौपदी की भाँति प्रतिशोध की अग्नि में जलाये रखा? जब तक वह कामरान की पूर्ण पराजय के प्रति आश्वस्त नहीं हो गयी तब तक उसे शान्ति नहीं मिली? बेगी की हत्या तो मात्र एक सन्देश था? वह एक संकेत था, कि कामरान का अन्त कैसा रक्तरंजित होगा?

चूँकि, कामरान विद्रोह करके तालीक़ान पहुँच गया था और उसे अब सुलेमान एवं इब्राहीम की शत्रुता का भी सामना करना था, अत: वह अनिर्णय की-सी स्थिति में था। ऐसे में अपने छोटे भाई अस्क़री के दायित्व पर क़ुलब (कोलाब) उसने छोड़ रखा था। चाक़र (चक्र) अली, जो हर्रम का छोटा भाई ही नहीं उसका सबसे स्नेही रिश्तेदार भी था, उसने प्रतिशोध-स्वरूप अस्क़री को पराजित कर दिया। येन-केन-प्रकारेण कामरान उसकी जीवन-रक्षा करके पलायन में ही सफल हो पाया। किन्तु उसका भाग्य उसका साथ छोड़ रहा था? उज़्बेग़ी सेना ने मीर ताऊल उज़्बेग़ के नेतृत्व में शाही सेना के भ्रम में आक्रमण करके, उसे ऐसी क्षति पहुँचायी कि रही बची कसर भी पूरी हो गयी। जैसे ही सुलेमान व इब्राहीम को ये समाचार ज्ञात हुए, उन्होंने अवसर का लाभ उठाते हुए, मिर्ज़ा हिन्दाल के साथ तालीक़ान में कामरान को घेर लिया। वह भयाक्रान्त होकर, हिन्दू कोह के कोतल की ओर से होता हुआ, हज़ारा के मध्य पहुँचकर, बक़ख़र की ओर पलायन कर गया।

हुमायूँ ने भी अब कामरान के साथ अन्तिम निर्णायक युद्ध का मन बना लिया। उसके बार-बार के विद्रोह एवं अवज्ञाकारिता से वह पूर्णतया खिन्न एवं त्रस्त हो चुका था? वह समझ चुका था कि यह 'कुत्ते की दुम है, जो कभी भी सीधी नहीं हो सकेगी?' अन्तत: 1550 ई. किब्चाक़ के संकीर्ण दर्रे में दोनों भाइयों के मध्य घमासान संघर्ष हुआ। चूँकि, यह निर्णायक युद्ध था अत: दोनों पक्ष जान हथेली पर लेकर ही लड़ रहे थे? दोनों की भयंकर क्षति भी हुई—धन, संसाधन, घोड़े, मवेशियों के साथ-साथ सैनिकों की भी। इस युद्ध में हुमायूँ स्वयं गम्भीर रूप से घायल हुआ था। उसके सिर पर गम्भीर चोट लगी थी, जिसके फलस्वरूप वह बार-बार अचेत हो जाता था? काबुल में तीन माह तक लोग यही समझते रहे कि हुमायूँ के जीवन का अन्त हो गया है? ऐसी सूचनाओं के आधार पर एवं ऐसी परिस्थितियों में अनेक अमीर व अधिकारी कामरान से जा मिले? हुमायूँ ने अन्देराब में ही कुछ समय प्रवास करके, स्वास्थ्य लाभ किया एवं सैन्य-पुनर्गठन का कार्य प्रारम्भ किया, ताकि, जो निर्णायक होकर भी अनिर्णय पर युद्ध समाप्त हो गया था, उसे उसके तार्किक परिणति तक पहुँचाया जा सके?

अत: हुमायूँ ने आशा की किरण को पहचाना और, 'किलीन' सम्बोधन के साथ हर्रम बेग़म को पूर्ण सहायतार्थ एक अत्यन्त विनम्र निवेदन की शैलीवाला फ़रमान भेजा। वह अभिज्ञ था, 'कामरान-प्रकरण' से भी और हर्रम के चरित्र से भी। वह तो

इसके पूर्व भी जब अपने चचेरे भाई मिर्ज़ा सुलेमान को पत्र-फ़रमान आदि प्रेषित करता था, तब कभी भी ऐसा नहीं हुआ कि उसने उसे अकेले सम्बोधित किया हो। वो संयुक्त रूप से दोनों पति-पत्नी को ही सम्बोधित करता था। इस सम्बोधन के उसे सुखद एवं सकारात्मक परिणाम भी प्राप्त हुए थे। प्रत्येक अवसर पर सुलेमान एवं/अथवा इब्राहीम उसकी सेवा में उपस्थित होते रहे थे। बस एक बार या अवसर के अपवाद को छोड़ दिया जाय? वैसे भी अपवाद तो नियम अथवा सिद्धान्त के पुष्टि के साक्ष्य ही होते हैं? अत: वह जानता था कि अन्देराब के दर्रे में लगभग फँसे हुए बादशाह को निराशा के बादलों ने घेर रखा है। उसको एक ही सूर्य का प्रकाश एवं वायु का वेग काट सकता था? इस युग्म का नाम था हर्रम बेग़म। उस वीर, दृढ़-संकल्प, सच्चरित्र महिला के पीछे ही बदख़्शाँ की सेना चलती थी? उसी के निर्देशों पर लड़ती थी? और उसी के इशारों पर जान पर खेल जाती थी? वे अपने प्राणोत्सर्ग को तत्पर हो जाते थे, सन्तुष्ट मन से अपनी इस प्रेरणादायी किंवदन्ती बन चुकी रानी के लिए! हुमायूँ को हर्रम बेग़म एवं उसकी इस निष्ठावान् सेना की आवश्यकता ही नहीं, अपरिहार्यता समझ में आयी?

उधर हर्रम बेग़म को तो जैसे हुमायूँ की याचना, सौभाग्य की कामना लगी? उसका फ़रमान तो जैसे बेग़म की मन माँगी मुराद हो? क्या दैवीय न्याय हो रहा है? नियति ने भी निष्पक्ष निर्णय ले डाला है? क्या उसके प्रतिशोध की प्रतीक्षा की घड़ियाँ पूरी हो चली हैं? उसे तो 'किब्लाक़ के युद्ध' में ही लगा था कि उसका पति एवं पुत्र प्रतिशोध ले लेंगे? अब बादशाह स्वयं उससे विनयपूर्ण अपेक्षा कर रहा, कि वह सैन्य एवं सामरिक सहायता द्वारा उसे कृतार्थ करे? क्या भाग्य ने लिखा है कि वह अपने प्रतिशोध में स्वयं अहम् भूमिका निभायेगी? क्या प्रारब्ध में और अधिक प्रशंसा एवं प्रसिद्धि लिखी है? अत: प्रतिशोध के साथ-साथ हर्रम बेग़म के लिए यह अवसर अपनी सैन्य व सामरिक क्षमताओं के प्रदर्शन का भी था? उसे अपनी महत्त्वाकांक्षी महत्त्वपूर्ण भूमिका अदा करने का एक सुनहरा अवसर मिल रहा था? उस सकुशल प्रबन्धक एवं योग्य प्रशासिका ने कई हज़ार की प्रशिक्षित, सुसज्जित सेना, कुछ ही दिनों के अन्तराल में हुमायूँ की सेवा में समर्पित कर दी। ये सेनाएँ पूर्ण तैयारी व उत्साह से हुमायूँ की सेवा में उपस्थित थीं। उनके मन में बदख़्शाँ के अपमान का प्रतिशोध भी तो कार्य कर रहा था? वे अपनी प्रिय शासिका को उपहार में कामरान का शव प्रस्तुत करने को उद्यत थे?

अत: 'किब्चाक़ के युद्ध' के दो माह के भीतर ही 'उश्तुर ग्राम का युद्ध' अन्ततः निर्णायक ढंग से लड़ा गया, अत: निर्णायक साबित हुआ। इस युद्ध में हर्रम बेग़म ने बादशाह हुमायूँ को न केवल सैन्य-संसाधन ही उपलब्ध कराये अपितु अपनी सेना को एक निर्धारित लक्ष्य भी दिया था। वे प्राणोत्सर्ग की भावना से इस युद्ध में सम्मिलित हुए थे। अत: अनिर्णायक तो यह हो ही नहीं सकता था? मिर्ज़ा सुलेमान एवं उसके

पुत्र मिर्ज़ा इब्राहीम के लिए भी यह पैतृक राज्य के वंशीय अधिकार के साथ ही प्रतिष्ठा एवं प्रतिशोध की लड़ाई थी। यह लड़ाई एक अन्यायी एवं अमर्यादित आचरणवाले व्यक्ति के विरुद्ध एक मानवीय संघर्ष का रूप धारण करने लगी थी। इसमें तार्किकता, नैतिकता एवं औचित्य के प्रश्न व आयाम केन्द्रीय हो गये? यह 'नैसर्गिक न्याय' की लड़ाई हो चुकी थी। अत: विजयश्री का हार हुमायूँ के गले में आया और प्रतिशोध की अग्नि जो हर्रम बेग़म के हृदय में धधक रही थी, वह शान्त हो गयी! हुमायूँ के भाग्य का निर्णय हो गया। वह काबुल के शासक के रूप में स्थापित व प्रतिष्ठित हो चुका था। भारत की पुनर्विजय अब सम्भव एवं निकट प्रतीत होने लगी थी?

इस युद्ध की संकल्पना में सजीवता थी, तो वह हर्रम बेग़म की ऊर्जा, प्रतिशोध की ज्वाला, उसकी गतिशीलता का प्रवाह-क्रम उसके पराक्रम एवं सामरिक समझ का ही परिणाम व प्रभाव था। अत: शत्रु की पराजय सुनिश्चित एवं पूर्व-निर्धारित प्रतीत हो रही थी। कामरान की मानसिक पराजय एवं नैतिक पराभव उसकी सैन्य विफलता और राजनीतिक पतन की पृष्ठभूमि निर्मिति कर रहे थे। उसके अन्त की पूर्वपीठिका की निर्मिति कर रहे थे। हुमायूँ तो 'उश्तुर ग्राम' की विजय के लिए हर्रम बेग़म का इतना कृतज्ञ था कि उसने पूर्व घोषित सम्बन्ध को वास्तविक रूप प्रदान करने हेतु रस्म-रिवाज़ से अपनी पुत्री बख़्शी बानू की सगाई धूमधाम से हर्रम एवं सुलेमान के पुत्र, मिर्ज़ा इब्राहीम से कर दी। उसने इस पारस्परिक रिश्तों एवं मैत्री को और अधिक प्रगाढ़ रूप प्रदान किया। कहाँ कामरान का चरित्र व व्यवहार और कहाँ हुमायूँ का चरित्र व व्यवहार? जबकि दोनों के उद्देश्य एक ही थे? एक दुश्चरित्र एवं दुराग्रह से वह प्राप्त करने का आकांक्षी था, जो बड़ा भाई सम्मान एवं स्नेह से प्राप्त कर रहा था? वास्तव में बदख़्शाँ की 'हर्रम-सुलेमान-इब्राहीम' की यह तिकड़ी सदैव हुमायूँ की सेवा में तत्पर रहती थी एवं उसकी निर्णायक लड़ाई में भी निर्णायक भूमिका निभायी थी एवं भविष्य सुनिश्चित करने में अहम् भूमिका निभायी थी, अत: हुमायूँ ने कृतज्ञता प्रकट करने हेतु सम्बन्धों की प्रगाढ़ता को माध्यम बनाया।

उश्तुर ग्राम के युद्ध के उपरान्त उसने पत्र-पुष्प आदि के साथ, एक विशेष 'पैग़ाम' के लिए ख़्वाजा जलालुद्दीन महमूद को बदख़्शाँ में सुलेमान-हर्रम के पास 'राजदूत' बनाकर भेजा। इस यात्रा में चूँकि बयाज़िद बयात क़िश्म तक की यात्रा पर जाने का इच्छुक था, अत: वह भी बदख़्शाँ तक साथ गया। इसमें ख़्वाजा के साथ बीबी फ़ातिमा भी थी, जिनकी परिचर्या एवं सेवा-शुश्रूषा से हुमायूँ 1546 ई. में अपनी गम्भीर रुग्णता से उबर सका था। यही नहीं, मुग़ल प्रशासन में शाही परिवार-विभाग का मन्त्री मीर सामाँ भी इस प्रतिनिधि-मण्डल में सम्मिलित था। इसमें एक शाही बन्दी अर्थात् मिर्ज़ा अस्क़री (मिर्ज़ा कामरान का सगा छोटा भाई) भी था, जिसे बदख़्शाँ में मिर्ज़ा सुलेमान के हाथों में सौंपना था, जो उसे आगे बल्ख़ की ओर रवाना करता।

इस विशिष्ट प्रतिनिधि-मण्डल के पास जो विशेष 'पैग़ाम' था, वह वस्तुत: 'पैग़ाम' ही था। हुमायूँ हर सम्भव प्रयास कर रहा था एवं क़दम उठा रहा था कि बदख़्शाँ के साथ पारिवारिक सम्बन्ध इतने निकट एवं अन्तर्निहित हो जायँ कि किसी प्रकार की कोई दूरी रह ही न जाये, अत: उसने सुलेमान-हर्रम की पुत्री से स्वयं विवाह का प्रस्ताव या 'पैग़ाम' प्रेषित किया। यह राजदूत मण्डल अन्देराब से क़िश्म की ओर बढ़ा ही था, कि मिर्ज़ा इब्राहीम अपनी माँ हर्रम के साथ उक्त स्थान पर पहुँच गये, जो क़िश्म से दस कुरोह की दूरी पर स्थित था। वास्तव में, इस बीच उज़्बेग़ों से घिरे हुए मिर्ज़ा हिन्दाल ने मिर्ज़ा सुलेमान को कुन्दुज़ सौंपने के निर्णय के साथ ही इस संकट से उबरने के लिए सहायता की प्रार्थना भी की थी। इसी आशय से माँ-बेटे की यह यशस्वी व वीर सवारी उसी ओर प्रयाण कर रही थी। मिर्ज़ा इब्राहीम की सेवा में जब मुग़ल राजदूत ख़्वाजा जलालुद्दीन उपस्थित हुआ, तब उसने पूरी स्थिति से उसे अवगत कराते हुए उसे क़िश्म के मार्ग की ओर यह कहकर विदा कर दिया कि "बेग़म कुन्दुज़ से वापस लौटकर तुम्हारी समस्त समस्याओं का समाधान कर देगीं।" बयाज़िद बताता है कि तदुपरान्त अर्द्धरात्रि के आस-पास माँ-बेटे, हर्रम एवं इब्राहीम कुन्दुज़ की ओर प्रस्थान कर गये। अत: ख़्वांजा मीर सामाँ एवं बीबी फ़ातिमावाला मण्डल क़िश्म पहुँचकर मिर्ज़ा सुलेमान की सेवा में उपस्थित हुए तथा पत्रादि प्रस्तुत किये। मिर्ज़ा सुलेमान ने सीधा-सा उत्तर दिया—"ठहरो, बेग़म कुन्दुज़ से आ जायँ, तो उनसे परामर्श के उपरान्त उत्तर देकर आपको ससम्मान विदा करेंगे।"

हुमायूँ के इस उच्च-स्तरीय, 'राजदूत' सहित प्रतिनिधि-मण्डल को दोनों मिर्ज़ाओं के समक्ष उपस्थित होकर, एक बात तो पूर्णतया स्पष्ट हो गयी थी, कि बदख़्शाँ में कोई भी निर्णय बेग़म के बिना नहीं होता? वहाँ कोई काम सम्भवत: बेग़म के परामर्श के बिना नहीं होता था? वहाँ किसी प्रकरण का निस्तारण बेग़म के व्यावहारिक ज्ञान के अभाव में नहीं ही होता था? बेग़म की संकल्प-शक्ति, साहसिक स्वभाव एवं सक्रियता ही बदख़्शाँ की सुदृढ़ता-सुव्यवस्था एवं समृद्धि के लिए उत्तरदायी थी? जब बाबर का परिवार फ़रगना का अपना पैतृक् राज्य गँवा चुका था एवं उज़्बेग़ों के दुर्दान्त आक्रमणों से उस क्षेत्र में अस्थिरता का वातावरण निर्मित था, तब भी बदख़्शाँ अपनी स्वतन्त्र एवं स्वाभिमानपूर्ण सम्प्रभुता को अक्षुण्ण बनाये रखे था, तो किस व्यक्तित्व के कारण? किसकी दृढ़ता एवं साहस से? किसकी सैन्य चतुराई, क्षमताओं एवं सामरिक समझ के चलते? इस प्रतिनिधि-मण्डल से भी यह तथ्य छुपा न रह सका।

कुछ दिन पश्चात् बेग़म कुन्दुज़ की प्रशासनिक-व्यवस्था पुनर्गठित करके, उसे इब्राहीम को सौंपकर क़िश्म लौट आयीं! किन्तु, इस बीच किला-ए-ज़फ़र में अव्यवस्था होने के कारण सुलेमान को तुरन्त वहाँ जाना पड़ गया। बेग़म तो अगले दिन लौट ही रही थीं, किन्तु क़िला-ए-ज़फ़र की समस्या का तुरन्त निदान आवश्यक था अत: वह विवश था? उसने क़िश्म के पुल तक विदा करने आये

ख़्वाजा से कहा : ''तुम्हें जो काम हो उसे बेग़म से निश्चय (निर्णय?) करा लेना तुम्हें बेग़म विदा कर देगीं।'' जैसे वह सदैव महत्त्वपूर्ण निर्णयों से मुँह छिपाता रहा था और फिर बेग़म की दूरदर्शिता, तार्किकता, नैसर्गिक न्याय की क्षमता पर किसे विश्वास नहीं था? बदख़्शाँ को एक सूत्र में कौन पिरोये हुए था? उज़्बेग़ों, मंगोलों, स्मार्तों, उईग़रों-जैसी जनजातियों को भी कौन सन्तुष्ट सन्तुलित व नियन्त्रित रखे हुए थी? अतः सभी जानते थे कि बदख़्शाँ में अन्तिम निर्णय तो बेग़म ही करती हैं यह एक अपरिहार्य स्थिति थी।

हुमायूँ का राजदूत एवं प्रतिनिधि-मण्डल का नेतृत्व करनेवाला ख़्वाजा जब दूसरे दिन बेग़म के महल में उनके समक्ष उपस्थित हुआ एवं वापस काबुल जाने की आज्ञा एवं पत्रादि का उत्तर चाहा, तो बेग़म ने सहज व संयत भाषा में कहा, ''आगा पीर अली नामक (मेरा) ख़्वाजासरा क़ुलब (मेरे पैतृक स्थान) चाकर ख़ाँ (मेरा छोटा भाई) के पास भेज दिया है (सम्भवतः परामर्श हेतु) वहाँ से उत्तर आ जाने पर विधिवत् विदा कर दिया जायेगा। उस समय तक यहीं 'इफ़्तार-करिये' तदुपरान्त चले जाइयेगा। क्या शीघ्रता है?'' वस्तुतः वह तुरन्त प्रतिक्रिया नहीं देना चाहती थी? राजदूत के साथ-साथ अपनी गरिमा एवं कूटनीतिक व्यवहार के सिद्धान्तों एवं मानकों से इतर व्यवहार नहीं करना चाहती थी? उसे भय था कि क्रोध की कहीं सार्वजनिक अभिव्यक्ति न हो जाय?

हर्रम बेग़म अव्वल तो इस प्रतिनिधि-मण्डल के हाथों प्रेषित 'पैग़ाम' से आहत थी, ऊपर से 'जले पर नमक' का कार्य किया 'विवाह प्रस्ताव-पत्र' या 'पैग़ाम' के साथ प्रेषित अनुष्ठानिक वस्तुओं ने। ये वस्तुएँ थीं—कान के छल्ले, अँगूठियाँ, सरोपा, वस्त्र, मिश्री (शर्बत हेतु) आदि। बेग़म ने रात भर इसे सोचा-समझा विश्लेषित किया? क्या किसी बेग़म ने जान-बूझकर तो ऐसा नहीं किया? कोई इस रिश्ते से असन्तुष्ट हो? अप्रसन्न हो? खिन्न हो? क्षेत्रीय सन्तुलन के परिवर्तन से चिन्तित हो? कहीं कोई काबुल एवं बदख़्शाँ परिवारों के मध्य वैमनस्य तो नहीं पैदा करना चाह रहा/ रही है? कोई विवाद को जन्म देने के लिए ऐसा जान-बूझकर तो नहीं किया गया? या हुमायूँ ने बिना सलाह व परामर्श से सेवकों पर ही निर्भर होकर, एक निर्णय लिया? एवं उक्त निर्णय के क्रियान्वयन हेतु सेवकों को भेज दिया? उसे एक चीज़ स्पष्टतः समझ आयी कि हुमायूँ ने यदि अनिभिज्ञता एवं अज्ञानता में ऐसा किया, तब भी उसे सन्देश तो मिले अन्यथा ऐसा किसी सुनियोजित षड्यन्त्र के रूप में हुआ, तब तो उसे और भी ज्ञात कराना आवश्यक ही नहीं अपरिहार्य था?

अतः हर्रम बेग़म ने हैदर अली तथा मीर दाद, जो बदख़्शाँ राजपरिवार के सर्वाधिक प्रतिष्ठित एवं अनुभवी व्यक्ति थे, उनके द्वारा अपना स्पष्ट सन्देश प्रेषित करवाया। वह चाहती थी, कि विचार तो उसके हों पूर्णतया सुस्पष्ट बिना लाग-लपेट के एवं पारदर्शी किन्तु शब्द इन बुज़ुर्ग, अनुभवी व महत्त्वपूर्ण व्यक्ति की भाँति ही

सन्तुलित, मर्यादित एवं कूटनयिक हो? साँप भी मर जाय और लाठी भी न टूटे? आख़िर रहना बदख़्शाँ में है, तो मंगोल 'क़ाख़ान' से लेकर उज़्बेग़ सहित सभी जनजातियों का प्रतिरोध भी तो झेलना पड़ता है? ऐसे में काबुल के शासक का सहयोग, समर्थन एवं सहानुभूति आवश्यक ही नहीं, अपरिहार्य-सी स्थिति थी? अत: इन दोनों ने बेग़म के विचारों को कुछ यूँ व्यक्त किया : "यह छल्ला (कान के छल्ले) तथा अँगूठी इत्यादि जो तुम लाये हो उसके विषय में मैं (स्वाभाविक रूप से हर्रम बेग़म) यह चाहती हूँ कि हज़रत पादशाह के प्रताप से मैं अपनी पुत्री के जाजमों (दरी या कालीन) में इन रत्नों से उत्तम रत्न सियूँ (सिल दूँ?) बजाजे की दुकान के जो टुकड़े तुम मेरे सरोपा के लिए लाये हो क्या मैं इसी योग्य हूँ? अर्थात् सारी बातें साफ़-साफ़ सम्प्रेषित हो गयीं। जो कुछ प्रस्ताव या पैग़ाम के साथ आना चाहिए था। वह सब-कुछ उस स्तर का नहीं था? दूसरी बात, जिस स्तर पर दो बर्लास या चग़ताई परिवारों के पारस्परिक सम्बन्ध स्थापित हो रहे थे उसके अनुकूल स्तरीय सामग्री के अभाव का खटकना एवं उस पर प्रतिक्रिया सहज और स्वाभाविक थी? वह इतना ही सम्प्रेषित करती है, कि पादशाह (हुमायूँ) के ही प्रताप के चलते वह इस श्रेयस्कर की आकांक्षा करती है, क्योंकि एक तो वह उसकी पात्र व योग्य थी और दूसरे हुमायूँ के प्रताप व प्रतिष्ठा का भी तो प्रश्न इसमें सम्बद्ध था? अत: एक विराम के उपरान्त मीर दाय एवं हैदर अली ने आगे का सन्देश सम्प्रेषित किया।

इस सन्देश या उत्तर या प्रतिक्रिया के औचित्य को रेखांकित करते हुए उसने सम्प्रेषित किया कि "मैंने स्वयं, मिर्ज़ा सुलेमान तथा मिर्ज़ा इब्राहीम ने (पादशाह की अनेक अवसरों पर) सेवाएँ की हैं। विशेष रूप से उश्तुर ग्राम के अभियान के अवसर पर जब वे मिर्ज़ा कामरान पर निर्णायक युद्ध हेतु आक्रमण के लिए जा रहे थे, मैंने स्वयं सवार होकर 'सजावली' (स्वयं नेतृत्व) करते हुए सैन्य-लश्कर भेजा था। यदि हज़रत पादशाह अपना नीमचा (छोटी तलवार या कृपाण) मुझे प्रदान कर देते तो इस सरोपा से अच्छा था।" अत: वह अपनी योग्यता व पात्रता के साथ, अपनी सेवाओं के बदले में कम-से-कम ऐसे व्यवहार को अपमानजनक ही मान रही थी, तभी तो एक-एक करके, अपने परिवार की सेवाओं एवं 'उपहार' को रेखांकित कर रही थी? वह बादशाह को एहसास दिला रही थी कि वह इस आघात से कितनी दु:खी एवं क्षुब्ध थी? यथासम्भव एवं यथाशीघ्र ही इसका निदान होना चाहिए ताकि, वह इस स्थिति से उबर सके? वह इस सन्देश द्वारा स्पष्ट कर देना चाह रही थी कि वह इसके प्रतिकार की कार्यवाही की अपेक्षा कर रही थी? वह कोई अधीनस्थ कृपा-पात्र अथवा याचक नहीं है? बादशाह ने स्वयं मिर्ज़ा इब्राहीम को फ़र्जन्द चयनित किया था? तथा सम्बन्धों की पारस्परिक उपयोगिता को समझते हुए उसे और प्रगाढ़ करना चाहा था? तभी तो, उसकी पुत्री के साथ वैवाहिक सम्बन्ध की स्थापना के लिए यह प्रस्ताव या पैग़ाम प्रेषित किया था?

अब हम आते हैं, इस सन्देश के तृतीय अंश या भाग पर जहाँ हर्रम बेग़म का स्वर संयत किन्तु तीक्ष्णता लिये हुए है। वो इस 'राजदूत' व मीर सामाँ वाले एक औपचारिक प्रतिनिधि-मण्डल से पूरी तरह असन्तुष्ट थी? उस काल में शादी-ब्याह दो व्यक्तियों के सम्बन्ध से अधिक एक पारिवारिक कृत्य था? यह एक सामाजिक संस्था थी? इसके संलग्नक रीति-रिवाज़, अनुष्ठान इसे एक सार्वजनिक रूप एवं मान्यता प्रदान करते थे? अत: वह इस पैग़ाम के सम्प्रेषण की विधि एवं ढंग पर भी प्रश्न अंकित करने से नहीं चूकती है? पहले तो कूटनयिक भाषा में बात रखी जाती है और पूर्व-निर्णय के आधार पर प्रतिवाद करने पर उसे विस्तृत किया जाता है। उसके सन्देश का तृतीय भाग भी कम उत्तेजक एवं दिलचस्प नहीं है। "यदि वे (पादशाह हुमायूँ) मेरी पुत्री से विवाह करना चाहते थे तो ख़्वाजा दोस्त ख़ावन्द (वे अधिक प्रतिष्ठित थे) अथवा/ एवं मीर बरक़ा को भेजना चाहिए था?" जैसी आशा थी एवं जैसा पूर्वानुमान था, ख़्वाजा जलालुद्दीन ने अपनी प्रतिष्ठा पर चोट होती देख तुरन्त प्रतिवाद किया। "हज़रत पादशाह ने मुझे अधिक विश्वासपात्र समझा। यदि आप लोग उन्हें चाहते हैं तो मुझे विदा कर दें ताकि वे लोग आ सकें।" वास्तव में यह वार्त्तालाप ऐसी दिशा में ही जाना था, अत: इसका पूर्वानुमान बहुत कठिन नहीं था? सम्भवत: इसीलिए उद्देश्यपूर्ण ढंग से उक्त ख़्वाजा की प्रतिष्ठा पर भी चोट की गयी होगी, ताकि उक्त अपमान के ही फलस्वरूप वह पूर्ण सन्देश लौटकर बादशाह को अक्षरश: सम्प्रेषित कर सके? एक सधे हुए कूटनयिक समझवाला यह दाँव था? हर्रम बेग़म के ऊपर निर्णय क्यों छोड़े जाते **थे**—यह इससे सुस्पष्ट हो जाता है। उसकी कूटनीतिक बुद्धि का कोई जवाब था ही **नहीं**! इसीलिए वह अद्वितीय थी! इसीलिए उक्त काल की समस्त शक्तियों का ध्याना**कर्ष**ण यह कुलष की राजकुमारी बदख़्शाँ की रानी तथा दुर्गम पहाड़ों के दुर्दान्त दर्रों की महारानी थी?

जहाँ एक ओर हैदर अली तथा मीर दाद. ख़्वाजा जलालुद्दीन महमूद को हर्रम बेग़म का सन्देश सम्प्रेषित कर रहे थे, वहीं दूसरी ओर, बेग़म स्वयं अपनी चिर-परिचित तीक्ष्ण एवं प्रभावशाली शैली तथा स्पष्ट व सपाट शब्दावली में बीबी फ़ातिमा पर बौद्धिक व भावात्मक प्रहार कर रही थी। इस प्रत्यक्ष सन्देश में इस शिष्ट मण्डल के औचित्य पर तो हर्रम बेग़म ने प्रश्नचिह्न अंकित किया किन्तु सामाजिक, पारिवारिक कृत्य (प्रस्ताव या पैग़ाम में) पारिवारिक सदस्य के अभाव पर भी खरी-खोटी सुनायी? भाषा भी ऐसी चुभनेवाली कि सुननेवाला भूल न सके और वापस जाकर अवश्य सम्प्रेषित करे? यही तो उद्देश्य था भी इस निडर किन्तु स्वाभिमानी महिला का? हैदर अली एवं मीर दाद तो पर्याप्त संयत भाषा में सब-कुछ अभिव्यक्त कर रहे थे, किन्तु बेग़म ने चग़ताई परिवार के किसी भी सदस्य के न आने को हीं मुद्दा बना दिया था। यह कैसा विवाह-प्रस्ताव था? यह 'निक़ाह के पैग़ाम' का कौन-सा ढंग था? क्या यह विवाह का प्रस्ताव था भी या 'हरम' में प्रविष्ट करने की कोई कुत्सित

योजना? आख़िर भाई तो वह भी कामरान का ही था? बेग़म ने सब-कुछ साफ़-साफ़ कह डाला? कम-से-कम यह तैमूरी परम्परा, विधि रीति-रिवाज़ के अनुसार होना चाहिए था। पैग़ाम लानेवाला कोई पारिवारिक सदस्य होना ही चाहिए था, क्योंकि, दोनों ही परिवार तैमूर के वंशज थे!

अत: हर्रम बेग़म का चेहरा तमतमा गया था। वह तेज़-तेज़ साँस ले रही थीं। क्रोध से शरीर की नसें तन गयी थीं। उसने फ़ातिमा पर लगभग आरोप लगाते हुए पूछा, "तुझे काबुल में इसी उद्देश्य से नियुक्त किया गया है कि तू लोगों की पुत्रियों को फुसलाकर (हुमायूँ के 'हरम' में) ले जाय? क्या मेरी पुत्री को भी वैसा ही समझ लिया है? बेग़में एवं अगाचाएँ किस कारण 'पैग़ाम' लेकर न आयीं? जो तुझे भेजा गया है?' बेग़म को अनुभूति हो रही थी कि शब्द ठीक स्थल पर लग रहे हैं? उनका उचित प्रभाव वह बीबी फ़ातिमा के चेहरे पर उड़ती हवाइयों से मूल्यांकित कर सकती थी। वह उन आते-जाते भावों को पढ़ रही थी, जो उसकी अभिव्यक्ति का स्पष्ट प्रभाव था? वास्तव में बेग़म का अपना दृष्टिकोण पूर्णतया सही था। इस प्रकार के वैवाहिक पैग़ाम जो दो राज-परिवारों को एक-सूत्र में सम्बद्ध करते थे, वे परिवार की महिला सदस्यों द्वारा ही प्रेषित किये जाते थे। ये दोनों तो वैसे भी दो चचेरे भाइयों के मध्य का प्रकरण था? इसमें तो इसका ख़्याल अवश्य ही रखना चाहिए था? वह बीबी फ़ातिमा को भी स्पष्टत: घायल कर रही थी? क्योंकि उसका आचरण दूतनी या दूती का न होकर एक कूटनी का व्यवहार प्रतीत हो रहा था? तभी तो उसने लड़कियों को लालच एवं आकर्षण में फँसाकर काबुल ले जाने का प्रत्यक्ष आरोप मढ़ दिया?

किन्तु वह हर्रम बेग़म थी? वह जानती थी कि क्या एवं कितना बोलना है? तथा कहाँ से संवाद की दिशा परिवर्तित करके, उसे सन्तुलित कर देना है? अत: वह काफ़ी कुछ कह चुकने के उपरान्त बादशाह का उल्लेख करके तब प्रश्न करती है? बादशाह ने ही तो उसे भेजा था? अत: उसे भेजने के औचित्य पर प्रश्न का लक्ष्य तो बादशाह को करना ही पड़ेगा? वह कहती है "यदि मेरी पुत्री को कोई सम्मान नहीं प्राप्त है। (अन्यथा, 'बादशाह' इस प्रकार से 'पैग़ाम' क्यूँ कर भिजवाते) तो हज़रत पादशाह का नाम तो बड़ा है? तुम्हारी सरीखी स्त्रियाँ किस प्रकार मँगनी करके निक़ाह करवा सकती हैं?" यह भी प्रत्यक्ष आक्रमण का विस्तार था, जिसमें वह बीबी फ़ातिमा के साथ-साथ, बादशाह के उद्देश्य पर प्रश्नचिह्न अंकित करने से नहीं चूकती है? वह अपना सन्देह क्यों व्यक्त करे? सम्भवत: इस तूफ़ान का पूर्वानुमान मिर्ज़ा सुलेमान को था, अत: सदा की भाँति वह एक बार पुन: हर्रम बेग़म पर निर्णय कर दायित्व सौंप कर क़िला-ए-ज़फ़र में ही रुका रहा? जबकि वह जिस अवज्ञाकारी को दण्डित करने गया था, वह एक घटना मात्र थी, जो मध्ययुगीन अमीरों की स्वार्थ-लिप्सा की प्रकृति का सामान्य-सा स्वरूप था?

जैसा कि अनुमान और आशा थी, बीबी फ़ातिमा ने नीचे दृष्टि गड़ाये हुए, अपमान

का घूँट पीते हुए सोचा? कि बेग़म के स्थान पर वह भी होती तो ऐसा ही सोचती और ऐसी ही प्रतिक्रिया होती? अत: वह समझ रही थी, कि बेग़म भी अपमान का घूँट कैसे बिना अभिव्यक्त किये पी सकती है? जबकि बदख़्शाँ में ही नहीं, पूरे मध्य एशिया में उसकी प्रसिद्धि थी? अत: उसने पूरी विनम्रता और कूटनीतिक संयम के साथ कहा, "मुझे विदा कर दिया जाय बेग़मों में से जिसे भी बुलवायें, आ जायेंगी।" वह बात की गम्भीरता, पारिवारिकता एवं औचित्य को समझ चुकी थी, अत: उसने बेग़म की बात को पूरी तरह से माना? अपनी सहमति व्यक्त करती दिखी, तभी तो उसने स्वीकार किया, कि बेग़म के हाथों से 'पैग़ाम' से वे सन्तुष्ट हों, उन्हीं को भेजा जायेगा? अत: बेग़म की भावात्मक एवं कूटनयिक विजय हो चुकी थी! उसका सन्देश अक्षरश: बादशाह तक पहुँचना सुनिश्चित हो चुका था। अत: उसने बीबी फ़ातिमा को भी वही उत्तर दिया, जो ख़्वाजा को सम्प्रेषित किया था। "आगा पीर अली (जो बेग़म के पास परामर्श हेतु गया हुआ था) के आने पर विदा कर दूँगी।"

तदुपरान्त बादशाह द्वारा पैग़ाम के साथ प्रेषित वस्तुएँ यथा, 'छल्ले, अँगूठी, कपड़े सरोपा एवं मिश्री इत्यादि ले लीं। बीबी फ़ातिमा को सान्त्वना दी एवं अपनी उत्तेजना में कहे शब्दों के लिए अप्रत्यक्ष क्षमा-याचना भी की? वह बोली "क्योंकि मैंने (बादशाह की) अत्यधिक सेवाएँ की हैं, अत: ये बातें शिकायत के रूप में थीं। आप कुछ ख़्याल न करें? मैं हज़रत पादशाह की 'दाह' या सेविका ही हूँ और आवश्यकता पड़ने पर पुन: सेवार्थ उपस्थित रहूँगी।"

किन्तु बेग़म की प्रशंसा क्यों होती थी? वह क्यों आदर की पात्रा थीं? वह क्यों सुप्रसिद्ध थीं? आदरणीय और वन्दनीय थीं? पूरे बदख़्शाँ की प्रजा उसके लिए प्राणोत्सर्ग के लिए तत्पर रहती थी। उसका क्रोध यदि अभिव्यक्त होता था, तो उसका स्नेह, प्रेम, प्रजा-वत्सलता भी उसके स्वभाव के समान पारदर्शी थी। ख़्वाजा ने अपने इस प्रवास के दौरान किसी से एक काले घोड़े की इच्छा व्यक्त की थी। अत: इस प्रतिनिधि-मण्डल की विदा की तैयारी करते हुए, उसने उक्त घोड़े के स्वामी, मुहम्मद अमीन शिराज़ी से वह घोड़ा पाँच-सौ भेड़ों के विनमय में क्रय किया तथा भेंट में इसके अतिरिक्त लगभग पाँच सौ भेड़ें, खाल के थैले, पर्वतीय ढाल के चाकू, मुलायम पोस्तीनें तथा बदख़्शाँ की विशेष वस्तुएँ भी दीं। इस प्रकार बीबी फ़ातिमा को भी घोड़ा, भेड़ें तथा अन्य वस्तुएँ प्रदान की गयीं। आगा पीर अली भी क़ुलब से चाकर ख़ाँ से भेंट करके वापस आ गया था, अत: अब प्रतिनिधि-मण्डल को विदा करना ही था। उस माह के बारहवें रमज़ान अर्थात् 13 सितम्बर, 1551 ई. को इफ़्तार की शानदार दावत के उपरान्त, उनको अन्तत: ख़ुशी-ख़ुशी ससम्मान विदा किया गया।

अन्ततोगत्वा, वह प्रतिनिधि-मण्डल जब वापस काबुल पहुँचा तो सर्वप्रथम उन्होंने औपचारिक रूप से बादशाह की सेवा में मिर्ज़ा सुलेमान व हरम बेग़म के उत्तर व अन्य भेंट प्रस्तुत कीं तथा अपनी भेंटों का भी प्रदर्शन किया। पूरा दरबार बेग़म की

प्रशंसा करे बिना न रह सका। मिर्ज़ा सुलेमान ने हुमायूँ की सेवा में सदैव तत्पर रहने के साथ ही निवेदन किया था कि चूँकि पुत्री के विषय में कुछ भी निर्णय करने का अधिकार माता को प्राप्त है, अत: इस प्रकरण में उसका ही निर्णय मान्य व अन्तिम होगा? बेग़म का उत्तर नितान्त संयत व सधी हुई भाषा में ही था किन्तु कुछ संकेतों के माध्यम से उसने निहायत कूटनीतिक उत्तर प्रेषित किया था ''मिर्ज़ा सुलेमान आपका दास है और मैं आपकी दाह हूँ। मेरा पुत्र 'गुलाम-पुत्र' एवं मेरी बेटी आपकी 'दाह-बच्ची' है। क्योंकि हम लोग उज़्बेगों के समीप हैं, अत: यह हमारी मर्यादा का प्रश्न है। आप बहुत बड़े पादशाह हैं। यदि आपको मेरी पुत्री की (वास्तव में?) इच्छा है तो आशा है कि आप स्वयं हिन्दूकश दर्रे को पार करें और बेग़में एवं काबुल के अमीर सभी सेवा में उपस्थित रहें। मैं प्रत्येक के लिए बदख़्शाँ के उत्तम घोड़ों, भेड़ों एवं सरोपा हेतु वस्त्रों आदि का प्रबन्ध कर रही हूँ। अपनी पुत्री का निकाह करके, आपको सौंप दूँगी। इससे हम सबके सम्मान में वृद्धि होगी। जो शत्रु निकट हैं, उन्हें भी ज्ञात हो जायेगा कि आपने इतनी अधिक कृपादृष्टि प्रदर्शित की है।''

अपनी बात कह सकने की उसकी अद्‌भुत क्षमता थी। सभी समकालीन उसे इसी रूप में जानते थे। उसकी प्रसिद्धि इसी बात को लेकर थी। वह पूर्णतया पारदर्शी थी। क्योंकि वह न्यायोचित, तर्कसंगत एवं सत्य के मार्ग का परित्याग नहीं करती थी। उसने यह गुण वस्तुत: अपनी योग्यताओं, क्षमताओं, उपलब्धियों से शनै:-शनै: अर्जित किया था। संघर्ष के कठोर जीवन तथा प्रतिकूल परिस्थितियों ने उसे परिपक्वता प्रदान की थी। व्यवहार एवं सिद्धान्तों के सन्तुलन ने उसे प्रशिक्षित एवं परिष्कृत किया था। तभी तो वह लिखित एवं मौखिक सन्देशों से अपने अन्तर्मन को अभिव्यक्ति दे सकी थी। ग्लानि के बोध के साथ, अपमान के घूँट को पीकर जीने से यह अच्छा था कि वह साहस व संयम को सम्प्रेषित कर रही थी, कि व्यवहार में क्या चूक हुई है। सिद्धान्त व रिवाज़ की माँग क्या थी? पारस्परिक सम्बन्धों को क्या आशा होती है? तत्कालीन परिस्थितियों की क्या आवश्यकता होती है? राजपरिवारों के कूटनीतिक सम्बन्धों की प्रगाढ़ता के ये वैवाहिक गठबन्धन का औचित्य क्यों, किन्तु, कैसे पूर्ण हो? वस्तुत: यह केवल उस काल में हर्रम बेग़म ही कर सकती थी। और उसने वैसा ही किया।

हर्रम बेग़म ने इस कूटनीतिक प्रयोग द्वारा बादशाह के प्रस्ताव या पैग़ाम को 'निष्प्राण निष्क्रियता' के स्तर तक पहुँचा दिया। हालाँकि उसने हुमायूँ के साथ होनेवाले अपने लाभ को भलीभाँति रेखांकित करके इस सम्बन्ध में अपने तथा अपने परिवार की ओर से स्वीकृति ही नहीं, अपितु उत्साहित तत्परता भी प्रदर्शित की, किन्तु सशर्त? उसने सही और सुस्पष्ट कहा कि जिस तरह से वह दुश्मनों से घिरी हुई रहती है और प्राय: अकेले ही संघर्षरत रहती है, उसमें हिन्दुस्तान के पूर्व एवं काबुल के वर्तमान शासक से सहायता, सहयोग, समर्थन अर्थात् लाभ-ही-लाभ था। किन्तु, यह लाभ की स्थिति तब ही निर्मित होती जब बादशाह स्वयं बदख़्शाँ आकर उसकी लड़की को

विदा करा ले जायें? उसने संकेत में नहीं सुस्पष्ट शब्दों में लिखा था कि बादशाह बारात लेकर आयें जिसमें बेग़में तथा प्रमुख अमीर आदि सभी सम्मिलित हों? तभी तो पूरे मध्य एशिया को सन्देश जायेगा कि वे इस सम्बन्ध को क्या एवं कितना महत्त्व दे रहे हैं। बेग़मों की बात भी करनी आवश्यक थी? यदि पूर्व-पत्नियों की स्वीकृति न हो तो विवाह के विधान की पूर्ति कैसे होती? अतः सामाजिक-पारिवारिक स्वीकृति के लिए यह एक अपरिहार्य क़दम था।

हमें स्मरण रखना होगा कि हर्रम बेग़म इतनी शर्तों के अनुपालन के पक्ष में क्यों थीं? वस्तुतः इस संक्रमण के दौर में, हुमायूँ ने अपनी स्थिति कामरान की तुलना में सुदृढ़ करने हेतु बैरम ओघलान एवं फ़रीदुद्दीन काबुली की बहन महाचूचक़ बेग़म से 1546 ई. में निक़ाह कर लिया था। अतः वह क्षेत्रीय समीकरणों को ध्यान में रखकर कहीं अपनी बात रख रही थी। शेरशाह के हाथों पराजय के उपरान्त हमीदा बानो से निक़ाह क्या विस्मृत किया जा सकता था? अब क़ाबुल पर स्थिति सुदृढ़ करने हेतु यह विवाह? अतः एक माँ के रूप में और उससे अधिक एक सत्ताधीश एवं राजनीतिक व्यक्तित्व के रूप में वह भी तो अपने लाभ को अधिकाधिक एवं हानि को न्यूनतम करने के लिए प्रयत्नशील थी? अन्ततः यह तो सत्य था ही कि वह हुमायूँ को उसकी ग़लती की अनुभूति करा रही थी? क्या उश्तुर ग्राम की विजय के अभाव में हुमायूँ कभी राजनीतिक स्थिरता प्राप्त कर सकता था? क्या उश्तुर ग्राम का युद्ध हर्रम बेग़म की सहायता व सैन्य-सहयोग के अभाव में विजित क़िया जा सकता था? क्या उक्त विजय का मूल्यांकन उचित था? कि वह अब साधारण लोगों के हाथों 'पैग़ाम' भिजवाकर उसे आहत एवं अपमानित नहीं कर रहा है? क्या अब यह सब जानने के उपरान्त वह इसके निराकरण के लिए कुछ करेगा? ये क़दम ही तय करेंगे सम्बन्धों की प्रगाढ़ता में उसकी वास्तविक दिलचस्पी? वह मात्र उऋण होने के लिए अच्छा पैग़ाम भेजकर इतिश्री तो नहीं करना चाहता है? कूटनयिक सम्बन्धों में ऐसे फ़रमान एवं पत्रों अथवा प्रस्तावों की मात्र अलंकारिक भूमिका होती है, कोई वास्तविक नहीं—यह बात वह भली-भाँति जानती एवं समझती थी? किन्तु उसके पक्ष को भी तो देखना पड़ेगा? वह अपने निर्भीक स्वतन्त्रता, व्यक्तित्व की अभिव्यक्ति क्यों न करती? किन्तु वह स्वयं इन दो परिवारों के सम्बन्धों की प्रगाढ़ता का महत्त्व समझती थी, अतः वह स्वयं भी मुग़ल बादशाह के साथ वैवाहिक सम्बन्ध बनाने को उत्सुक भी थी, तभी तो वह अपने पति मिर्ज़ा सुलेमान को उसका 'दास' एवं स्वयं को 'दाह' ही कहती है? वह भी कूटनयिक भाषा का उपयोग करके हुमायूँ का मूल्यांकन ही कर रही थी? विवाह हो या न हो? सम्बन्ध अधिक प्रगाढ़ हो न हों? कम-से-कम बिगड़े तो न? ऐसी थी हर्रम बेग़म और ऐसे थे उसके मुग़ल बादशाह हुमायूँ के साथ पारस्परिक-पारिवारिक सम्बन्ध?

जब यह सम्बन्ध विवादग्रस्त हो क्रियान्वित न हो सका, तब भी हुमायूँ व बदख़्शाँ परिवार के मध्य कोई कटुता नहीं आयी। मतभेद तो हुआ किन्तु कूटनयिक परिपक्वता एवं परिस्थितिजन्य कारणों से मतभेद नहीं हुआ। अतः जब महाचूचक़ बेग़म के साथ विवाह के फलस्वरूप जब हुमायूँ के पुत्र मिर्ज़ा हाक़िम का जन्म 1551 ई. में हुआ, तब ही उसने इसका विवाह हर्रम बेग़म की एक छोटी पुत्री से निश्चित कर दिया था। यह विवाह 1564 ई. में सम्पन्न भी हुआ था हालाँकि हुमायूँ तब तक इतिहास हो चुका था! 1554 ई. में हुमायूँ ने भारत प्रस्थान करते हुए, इसा पुत्र मिर्ज़ा हाक़िम को काबुल का गवर्नर नियुक्त किया था, जबकि प्रशासन का दायित्व मुनीम ख़ाँ के ऊपर था। अकबर ने इसी व्यवस्था की पुष्टि 1556 ई. में कर दी थी। तब मुनीम ख़ाँ 1564 ई. में मुग़ल दरबार गया हुआ था तब अबुल मा'ली ने काबुल में अव्यवस्था उत्पन्न कर दी तब मिर्ज़ा हाक़िम ने हर्रम बेग़म एवं मिर्ज़ा सुलेमान से सहायता की याचना की। हर्रम बेग़म ने स्वयं अपने भावी दामाद की सहायता करने के लिए क़दम उठाये, उसने स्वयं बदख़्शाँ की सेना का नेतृत्व किया। दुर्दान्त दर्रों से होती हुई वह इस पुराने दुष्ट अवज्ञाकारी एवं विश्वासघाती अबुल मा'ली को घुरबन्द घाटी में घेरने में सफल रही। भीषण युद्धोपरान्त वह अबुल मा'ली को जीवित बन्दी बनाने में सफल हुई थी। बन्दी को उसने मिर्ज़ा हाक़िम के पास सुरक्षित प्रेषित किया, जिसे तत्काल मृत्युदण्ड दिया गया!

नये मुग़ल शासक युवा अकबर के कानों तक उसकी प्रसिद्धि तो पहुँची हुई थी, किन्तु अब तो काबुल प्रान्त को सुरक्षित करने में महत्त्वपूर्ण भूमिका निभानेवाली इस वीर महिला एवं दक्ष सेनानायक की प्रशंसा करे बिना वह स्वयं नहीं रह सका? वह समझ गया था कि मुग़लों को अपने पश्चिमोत्तर क्षेत्र में स्थायित्व, शान्ति एवं शक्ति-सन्तुलन बनाये रखने के लिए हर्रम बेग़म के महत्त्व को नहीं नकारना चाहिए? मुनीम ख़ाँ भी कृतज्ञ भाव से काबुल लौटा तथा हर्रम बेग़म की सैन्य सहायता व सक्रिय भूमिका के प्रति कृतज्ञता ज्ञापन किया। हर्रम बेग़म ने उसे सदैव सहायता प्रदान करने का आश्वासन देने के साथ, भाई का स्तर भी प्रदान किया। सम्भवतः वह भी एक सन्तुलित व्यक्तित्व के स्वामी, योग्य प्रशासक तथा काबुल जैसे पड़ोसी क्षेत्र के सशक्त मुग़ल अधिकारी से सकारात्मक सम्बन्ध रखने का महत्त्व जानती थी? किन्तु, एक भावनात्मक शून्य भी इस बीच जन्मा था, उसे भी अनदेखा नहीं किया जा सकता। उसके प्रिय भाई चाकर अली या ख़ाँ (कुलबवासी) की हत्या उसी के पति एवं पुत्र सुलेमान एवं इब्राहीम ने षड्यन्त्र करके करवा दी थी। वह अपने इस स्नेही भाई की छवि, सम्भवतः मुनीम ख़ाँ में देख रही थी। वह जिस श्रद्धा एवं विनम्रता से कृतज्ञता ज्ञापन करने को प्रस्तुत हुआ था। हर्रम बेग़म को अपने एवं अपने भाई के समान एक पारदर्शी व्यक्ति दिखा था।

हर्रम बेग़म एवं मुनीम ख़ाँ के भाई-बहन के सम्बन्धों को अटूट बनानेवाली भी घटना यही थी। बेग़म ने जब उसे छोटा भाई सम्बोधित करके उससे सदैव वैसे ही

व्यवहार का आश्वासन दे दिया, तभी सुलेमान एवं इब्राहीम की शिकायत बादशाह अकबर तक पहुँचाने का निवेदन भी किया ताकि इन्हें इनके अपराध के लिए उचित दण्ड (स्पष्टत: मृत्युदण्ड) मिल सके। उसकी इस मानसिक स्थिति तक लाने के लिए वाक़ई में उसके पति मिर्ज़ा सुलेमान एवं पुत्र मिर्ज़ा इब्राहीम उत्तरदायी थे? दोनों ने उसके छोटे भाई चाकर की ईर्ष्यावश हत्या करवा दी थी? वे हर्रम बेग़म के अपने छोटे भाई पर अत्यधिक स्नेह को सन्देह से देखने लगे थे? वे उस महिला की सच्चरित्रता, पवित्रता एव मातृ-तुल्य स्नेह को मूल्यांकित ही न कर सके थे? अत: अफवाहों एवं फुसफुसाहटों को कान देकर, चाकर का निर्मम अन्त करवा चुके थे?

एक तो छोटे-स्नेही भाई की हत्या! ऊपर से हत्या के लिए उसका चरित्र--हनन! उसने वही किया जो उसे करना चाहिए था? उसने मुग़ल बादशाह तक शिकायत करने का निर्णय लिया? उसने इन दोनों से सम्बन्ध पूर्णतया विच्छेद करा लिये। वह जड़ में मट्ठा डालने लगी? परिणामस्वरूप, तीन चौथाई से भी अधिक बदख़्शाँ की जनता अपनी बेग़म के प्रति निष्ठावान् खड़ी दिखी? मिर्ज़ा सुलेमान एवं इब्राहीम का अपराध बोध तब और गहरा गया, जब उन्हें यह ज्ञात हुआ, कि यह अफ़वाह भी कुलब के प्रशासक के विरोधियों का षड्यन्त्र ही था? पश्चात्ताप, शर्म एवं क्षोभ में वे किंकर्त्तव्यविमूढ़ होकर सोच नहीं पा रहे थे कि क्या करें? कहाँ जाये? अब तो मध्यस्थता करनेवाले चाकर को तो वे स्वयं परिदृश्य से ही हटा चुके थे? तभी उन्हें बेग़म एवं मुनीम ख़ाँ के सम्बन्ध की सूचना, एक आशा की किरण के रूप में दिखे। वे बदख़्शाँ में अपने ही लोगों की दृष्टि में गिर चुके थे। ये पिता-पुत्र, सुलेमान एवं इब्राहीम झूठे, मक्कार, हत्यारे तथा एक सच्चरित्र महिला के चरित्र-हनन के अपराधी के रूप में देखे जा रहे थे? जैसे समाज में परित्यक्त-महिला को देखा जाता रहा है—वैसा ही हाल उक्त महिला द्वारा त्यागने के उपरान्त मिर्ज़ा सुलेमान का हो गया? वह लोगों की हृदयबेधी दृष्टि से यथासम्भव बचने लगा। इब्राहीम तो दर्रों पहाड़ों में जा छिपा—किस मुँह से वह अपनी माँ का सामना करता? मिर्ज़ा सुलेमान को भी तो काटों तो ख़ून नहीं? अत: वह भागा--भागा मुनीम ख़ाँ की शरण में पहुँचा। प्रथम तो वह हर्रम द्वारा की गयी शिकायत को मुग़ल दरबार में पहुँचने से रोकने को इच्छुक था एवं द्वितीय, किसी तरह उसके एवं हर्रम बेग़म के सम्बन्धों की पुनर्स्थापना के प्रयास की याचना भी करने गया था!

मुनीम ख़ाँ, बदख़्शाँ ही नहीं इस पूरे क्षेत्र के विषय में सभी बातें जानता-समझता था। वह जानता था कि कैसे यह महिला अपनी योग्यता, दूरदर्शिता एवं एकाग्रचित्तता से इस भू-भाग के शक्ति-सन्तुलन को पूर्ण मनोयोग से बनाकर रखती है। कैसे उसके एक ओर घूमने से सत्ता-समीकरण ही परिवर्तित हो जाते हैं। ख़ैर, जब वह मुनीम ख़ाँ के पास से विदा हो रही थी, तब मुनीम ख़ाँ ने उसे बड़ी बहन समान ही विदा

किया था तथा प्रसिद्ध इतिहासकार एवं मुग़ल राजकुमार बयाज़िद बयात को घुरबन्द दर्रे तक छोड़ने भी भेजा था। बयाज़िद ने उसे क़रीब से देखा था और वह अपनी कृति में इस जुझारू व प्रतिष्ठित महिला की शालीनता, सहृदयता एवं मिलनसार स्वभाव की भूरि-भूरि प्रशंसा करता है। वो तो यहाँ तक कहता है कि इन विशेषताओं के साथ ही उसके व्यक्तिगत शौर्य एवं नेतृत्व क्षमता के साथ-साथ सामरिक समझ के चलते ही वर्षों नहीं, अपितु दशकों तक बदख़्शाँ की सेनाएँ इस शूरवीर व साहसी महिला के समक्ष सम्पूर्ण समर्पण एवं आदर ही अभिव्यक्त करती रही थीं। उसके एक इशारे पर ही पूर्ण सैन्यबल उन कठिन व दुष्कर दर्रों में जान हथेली पर लेकर निकल पड़ते थे।

वस्तुत: इस दौर में इस दुर्गम भू-भाग में एक अन्य महिला के आगमन एवं उसके मोह से उत्पन्न परिस्थितियों ने तूफ़ान-सा पैदा कर दिया था। हर्रम बेग़म अपने सगे भाई की हत्या से परेशान एवं बेहाल थी तथा इस निर्मम हत्या के लिए अपने पति एवं पुत्र को दण्डित करने की भी बातें सोचती? उनसे सम्बन्ध विच्छेद कर लेने से सम्भवत: उसे सन्तोष व शान्ति नहीं मिल रही थी? तभी काश्घर के शाह, मुहम्मद सुलतान की पुत्री एवं मिर्ज़ा कामरान की विधवा ख़ानिम मुहतर्रिमा काश्घर वापस जाने के मार्ग में बदख़्शाँ पहुँची। स्वाभाविक था मिर्ज़ा सुलेमान की नज़र उस पर पड़ी और मिर्ज़ा सुलेमान पहली नज़र में ही दिल हार बैठे। वैसे भी मिर्ज़ा सुलेमान काफ़ी विलासी था। उसे जितना युद्ध से लगाव था, उतना ही विलासिता से भी था। यह तो हर्रम बेग़म का प्रबन्धन व कुशल संचालन था कि बदख़्शाँ में स्थिरता एवं सम्पन्नता बनी रहती थी। अबुल फ़ज़ल तो उसे सदैव चाटुकारों से घिरा रहनेवाला व्यक्ति के रूप में चित्रित करता है। चूँकि न्याय एवं प्रशासन पर पूरा नियन्त्रण ही हर्रम बेग़म का था, अत: उसे शीघ्र इस आकर्षण की सूचना हो गयी। उसने तत्काल कार्यवाही का निर्णय लिया। सम्भवत: वह पिता-पुत्र की बदख़्शाँ जोड़ी को—जो उसके पति एवं पुत्र थे—क्षमा भी कर देती, किन्तु उन्होंने मात्र उसके स्नेही छोटे भाई की हत्या ही नहीं की थी, अपितु उसकी भी चारित्रिक हत्या की थी! उक्त भाई को मारने के लिए उसके अपने ही सगे भाई के साथ अनैतिक सम्बन्धों की अफ़वाहों को आधार बनाया था, जो बाद में ग़लत व झूठ का ही पुलिन्दा प्रमाणिक हुआ था। किन्तु हर्रम-जैसी महिला कैसे इस अक्षम्य अपराध के लिए उन्हें क्षमादान देती? मुनीम ख़ाँ से सम्बन्ध बिगाड़कर क्या हासिल होता? काबुल के मुग़ल अधिकारी का समर्थन तो उसके लिए सकारात्मक ही था—इससे उसकी सैन्य स्थिति और सुदृढ़ ही होती थी। अत: वह उपर्युक्त व उचित अवसर की तलाश में ही लगी रही, ताकि देर-सबेर इन्हें अपनी तरह से दण्डित करे?

किन्तु, अबुल फ़ज़ल के विवरण से ऐसा लगता है कि वस्तुत: उसके भाई की हत्या एवं उसका चरित्र-हनन मुहतर्रिमा ख़ानिम के साथ उसकी पारस्परिक ईर्ष्या व

द्वेषपूर्ण सम्बन्ध ही थे। क्या ख़ानिम नहीं जानती थी कि उसके पति मिर्ज़ा क़ामरान की अन्तिम पराजय का कारण बेग़म एवं उसके द्वारा 'उश्तुर ग्राम के युद्ध' में उपलब्ध करायी गयी सैन्य सहायता व सामरिक समर्थन ही था? अन्ततः उसके विधवा होने के लिए हर्रम ही उत्तरदायी थी? फिर जब बदख़्शाँ के शासक व शूरवीर मिर्ज़ा सुलेमान उससे विवाह करने ही वाला था, तब उसने एक बार पुनः हस्तक्षेप किया था? उसने तत्काल ख़ानिम का विवाह अपने पुत्र इब्राहीम से करवाकर, उसे अपनी सौत होने से रोक दिया था? उसने उनके मृत पति पर अपने ऊपर बुरी नियत से प्रयास करने का आरोप लगाया था और, अब अपने पति को इसी नियम का दोषी करार कर रही थी? वह स्वयं मिर्ज़ा सुलेमान एवं उसके क्रिया-कलापों से रुष्ट रहती थी, अतः उनके वैवाहिक सम्बन्ध सामान्य व स्थिर कभी नहीं रहे? फिर भी, ख़ानिम को एक प्रतिद्वन्द्वी के रूप में कैसे बर्दाश्त करती? अतः बदख़्शाँ की रानी बनने का स्थान धूल-धूसरित करनेवाली बेग़म को वह कैसे क्षमा करती? उसी सुलेमान की पुत्रवधू बनने को वह विवश हुई थी?

इन दोनों महिलाओं की पारस्परिक ईर्ष्या, द्वेष व प्रतिद्वन्द्विता ने बदख़्शाँ की राजनीति की स्थिरता, स्थायित्व एवं सन्तुलन को सदा के लिए नष्ट कर दिया। इसमें अब सदैव तूफ़ान आता रहता था। इसी की परिणति थी—बेग़म के भाई की हत्या एवं बेग़म का उसी के पुत्र द्वारा चरित्र-हनन। उसी ने अपने पति को इतना भरा था! इतना भड़काया था! उसने समय-समय पर हर्रम के विरुद्ध विष उगला था और अपने पति को उसकी माँ व मामा के विरुद्ध कर दिया। मिर्ज़ा सुलेमान को भी उसने सन्देश भेजने से गुरेज़ नहीं किया। इसका परिणाम था बेग़म के भाई की हत्या! बेग़म से प्रतिशोध! नाराज़ बेग़म जब मुँह बोले भाई मुनीम ख़ाँ के पास से (काबुल से) बदख़्शाँ वापस आयी, तो उसकी क्रूरता ने समस्त सीमाएँ पार कर दीं। वह अपने पति व पुत्र के विरुद्ध कुछ दण्डात्मक नहीं कर पायी थी, अतः उसने उन तमाम अधिकारियों व अमीरों को क्रूर मृत्युदण्ड प्रदान करके ही मृत भाई की आत्मा एवं अपने मन के उद्वेलन को शान्त किया! किन्तु कैसा दुर्भाग्य वह अपने भाई की निर्मम हत्या व अपने चरित्र-हनन के लिए ख़ानिम के साथ-साथ सुलेमान व इब्राहीम को दोषी भी मानती थी, किन्तु दण्डित न कर पाने के कारण हताश, उनको कोसती रहती थी। उसी का परिणाम था उसके पुत्र की बल्ख़ के सैन्य अभियान के दौरान मृत्यु! काल ने तो उसके हाथ से वह अवसर भी छीन लिया!

अकबर के शासन-काल के पाँचवें वर्ष (1561-62 ई.) में हुई इस घटना ने हर्रम बेग़म को पूरी तरह से तोड़ दिया था। छोटे भाई के बाद, वो ही तो उसके सबसे निकट था—पुत्र था! एक पुत्रवत् और दूसरा पुत्र? एक की हत्या के लिए दूसरा दोषी? उसका प्रत्यक्ष एवं अप्रत्यक्ष अपराधी? किन्तु उसकी वेदना द्विगुणित थी? छोटे भाई की मृत्यु का शोक अब प्रकट हुआ? उसने, सर्वप्रथम तो सामरिक त्रुटियों के

लिए बदख़्शाँ के सैन्याधिकारियों को पर्याप्त खरी-खोटी सुनायी? यही नहीं, पहली बार बदख़्शाँवासियों ने अपनी शासिका को सार्वजनिक रूप से अवसाद में देखा! वह पीड़ा जो उसे भाई की हत्या के समय अभिव्यक्त करने का अवसर नहीं मिला था और जिसने क्रोध, हताशा व क्षोभ का रूप धारण कर लिया था—अब अपने वास्तविक रूप में अभिव्यक्त हुआ। जो शोकाकुल नीले वस्त्र उसने धारण किये, फिर वे जीवनपर्यन्त नहीं उतरे? ताकि वह सदैव स्मरण करती रहे कि वह दो-दो बार निपूती हुई थी?

यहाँ एक बार पुन: उसका दृढ़-संकल्प ही दिखता है? काश्घर से मिर्ज़ा इब्राहीम की मृत्यु पर शोक-संवेदना व्यक्त करने आयी, अब्दुल रशीद ख़ाँ की पत्नी क़ूचक ख़ानिम ने बेग़म के शोकाकुल वस्त्र धारण करने के इस प्रकरण पर खुलकर प्रतिरोध भी किया। उसने इसे प्राचीन परम्परा और रिवाज़ 'तोरा' का उल्लंघन घोषित किया। शेष समस्त महिलाओं ने क़ूचक ख़ानिम के विचारों से सहमति व्यक्त की कि एक निश्चित अवधि के उपरान्त इन वस्त्रों के परित्याग का विधान है और इसी से उसका महत्त्व है। किन्तु वह मुहतर्रिमा ख़ानिम की इस रिश्तेदार की बात भला कैसे मानती? उसने जीवनपर्यन्त शोक व्यक्त करनेवाले इस नीले वस्त्र के अतिरिक्त और कुछ कभी भी धारण ही नहीं किया?

यही नहीं, उसने इब्राहीम की असमय मृत्यु पर सास की पारम्परिक भूमिका भी निभायी थी? उसे सहसा स्मरण हो आया कि इसी मुहतर्रिमा के कारण उसके और उसके पति के मध्य सम्बन्ध समाप्तप्राय हो गये थे? उसके और उसके पुत्र के मध्य निकटता घटती गयी थी? जो पुत्र उस पर जान देने को अमादा रहता था वह न केवल उससे दूर हुआ, अपितु निराधार लांछन लगाने से भी बाज नहीं आया? अपनी माँ और मामा के पवित्र रिश्तों का भी ख़्याल नहीं किया? माँ पर अटूट आस्थावाला पुत्र यदि ऐसी असामान्य, अमानवीय एवं आपराधिक घटना कर रहा था तो उसके लिए दोषी उसको भरनेवाली, उत्तेजित करनेवाली, विष-वमन करनेवाली उसकी विकृत मानसिकतावाली पत्नी नहीं तो कौन थी? अत: वह मुख्य दोषी या अपराधी को कम-से-कम सुनाकर तो अपना मन हलका कर ही सकती थी? दूसरे, वह चाहती थी, कि अपने पुत्र व इब्राहीम के पुत्र व उत्तराधिकारी शाहरूख़ को हर्रम को सौंपकर, वह वापस काश्घर चली जाय? इसीलिए तमाम सासों की भाँति, वह भी अपनी बहू को खरी-खोटी सुनाने से नहीं चूकी, "तुम (मुहतर्रिमा) तो एक यात्री ही थी, जो विधवा के रूप में बेघर होकर निराश काबुल से वापस अपने मायके काश्घर जा रही थी। एक तो मैंने तुम्हारे ऊपर तरस खाया और कृपा करी और अपने पुत्र से तुम्हारा विवाह सम्पन्न कराके, तुम्हारा घर दोबारा बसवा दिया, तुम्हें प्रश्रय प्रदान किया? और तुमने उसका क्या प्रतिकार किया? बदले में सिवा मेरी हर बात का विरोध? मेरे विरुद्ध न केवल अपने पति (मेरे पुत्र) का कान भरती रहती? अपितु मेरे कहे का प्रतिवाद

करती रही? प्रतिरोध करती रही? अवरोध उत्पन्न करती रही? और मेरे तथा मेरे प्रिय स्नेही भाई के बारे में निराधार बातें, अफ़वाहें फैलाकर मेरे चरित्र-हनन से भी बाज नहीं आयी? मैंने तुम्हें घर दिया और तुमने? तुमने मेरा ही घर तोड़ने में कोई कसर नहीं छोड़ी तुमसे अधिक विकृत मानसिकता का और कोई हो भी नहीं सकता? कृतघ्न? विश्वासघाती? दुश्चरित्र? अपराधी? सारे विश्लेषण हलके प्रतीत होते हैं, तुम्हारे घृणित, घिनौने व्यवहार एवं पतित आचरण के समक्ष? हमने तो सदैव तुम्हारी भलाई चाही एवं करी भी? किन्तु तुमने? तुमने रुसवाई, मिथ्यारोपण, कष्ट, दु:ख, क्षोभ एवं अवसाद के अतिरिक्त मुझको क्या दिया है?

वैसे हर्रम बेग़म ने अपने शब्द-बाणों से अपने व अपनी बहू के मध्य प्रारम्भ से ही चल रहे शीत-युद्ध को एक अभिव्यक्ति ही दी थी। मुहतर्रिमा के विषय में उसका मूल्यांकन बिलकुल ही सच एवं तथ्यात्मक था। उसने एक बार नहीं दो-दो बार अपने शिशु शाहरूख़ को केन्द्र में रखकर, ऐमाकों व काश्घर के अमीरों के साथ मिलकर सुलेमान एवं हर्रम के विरुद्ध विद्रोह किया। पहली बार तो हर्रम ने तुरन्त कार्यवाही करते हुए इसका उन्मूलन करके विद्रोहियों को दण्डित किया था एवं अपने विश्वासपात्र शाह ताई'ब मिर्ज़ा शाहरूख़ का अतालिक या संरक्षक नियुक्त किया था। किन्तु, मुहम्मद क़ुली के साथ समझौता करते हुए विरोधी अमीरों ने पुनः मुहतर्रिमा के नेतृत्व में शाहरूख़ को केन्द्र में रखकर विद्रोह कर दिया। इस विद्रोह में मुल्ला अली, मस्त अली, जहाँगीर बेग, मुहर्रम बेग, पीर क़ुली, ख़ाक़ी ख़ानज़ाद ने ताई'ब को मौत के घाट उतारने का निर्णय लिया। किन्तु हर्रम बेग़म-जैसी महिला के इस विश्वासपात्र को कौन मार्ग से हटाये? बिल्ली के गले में घण्टी कौन बाँधे?

अन्ततः ख़ानिम मुहतर्रिमा के उकसाने-भड़काने पर उसके पुत्र शाहरूख़ ने ही अपने संरक्षक पर पहला तीर चलाया। फिर क्या था? सारे षड्यन्त्रकारी कूद पड़े और उसे मौत के घाट उतारकर खुला विद्रोह कर दिया। दुर्भाग्य से इसी समय हर्रम बेग़म की मृत्यु हो गयी। और मिर्ज़ा सुलेमान के पास कोई विकल्प ही नहीं था, सिवाय अपने भतीजे व भारत के मुग़ल बादशाह अकबर से सहायता की याचना करना। ऐसी विवशता क्यों? क्योंकि हर्रम बेग़म अब जीवित न थी? उसकी उपस्थिति ही प्रतिकूल परिस्थितियों को अनुकूल करने में सहायक व निर्णायक होती थीं। वह अकेले ही भाग्य परिवर्तित करने का साहस भी प्रदर्शित करती थी, "ख़ुदी को कर बुलन्द इतना कि हर तक़दीर से पहले, ख़ुदा बन्दे से ये पूछे बता तेरी रज़ा क्या है?" इतना बुलन्द इक़बाल! ऐसी थी सोलहवीं शताब्दी की यह वीरांगना, हर्रम बेग़म!!

•

अनारकली : ऐतिहासिक पहेली

(आंग्ल-यात्रियों की दृष्टि)

अकबर ने बड़ी आरज़ू एवं मन्नतों के बाद शेख़ मुईनुद्दीन चिश्ती की प्रार्थनाओं के बाद एक पुत्र पाया था। इस पुत्र का जन्म बुधवार की दोपहर 30, अगस्त, 1569 को अकबर के आगरा के राजमहल में न होकर उस काल के विख्यात सूफ़ी सन्त शेख़ सलीम चिश्ती के कानखाह में हुआ था, अत: उसका नाम सलीम रखा गया— मुहम्मद सुलतान सलीम। किन्तु शेख़ सलीम चिश्ती के नाम पर नामकरण के ही कारण अकबर उसे प्यार से शेख़ू बाबा ही पुकारता था। उसके जन्म के लिए भारत के प्रथम सूफ़ी सन्त शेख़ मुईनुद्दीन चिश्ती को धन्यवाद ज्ञापन करने के लिए वह शुक्रवार 20 जनवरी, 1570 ई. को पैदल अजमेर ज़ियारत करने के लिए चल पड़ा। औसतन चौदह मील प्रतिदिन चलकर उसने आगरा से अजमेर की दो सौ अट्ठाइस मील की दूरी सोलह दिनों में पूरी की। वह रविवार 5 फरवरी या अपने प्रस्थान के सत्रहवें दिन अजमेर दरगाह में मौज़ूद था।

उससे पूर्व अकबर की एक पुत्री फ़ातिमा बेग़म (1562-63 ई.) जुड़वा पुत्र— हसन व हुसैन (1564 ई.) व अन्य बच्चे भी जन्म के कुछ फासले पर ही मरते रहे थे, अत: मरियम उस ज़मानी (राजपूत राजकुमारी, जो राजा भारमल की पुत्री थी) के इस पुत्र के जन्म पर अकबर ने आयोजनों का समा बाँध दिया था। अकबर अत्यधिक प्रसन्न था उसे अपना एक वैध उत्तराधिकारी या 'वली अहद' मिल गया था। इतना ही नहीं, सलीम का जन्म इस मायने में भी सौभाग्य का श्रीगणेश था, क्योंकि 21 नवम्बर, 1569 ई. में ही एक रखैल से अकबर को पुत्री शाहजादा ख़ानम की प्राप्ति हुई। शेख़ सलीम के ही कानखाह में उसकी एक गर्भवती पत्नी ने मुराद को 7 जून, 1570 ई. को जन्म दिया तथा उसके दो वर्ष बाद 9 सितम्बर, 1572 ई. को तीसरे व कनिष्ठतम पुत्र दानियल का जन्म भी वहीं हुआ।

सलीम जब मात्र पन्द्रह वर्ष का था, तब उसका विवाह आमेर के शासक राजा भगवान दास (अकबर के साले व सलीम के सगे मामा) की पुत्री मानबाई से निश्चित हो गया तथा 13 फरवरी, 1585 ई. में यह विवाह धूम-धाम से सम्पन्न हुआ।

इसकी पत्नी का नाम 'शाह बेग़म' हुआ। क्योंकि, उसी ने खुसरो के जन्म के साथ सलीम को पुत्र व 'वली अहद' प्रदान किया था! किन्तु एक वर्ष बाद तो सलीम ने अपने 'हरम' (रनिवास) के निर्माण में सारे मानदण्ड तोड़ते हुए 1586 ई. में ही उदय सिंह या मोटा राजा की पुत्री जगत गोसाँई या जोधाबाई, बीकानेर के राय रामसिंह की पुत्री एवं सायद ख़ाँ गक्खर की पुत्री से क्रमशः विवाह किये। उसके अगले दस वर्षों में उसने सोलह अन्य महिलाओं से विवाह किये। विवाहों/निक़ाहों का यह क्रम उसके सिंहासनारोहण के बाद भी चलता रहा और उसने राणा सिंह की पुत्री, रामचन्द्र बुन्देला की पुत्री एवं मेहरून्निसा से भी विवाह किये। उसकी पत्नियों, उप-पत्नियों, रखैलों की कुल संख्या तीन सौ थी!

1591 ई. में ही अकबर को ज़बरदस्त पेट में पीड़ा हुई, दर्द की बेहाली में उसने सलीम पर एक बहुत ही गम्भीर आरोप लगाया था कि उसने षड्यन्त्र को साकार रूप प्रदान करने के लिए शाही चिकित्सक हकीम हुमाम को अपनी ओर कर लिया था और उसी के माध्यम से अकबर को विषाक्त भोजन दिलवाया था। आधुनिक आहार-विशेषज्ञ (डायटीशियन) की भाँति मुग़ल-काल में मुख्य चिकित्साधिकारी ही शाही रसोई-घर का अध्यक्ष होता था। इस रूप में बादशाह को दिये जानेवाली प्रत्येक खाद्य पदार्थ एवं द्रव्यों के लिए वही उत्तरदायी होता था। बादशाह को कोई भी चीज़ दस्तरख़ान पर उसकी पूरी जाँच के बिना नहीं पहुँच सकती थी। मध्यकालीन इतिहासकार बदायूँनी बताता है कि अकबर ने कहा, कि शेख़ू बाबा ये समस्त सल्तनत तो तुम्हीं को विरासत में मिलनी है, तो तुम्हें मेरे ऊपर ऐसा आघात करने की क्या आवश्यकता थी? मेरा जीवन लेने के लिए भी तुम्हें अन्यायपूर्ण प्रयास करने की ज़रूरत नहीं थी—तुम मुझसे मेरा जीवन भी माँगते तो मैं तुम्हारी ख़ुशी के लिए तुम्हें वह भी ख़ुशी-ख़ुशी दे देता।

इस पूरे षड्यन्त्र में सलीम की संलग्नता का प्रमाण इस तथ्य से भी हो जाता है कि उसने अपने छोटे भाई मुराद की गतिविधियों पर नज़र रखने के लिए गुप्तचर लगा दिये थे, ताकि सिंहासन तक का उसका मार्ग निर्विघ्न हो सके। इस विषय पर और अधिक प्रकाश इसलिए नहीं पड़ता है क्योंकि, बदायूँनी की लेखनी की गति शनैः-शनैः धीमी होने लगती है—वह बहुत कम लिखता है और 1595 ई. आते-आते तो उसका विवरण समाप्त हो जाता है। अबुल फ़ज़ल अकबर का अभिन्न मित्र व मुख्य सलाहकार था, वह भले अप्रीतिकर बातें क्यों कर लिखने लगा? पर्दे के पीछे के षड्यन्त्रों पर तो मुग़ल इतिहासकारों ने न बोलना ही कूटनीतिक कला माना। डॉ. बेनीप्रसाद-जैसे आधुनिक इतिहासकार की राय में अकबर व जहाँगीर के समकालीन इतिहासकारों में न तो साहस था और न ही निष्पक्षता, अतः हमें बहुत-सी सूचनाओं

से वंचित रहना पड़ता है। अत: 1595 से 1598 ई. तक की अवधि का कोई प्रमाणिक इतिहास हमें प्राप्त ही नहीं है।

अत: 1599 ई. में जब ऐतिहासिक विवरण मिलने पुन: प्रारम्भ होते हैं, तब हम दक्खन में मुग़ल फौजों की निरन्तर पराजय के मध्य वहाँ के प्रमुख सेनापति सुलतान मुराद को विलासिता एवं व्यभिचारिता के कारण निष्क्रिय पाते हैं, अन्तत: अतिचारी जीवन-शैली के चलते 2 मई, 1599 ई. में उसकी मृत्यु हो जाती है, 'इससे सलीम को राहत, किन्तु अकबर को कष्ट होता है।'

पिता का स्नेह एवं बादशाह का सन्तुलन, अकबर को एक अवसर देता है, वह सलीम की सत्ता एवं अधिकार की महत्त्वाकांक्षा को तुष्ट करने की ग़रज़ से स्वयं दक्खन जाकर, समस्त उत्तर भारत का प्रशासनिक दायित्व उसे सौंपता है। साथ ही राजा मानसिंह एवं शाह क़ुली ख़ाँ-जैसे सेनानायकों की मदद से उसे मेवाड़—अभियान का नेतृत्व भी सौंपता है, ताकि वह अपने कुकृत्यों व व्यसनों से ध्यान हटाकर, कुछ सकारात्मक कार्य सम्पादित करे एवं गुरुतर दायित्वों के निर्वहन में मन लगाये। सलीम ने अपनी सेनाएँ तो राणा के विरुद्ध भेज दीं, किन्तु वह स्वयं अजमेर में शिकार, सुरा, सुन्दरी, नृत्य व संगीत में डूबकर, लम्पटता की पराकाष्ठा को छूने लगा। उसने भोग-विलास के सारे मानदण्ड तोड़ दिये थे।

स्वभावत: उसके कुटिल एवं षड्यन्त्रकारी दिमाग़ में अकबर की सहनशीलता, उदारता ने ग़लत ख़्यालों का बीजारोपण कर दिया—उसे लगने लगा कि अकबर स्वयं ही उसके लिए पद छोड़नेवाला है। उसके अपनी आत्मकथा की स्वीकारोक्ति के अनुसार उसे कुछ ग़लत सलाहकारों ने भड़का दिया था कि दक्ख़न में व्यस्त होने के कारण वह अकबर की अनुपस्थिति का लाभ उठाकर बादशाह बन सकता था। उसके मार्ग में बस एक ही अवरोध था—वह था उसका अपना ही साला तथा, आमेर का राजा मानसिंह। किन्तु, उसके अपने सूबे बंगाल में अफ़ग़ानों के विद्रोह से अव्यवस्था उत्पन्न होने से उसका वहाँ तुरन्त रवाना होना अपरिहार्य हो गया और मानसिंह के बंगाल जाने से सलीम को मनचाही मुराद मिल गयी।

वे मित्र, जिन्होंने उसकी महत्त्वाकांक्षाओं को और भी उद्वेलित किया था, उनमें प्रमुख थे शेख़ सलीम चिश्ती का पौत्र ख़ूबू, जो उसका दूधभाई एवं बाल-सखा था, सैय्यद अब्दुल्ला एवं जमाना बेग, जो आगे चलकर महाबत ख़ाँ के नाम से प्रसिद्ध हुआ था। मानसिंह को 'राजद्रोह' की सम्भावना का एहसास हो चुका था, अत: उसने बादशाह को दक्ख़न में इसकी सूचना भिजवाने में देर नहीं की।

इसी समय एक मुग़ल अमीर शहबाज़ ख़ाँ कम्बू की मृत्यु हो गयी। उसकी एक करोड़ मूल्य की चल-अचल सम्पत्ति पर सलीम ने बलात् अधिकार कर लिया। अगले चरण में पहले पंजाब विजय की योजना बनायी गयी, किन्तु इसे दुष्कर

मानकर, आगरा के बीस करोड़ से अधिक के कोष पर कब्जा करने की योजना बना ली गयी—वो तो असफल हो गयी, लेकिन सलीम से एक जघन्य अपराध हो गया। सत्ता की मदहोशी में उसने उस कुकृत्य को अंजाम दिया, जो उसके व्यभिचारी जीवन-शैली के अनुरूप तो थी, किन्तु रिवाज़ों, परम्पराओं एवं मर्यादाओं के पूर्णतया प्रतिकूल! उसने सत्ता एवं सुरा के नशे में एक अनहोनी को बेशर्मी से अंजाम दे डाला! उसने अपनी सौतेली माँ, अकबर की पत्नी एवं सुलतान दानियाल की माँ 'अनारकली' से बलात्कार कर डाला! इससे मुग़ल 'हरम' में कोहराम मच गया और उसको सर्वाधिक स्नेह करनेवाली उसकी दादी व अकबर की माँ, मरियम मकानी को गहरा दु:ख, आघात व क्षोभ पहुँचा। वह तत्काल इस 'बिगड़े बच्चे' को राह पर लाने के लिए चल पड़ी। किन्तु सलीम किस मुँह से उसका सामना करता? अत: अपनी सेनाओं को थल-मार्ग से इलाहाबाद पहुँचने का निर्देश देकर, स्वयं नौका पर सवार होकर इलाहाबाद की ओर पलायन कर गया।

इतनी पाश्विकता का परिचय देने के बाद वह बारह दिनों की सुखमयी यात्रा के बाद इलाहाबाद पहुँचा, जहाँ उसने अपने आपको बादशाह घोषित किया तथा उसका ख़ुतुबा पढ़ा गया, उसने राजसी प्रतीक धारण किये। ख़ूबू को कुतुबुद्दीन ख़ाँ का विरुद एवं बिहार की सूबेदारी प्रदान की, लाल बेग को जौनपुर एवं यतीम बहादुर को काल्पी का प्रशासन सौंपा गया। बिहार के ख़जाने का तीस लाख रुपया भी सलीम ने हड़प लिया। अब्दुल्ला को ख़ाँ का ख़िताब एवं बहुमूल्य जागीर प्राप्त हुई। जब इस जघन्य अपराध तथा विश्वासघाती घटना-क्रम की सूचना मुग़ल बादशाह को हुई तब असीरगढ़ की घेरेबन्दी कर रहे अकबर को पहली चिन्ता साम्राज्य की ही सतायी, उसने सलीम के अन्य साथी ख़्वाजा मोहम्मद शरीफ़ को शान्ति व सम्बन्धों के पुनर्स्थापना के प्रयास स्वरूप भेजा। उसके सलाहकारों ने उस पूरे प्रकरण में अपने आपको निर्दोष साबित करने की सलाह दी। शरीफ को भी वह वजीर के पद का प्रलोभन देकर अपनी ओर करने में सफल रहा। वह एक विशाल सेना एकत्रित करने लगा, ताकि वक़्त आने पर ये काम आ सके।

दक्ख़न के मामलों की पूर्ण व्यवस्था करके, अकबर जल्दी-जल्दी आगरा लौटा। इधर सलीम ने तीस हज़ार की सेना के साथ इलाहाबाद से आगरा के लिए पूरी तैयारी के साथ प्रस्थान किया। मार्ग में लूटपाट करता, वह बढ़ चला। अकबर की तैयारी से घबड़ाकर उसने बादशाह के उस हुक्म को मानना स्वीकार किया, कि वह बंगाल एवं उड़ीसा की सूबेदारी करेगा! किन्तु पुन: इलाहाबाद सुरक्षित पहुँचकर उसने बंगाल, उड़ीसा में अपने आदमियों व सैन्य-टुकड़ियों को भेजने से शक्ति कम होने का असर समझा एवं पुन: स्वतन्त्र शासन करने लगा। वह गोवा के पुर्तगाली प्रशासक के साथ पत्र-व्यवहार करके, अकबर के विरुद्ध सैन्य सहायता की प्रार्थना करने लगा।

अन्ततः थक-हारकर अकबर ने दक्खन से अपने प्रिय मित्र व मुख्य सलाहकार प्रसिद्ध विद्वान् एवं इतिहासकार अबुल फ़ज़ल को बुला भेजा, जिसे सलीम ने अपने लिये अन्तिम वार समझा और वीरसिंह देव बुन्देला से मार्ग में ही उसकी हत्या करवा दी! वह एक के बाद एक जघन्य अपराध करता जा रहा था! अबुल फ़ज़ल की जघन्य व कुत्सित हत्या की इस सूचना के मिलने पर, अकबर किसी छोटे असहाय बालक की भाँति चौबीस घण्टे बस रोता रहा था। उसने तो रो-रोकर यह भी कहा था कि यदि सलीम को बादशाहत ही चाहिए थी, तो वह उसे (अकबर को) मारता—उसके निर्दोष मित्र को क्यूँ कर मारा?

मरियम मकानी की मध्यस्थता में एक बार पुनः पिता-पुत्र सम्बन्धों के पुनर्स्थापना का प्रयास सफल हो गया। डॉ. बेनीप्रसाद कहते हैं, कि पिता का हृदय और राजपुरुष का मस्तिष्क एक बादशाह और राजनीतिक पर हावी हो गये। सलीम मृत्युदण्ड से बच गया। मुराद की मृत्यु पहले ही हो चुकी थी—दानियल भी सुरा-सुन्दरी की अति से शीघ्र मृत्यु के आलिंगन की ओर जा रहा था। सलीम को मरियम मकानी एवं हरम की अन्य स्त्रियों का स्नेह अब भी मिल रहा था? हमें इतने बड़े हरम की पारस्परिक प्रतिस्पर्द्धा एवं ईर्ष्याओं को ध्यान में रखना चाहिए। विदेशी यात्री एडवर्ड टैरी तो लिखता है कि 'अनारकली' अकबर की सर्वाधिक प्रिय पत्नी थी, अतः दूसरी स्त्रियों की इस पूरे प्रकरण में उदासीनता उस काल के नैतिक मूल्यों हरम—जीवन एवं विलासितापूर्ण जीवन-शैली की परिचायक थी!

सलीम की सौतेली माँ सुलतान सलीमा बेग़म स्वयं उसे लेने इलाहाबाद गयी तथा मरियम मकानी के कक्ष में जैसे ही अकबर ने प्रवेश करके अपनी माँ का अभिवादन किया, तो दोनों महिलाओं ने नाटकीय ढंग से सलीम को अकबर के क़दमों पर पटक दिया। समर्पण की इस घड़ी में, अपनी माँ की उपस्थिति में अकबर-जैसा सुसंस्कृत व शिष्ट व्यक्ति कर ही क्या सकता था? एक तरफ़ उसे हरम में भी महिलाओं को संयत रखकर 'हरम' के प्रभाव को सन्तुष्ट करना था तो, दूसरी ओर साम्राज्य को विद्रोह से निकालकर पुनर्गठित करना था। उसकी वरीयता निश्चित एवं पूर्व निर्धारित थी—क्रोध एवं कठोर-दण्ड परिस्थितियों को और बिगाड़ सकते थे, अतः संयम और साहस से उसने परिपक्व मन का परिचय दिया था। भावनाओं, संवेदनाओं एवं बादशाहत को कैसे नियन्त्रित किया होगा?

आंग्ल यात्री विलियम फिन्च एक अन्य यात्री विलियम हॉकिन्स के साथ भारत आया था। वह 1608 से 1611 ई. के बीच भारत में रहा था। उसी क्रम में उसने गुजरात से लेकर काबुल तक की यात्राएँ की थीं, तथा उसने यात्रा-वृत्तान्त के माध्यम से इतिहास के अनछुए एवं अनसुलझे पहलुओं पर पर्याप्त प्रकाश डाला था। वह लाहौर से काबुल जानेवाले मार्ग पर, लाहौर दुर्ग के पश्चिमी द्वार पर एक तारण या

नौघाट या नॉवघाट का वर्णन करता है। इसको पार करके ही काबुल एवं काश्घर जाने का मार्ग था। इसके (घाट) थोड़ा आगे बढ़कर वह प्रसिद्ध चिश्ती सन्त बाबा फ़रीद शकरगंज के पवित्र समाधि-स्थल एवं उससे आगे एक मस्जिद के भी स्थित होने का उल्लेख करता है। इसी क्रम में इन वर्णनों के बाद वह सुलतान (राजकुमार) दानियल (जिसे वह 'डॉन शॉ' लिखता है) एवं उसकी माँ 'अनारकली' की कब्रों का उल्लेख करता है। विलियम फिन्च के अनुसार 'अनारकली' अकबर की एक पत्नी थी, जिससे दानियल पैदा हुआ था। वह लिखता है कि इसी 'अनारकली' के साथ व्यभिचारी व विलासी सलीम ने सुरा एवं सत्ता के मद में (बलात्) यौन सम्बन्ध स्थापित कर लिये थे! इस पाश्विक कृत्य से बचने का कोई उपाय न पाकर, उसने विद्रोह करके, मुग़ल साम्राज्य को ही संकटग्रस्त कर दिया था!

लेकिन यही फिन्च ऐसा संकेत देता है, जिससे इस कुकृत्य में अनारकली को भी दोषी माना जा सकता है। वह लिखता है कि अकबर ने जब यह जानकारी हासिल की और वह सलीम के साथ ही इस कुकृत्य में अनारकली की संलिप्तता के विषय में जब सन्तुष्ट हो गया तो उसने अनारकली को अपने लाहौर के महल की दीवार में ज़िन्दा चुनवा दिया था। इस प्रकार से मृत्यु को प्राप्त कर चुकी अनारकली का यह मक़बरा जहाँगीर ने बादशाह बनने के बाद चारबाग़ शैली के उत्थान के बीचोबीच बनवाया था। बीच में अनारकली एवं उसके पुत्र दानियल का मक़बरा था एवं चारों ओर उद्यान थे। मुग़लों में ये परम्परा-सी होती थी—जैसे इलाहाबाद में राजकुमार खुसरू अपनी माँ मानमती के साथ दफ़न किया गया। इस काल के पश्चात् यानी कि शाहजहाँ के काल से पति-पत्नी के साथ दफ़न होने की नयी परम्परा ताजमहल में स्थापित हो गयी थी!

विलियम फिन्च की बातों की पुष्टि स्थापत्य के अवशेषों से तो होती ही है—अन्य विदेशी यात्रियों के वृत्तान्तों से भी होती है। पर्चास जिस एडवर्ड टैरी को 'आंग्ल-भारतीय मदिरा' की संज्ञा से विभूषित करता है—वह फरवरी 1617 से फरवरी 1619 ई. तक दो वर्ष यहाँ रहा था। वह स्पष्ट लिखता है कि पूर्व बादशाह (अकबर) एवं वर्तमान बादशाह (जहाँगीर) के मध्य कटुता का मुख्य कारण सलीम द्वारा अपनी सौतेली माँ से बनाये गये शारीरिक सम्बन्ध को मानता है। उसके मतानुसार व्यसनी सलीम के व्यसन एवं विद्रोह इस पाश्विक कुकृत्य के समक्ष नगण्य हो जाते थे, अत: अकबर कभी भी सलीम को माफ न कर सका और न ही वह उसे मुग़ल-सिंहासन के गुरुतर दायित्व के अनुकूल मानता था।

वास्तव में, एडवर्ड टैरी तो प्राय: जहाँगीर की प्रशंसा करता है। कहीं भी उसकी छवि धूमिल करने का प्रयास नहीं करता। अत: यह माना जा सकता है कि वह सच बयान कर रहा था। वह निष्पक्ष व पूर्वाग्रह—विहीन ढंग से जहाँगीर के चरित्र व

स्वभाव का मूल्यांकन करता है। वह जहाँगीर को अतिवादी बताता है, जिसे अपनी भावना पर कत्तई नियन्त्रण नहीं रहता था। सम्भवत: मदिरापान के साथ ही अन्य दूसरे नशों का उसके शरीर पर यह प्रतिकूल असर पड़ा होगा। कभी तो वह अत्यधिक सरल, कोमल व कवि-हृदय प्रतीत होता था तो कभी क्रूर अमानवीय एवं जटिल! वह प्राय: नशे में रहते हुए दूसरों की छोटी-छोटी गलतियों पर भी कठोर दण्ड एवं यातनाएँ देता था। दूसरी ओर टैरी लिखता है कि वह बहुत दानशील था और गरीबों को दिल खोलकर दान देता था। वह अपनी माँ की पालकी भी स्वयं उठाने से परहेज नहीं करता था। अत: इस बात की कोई वजह नहीं है कि एडवर्ड टैरी ने मनगढ़न्त कोई कहानी लिखी होगी? वह ऐसा क्यों लिखेगा? इससे उसे क्या व्यक्तिगत लाभ होता?

ऐसा सन्तुलित एवं निष्पक्ष विवरण देनेवाला एडवर्ड टैरी 'सलीम-अनारकली' के विषय में ऐसा लिखता है, तो इसमें सत्य की पर्याप्त गुंजाइश थी। उसमें और भारतीय इतिहासकारों में एक मौलिक अन्तर था। अत: जो विदेशी यात्री लिख गये वो बात भारतीय इतिहासकार टाल गये हैं। भारतीय इतिहासकारों द्वारा ऐसे विवादास्पद प्रकरण पर कुछ न लिखना एक सीमा तक समझ में आता है। जैसा कि हम सभी जानते हैं—ये समस्त इतिहासकार शिक्षित 'उलमा' या धर्माधिकारी वर्ग के सदस्य थे। इन्हें राज्य में प्रमुख क़ाज़ी, प्रान्तीय क़ाज़ी, प्रमुख शहरों में क़ाज़ी, सैन्य शिविरों के क़ाज़ी, प्रमुख सद्र, प्रान्तीय सद्र:, पुस्तकालयों के अध्यक्ष:, मक्तबों में प्रधानाध्यापक, मदरसों के प्रधानाचार्यों के पद या 'मदद-ए-माश' भू-अनुदान या वज़ीफ़े प्राप्त होते थे। वे राज्याश्रित होने को बाध्य थे, अत: अपने निहितार्थों एवं स्वार्थों के चलते वे हमें अनेक सूचनाएँ नहीं देते हैं—वे न तो स्वतन्त्र, निडर व निष्पक्ष ही हो सकते थे। फिर 'अनारकली' प्रकरण में अपराधी तो समकालीन बादशाह था, उसके विरुद्ध लिखकर पदों एवं अनुदानों से तो वंचित होते तो होते उनका जीवन या अस्तित्व ही असुरक्षित हो जाता और मौत निश्चित थी।

जहाँगीर के जीते जी ख़ुर्रम या शाहजहाँ द्वारा अनैतिकता, क्रूरता एवं अमानवीयता का नग्न-प्रदर्शन करते हुए, खुसरो को मौत के घाट उतार दिया गया था। क्या किसी समकालीन (जहाँगीरकालीन) या शाहजहाँकालीन इतिहासकार ने इस पर कोई प्रकाश डाला था? अत: दरबार या राज्याश्रय में पलनेवाले 'उलमा' के ये सदस्य तथ्यात्मक एवं सत्यपरक लिखने का साहस नहीं कर पाते थे—यदि ये तथ्य एवं/अथवा सत्य कटुता से परिपूर्ण हो तो निश्चित नहीं।

सिर्फ़ फिन्च, हॉकिन्स या एडवर्ड टैरी ने ही ऐसा लिखा हो 'अनारकली-सलीम' सम्बन्धों पर ऐसा नहीं है। मुग़लकालीन भारत को प्रथम अंग्रेज राजदूत जो 23

दिसम्बर, 1615 ई. से 17 फरवरी, 1619 ई. के मध्य यहाँ नियुक्त था, सर टॉमस रो, वह भी टैरी व फिन्च के विवरणों की पुष्टि करता है। बाद के यात्रियों—डी लेट वगैरह के सन्दर्भ में तो ये माना जा सकता है कि पूर्ववर्ती यात्रियों के विवरणों से प्रभावित होकर ऐसा लिख रहे थे। लेकिन, बाद के यात्रियों में एक यात्री बर्नियर का उल्लेख समीचीन प्रतीत होता है। बर्नियर मुग़लों के पतन के लिए उत्तरदायी तत्त्वों, कारणों को बताते समय, मुग़ल बादशाहों के दुराचारी प्रवृनि को रेखांकित करता है। वह इशारों-इशारों में सब-कुछ कह देता है। वह पूर्ववर्ती यात्रियों के बयानों की पुष्टि करने के साथ ही, इस कमज़ोरी को मुग़ल सम्राटों की एवं इसी कारण से, मुग़ल साम्राज्य की कमज़ोरी बताता है!

•••